▶ 本书由福建省知识产权局软科学项目（2018ER009）和福建理工大学科研发展基金项目（GY-S17019）资助出版

行政与司法协同下的

专利纠纷解决机制研究

谢黎伟◎著

知识产权出版社

全国百佳图书出版单位

—北京—

图书在版编目（CIP）数据

行政与司法协同下的专利纠纷解决机制研究/谢黎伟著. —北京：知识产权出版社，2024.1

ISBN 978 – 7 – 5130 – 8973 – 9

Ⅰ.①行… Ⅱ.①谢… Ⅲ.①专利—民事纠纷—处理—研究—中国 Ⅳ.①D923.424

中国国家版本馆 CIP 数据核字（2023）第 216527 号

内容提要

本书以专利纠纷的行政和司法协同解决机制为研究主题，选取专利纠纷行政和司法解决机制间相互联系的关键环节——专利确权纠纷中行政与司法的协同、专利侵权纠纷行政裁决与司法审查的协调、专利纠纷行政调解与司法衔接、专利行政机关与司法机关的配合协作为研究对象，在理论分析和实证研究的基础上，立足于我国国情和行政司法状况，参考借鉴国外相关研究成果和实践经验，探索合理配置解决专利纠纷行政与司法资源的新机制。本书可为关注专利纠纷解决机制的政策制定者、学术研究者和相关从业人员提供参考和借鉴。

责任编辑：王祝兰　　　　　　　　　　责任校对：王　岩

封面设计：杨杨工作室·张　冀　　　　责任印制：孙婷婷

行政与司法协同下的专利纠纷解决机制研究

谢黎伟◎著

出版发行：	知识产权出版社 有限责任公司	网　　址：	http：//www.ipph.cn
社　　址：	北京市海淀区气象路 50 号院	邮　　编：	100081
责编电话：	010 – 82000860 转 8555	责编邮箱：	wzl_ipph@163.com
发行电话：	010 – 82000860 转 8101/8102	发行传真：	010 – 82000893/82005070/82000270
印　　刷：	北京九州迅驰传媒文化有限公司	经　　销：	新华书店、各大网上书店及相关专业书店
开　　本：	720mm×1000mm　1/16	印　　张：	15
版　　次：	2024 年 1 月第 1 版	印　　次：	2024 年 1 月第 1 次印刷
字　　数：	250 千字	定　　价：	88.00 元
ISBN 978 – 7 – 5130 – 8973 – 9			

C 目录
ONTENTS

导　　言

一、研究背景和意义

自从工业革命以来，蒸汽机车取代了马车，轮船代替了帆船，机械化生产淘汰了手工作坊。人类社会的知识积累摆脱了之前缓慢增长的状态，人类的发明创新能力开始呈几何级数增长，普遍认为，所有现代技术产生的时间不及人类文明达到现在状态总共所需时间的 1/2500。❶ 未来学家托夫勒也指出，人类社会经历了三次变革浪潮的冲击，每一次变革浪潮距前次的间隔时间越来越短。第一次浪潮是历时数千年的农业革命；第二次浪潮是工业文明的兴起，至今不过三百年；第三次浪潮的变革可能只要几十年就会完成。❷ 在知识财富快速积累的背景下，人类社会进入了知识经济这一新的经济形态。所谓知识经济，按照经济合作与发展组织（OECD）的定义，"是以现代科学技术为核心，建立在对知识、信息的生产、存储、使用和消费基础之上的经济"。❸ 知识经济不同于以往的农业经济、工业经济之处，在于知识的生产、分配和利用已经成为主要的社会经济活动，知识的创造和运用成为获取财富的重要手段，社会财富的衡量标准从以有形的物质财产为中心转移到以无形的知识财产为基础，科技文化创新成为推

---

❶ 甘古力. 知识产权：释放知识经济的能量 [M]. 宋建华，姜丹明，张永华，译. 北京：知识产权出版社，2004：1.

❷ 托夫勒. 第三次浪潮 [M]. 朱志焱，潘琪，张焱，译. 北京：生活·读书·新知三联书店，1984：56.

❸ OECD. The Knowledge - Based Economy：OCED/GD（96）102 [R/OL]. Paris：OECD [2023 - 06 - 25]. https：//one. oecd. org/document/OCDE/GD（96）102/en/pdf.

动社会经济发展的主导力量和内在源泉。第二次世界大战以后,虽然局部
战争和冲突不断,但总体上看,世界进入相对和平和稳定的时期。促进经
济发展、保持经济稳定增长、不断增强国家实力,已成为各国政府的首要
政策目标。随着电子信息、生物、人工智能、大数据、新能源等新技术的
发展突飞猛进和日新月异,经济发展的质量和水平越来越依赖于科技创新
和技术进步,知识创新对经济发展的带动作用日益明显。据经济合作与发
展组织对其成员国经济的分析表明,这些国家的经济比以往任何时候都更
加依赖于知识的生产、扩散和应用,在诸如计算机、电子和航空航天等高
科技产业中,产出和就业的增加都是最快的。据世界知识产权组织(WIPO)
估计,2020 年全球知识产权的贸易额达到 6 万亿美元。❶ 因此,美国管理
学家彼得·德鲁克指出:我们正进入知识社会,知识的生产率将日益成为
一个国家、一个行业、一家公司参与竞争的决定性因素。

　　在这一时代背景下,知识产权的创造、保护、运用、管理已经成为国
家发展战略的重要组成部分和企业市场竞争的有力武器。以美国为代表的
发达国家从维护本国利益出发,进攻性地参与和推动知识产权国际规则的
制定和调整。通过在世界贸易组织(WTO)积极推动《与贸易有关的知识
产权协定》(TRIPS)的缔结,大幅提高知识产权国际保护标准,规范
WTO 成员的知识产权民事、行政、司法程序,强化知识产权争端解决机
制,从而维护本国知识产权人利益和在知识产权国际竞争中的优势地位。
在进入后 TRIPS 时代后,美国又通过双边自由贸易协定等形式推行
"TRIPS - Plus" 标准,寻求在 WTO 的 TRIPS 框架外更高的知识产权保护
水平和标准。近年来,美国为维护其高科技领域垄断地位,贸易保护主义
抬头,反全球化浪潮滋长,频频运用其综合贸易与竞争法的 "特别 301 条
款" 和关税法的 "337 条款",对其认为侵犯美国知识产权的国家和企业
进行威胁和制裁,对包括我国在内的发展中国家持续施加知识产权压力。

　　为实现经济转型升级,实现创新驱动发展,我国必须将知识产权战略
置于国家战略的优先地位。2008 年国务院发布的《国家知识产权战略纲
要》明确了专利、商标、版权、商业秘密、植物新品种、特定领域知识产

---

❶ WIPO. Center for Strategic and International Studies, Growth of IP in Trade [EB/OL]. [2023 - 06 - 25]. http://www.csis.org/component/option, com - csis - progjtask, view/id, 836/.

权、国防知识产权等专项任务，并提出了提升知识产权创造能力、鼓励知识产权转化运用、加快知识产权法制建设、提高知识产权执法水平、加强知识产权行政管理、发展知识产权中介服务、加强知识产权人才队伍建设、推进知识产权文化建设、扩大知识产权对外交流合作等九项战略措施。此后，2015 年国务院发布《关于新形势下加快知识产权强国建设的若干意见》，2021 年中共中央、国务院印发《知识产权强国建设纲要（2021—2035 年）》等纲领性指导文件，深化知识产权领域发展改革，推动知识产权强国建设。在国家政策层面的大力推动下，我国知识产权事业取得长足发展，跻身知识产权大国之列。据统计，从 2011 年开始，我国发明专利申请量跃居世界首位，之后连续保持至今；2022 年全年授权发明专利 79.8 万件、实用新型专利 280.4 万件、外观设计专利 72.1 万件，受理通过《专利合作条约》（PCT）途径提交的专利申请（PCT 申请）7.4 万件。截至 2022 年底，我国发明专利有效量为 421.2 万件。其中国内发明专利有效量达 359.7 万件，每万人口高价值发明专利拥有量达到 9.4 件。❶

随着专利存量的不断增长，专利纠纷的数量也呈现水涨船高之势。根据国家知识产权局和最高人民法院的报告，2022 年全年办理专利侵权纠纷行政案件 5.8 万件，办理维权援助申请 7.1 万件，受理纠纷调解 8.8 万件。❷ 2021 年地方各级人民法院新收专利纠纷民事案件 31 618 件，同比上升 10.98%。地方各级人民法院新收专利纠纷行政案件 1 810 件，同比上升 27.73%。可见，专利纠纷案件的逐年大幅增加对专利纠纷行政和司法解决机制的有效运行和协同运作提出了日益严峻的挑战。

从世界范围看，专利纠纷案件的不断增长也是各专利大国普遍面临的挑战。美国自 20 世纪 70 年代以来不断扩大可专利性客体，将能够获得专利保护的范围扩大到微生物、基因序列、计算机软件、商业方法等领域，使美国专利申请数量大幅增长，尤其是商业方法专利申请量增加迅猛，被人形象地称为"专利洪水"。❸ 同时，美国法院的亲专利倾向也使得专利诉

---

❶ 国务院新闻办举办发布会介绍 2022 年知识产权相关工作情况 [EB/OL].（2023 - 01 - 16）[2023 - 06 - 25]. http：//www. gov. cn/xinwen/2023 - 01/16/content_5737371. htm.

❷ 国务院新闻办举办发布会介绍 2022 年知识产权相关工作情况 [EB/OL].（2023 - 01 - 16）[2023 - 06 - 25]. http：//www. gov. cn/xinwen/2023 - 01/16/content_5737371. htm.

❸ MEURER M J. Business Method Patents and Patent Floods [J]. Journal Of Law & Policy, 2002，8（1）：322 - 327.

讼的胜诉率和赔偿额大增，非实施实体（NPE）的专利滥诉现象滋生蔓延，专利纠纷案件数量节节攀升。作为应对措施，美国一方面整合司法资源，成立联邦巡回上诉法院（CAFC）作为全国统一的专利上诉法院以统一案件裁判标准，联邦最高法院则以阅卷令提审方式审理重要专利上诉案件，并以判例的形式调整下级法院裁判尺度；另一方面，国会通过相应法案改革专利确权纠纷行政处理程序，以充分发挥美国专利商标局（USPTO）在专利确权纠纷中作用，通过行政解决机制实现对专利纠纷案件的分流和便捷处理。在英国，虽然法院在专利侵权纠纷和专利效力认定上居于主导地位，但英国知识产权局也以类似行政仲裁的方式解决当事人之间的专利纠纷。近年来，英国知识产权局还为解决专利纠纷推出行政调解服务，以满足当事人对多元化专利纠纷解决机制的需求。在日本，2003 年修改的民事诉讼法规定东京、大阪地区法院以跨区管辖的方式分别专属管辖全日本的专利侵权一审案件；如果当事人对一审判决不服的，则可以上诉至知识产权高等法院。由此，日本完成了专利侵权一审和二审案件的集中管辖。在专利权效力的判定上，日本特许厅曾经享有专属权，但 2004 年日本专利法的修订改变了这一局面，据此日本法院可以在案件审理中对专利权的有效性直接作出裁判，无须等待日本特许厅的行政决定。可见，在专利纠纷案件居高不下的情况下，各国均在努力整合行政和司法资源，探索行政与司法协同解决专利纠纷的机制，以应对专利纠纷不断增长的压力。

我国自 20 世纪 80 年代建立专利制度以来，一直奉行专利纠纷行政处理与司法救济的双轨制以及专利效力认定权专属于国务院专利行政部门的一元制。这种体制机制对我国专利制度功能的发挥有重要作用，但在实际运作中也暴露不少弊端。就专利纠纷处理的双轨制而言，由于专利法规定了司法终审原则，即专利授权、确权、侵权纠纷的行政处理决定需要接受司法审查，司法裁判具有终局效力，由此产生了专利纠纷行政处理与司法救济的协调问题。就专利效力认定的一元制而言，由于法院没有对专利效力的认定权，在涉及专利侵权纠纷与专利效力纠纷的交叉案件时，其所引发的审理周期冗长、循环诉讼、维权成本高昂的弊端一直广为诟病。近年来，知识产权行政管理体制和司法审判体制改革不断推进，必然也会对专利纠纷的行政和司法解决机制的协调产生影响，对其所产生的问题需要进一步探讨。综上所述，如何合理配置解决专利纠纷的行政和司法资源，协调两种纠纷解决机制运行中的矛盾和冲突，充分发挥行政和司法机制在解决专利纠纷中的优势和作用，成为我国目前亟待解决的一项重要课题。

从国内研究看，与本研究主题相关的研究成果主要体现在以下方面：一是探讨纠纷解决的一般原理和运作方式以及多元化纠纷解决机制的构建，如徐昕的《纠纷解决与社会和谐》、何兵的《和谐社会与纠纷解决机制》、范愉的《非诉讼纠纷解决机制研究》、强世功的《调解、法制与现代性：中国调解制度研究》、俞灵雨的《纠纷解决机制改革研究与探索》等；二是关于知识产权纠纷多元化解决机制的研究，例如刘友华的《知识产权纠纷非讼解决机制研究——以调解为考察中心》、倪静的《知识产权争议多元化解决机制研究》、丁丽瑛和汪兴裕的《知识产权纠纷仲裁解决机制研究》等；三是关于纠纷行政解决及知识产权纠纷行政解决机制的研究，如张树义的《纠纷的行政解决机制研究——以行政裁决为中心》、王小红的《行政裁决制度研究》、邓建志的《WTO 框架下中国知识产权行政保护》、孟鸿志的《知识产权行政保护新态势研究》等；四是关于知识产权纠纷诉讼的研究，如张耕的《知识产权民事诉讼研究》、程永顺的《专利行政诉讼实务》、任晓兰的《专利行政诉讼案件法律重述与评论》等。

上述研究成果为本研究主题提供了前期基础，但也存在以下不足。首先，在行政裁决、行政调解等行政纠纷解决机制的研究中，对于知识产权纠纷的研究基本处于边缘地位，往往着墨不多；在知识产权诉讼机制的研究中，民事诉讼往往是研究重点，行政诉讼居于次要地位；在知识产权纠纷多元化解决机制的研究中，仲裁、调解居于中心地位，诉讼解决机制往往作为其他纠纷解决方式的陪衬而被附带提及。其次，在知识产权纠纷解决机制的研究中，通常偏重于知识产权的共性，往往忽略知识产权的个性。例如，专利权与商标权、著作权相比，具有专业性、技术性强的特点，其纠纷解决机制也有自身鲜明的特点，现有研究对此尚未充分展开。最后，在研究视角方面，现有研究或侧重行政解决机制，或聚焦司法救济机制，缺乏对这两种重要的专利纠纷解决机制的系统化、体系化研究，尤其是对这两种机制间的协调和衔接问题的研究更为薄弱。这也凸显了本研究的价值所在。

从国外研究看，与本研究主题相关的研究成果主要体现在以下方面：一是分析专利纠纷司法救济中的具体技术性问题，如专利侵权损害赔偿、专利无效抗辩、权利保护范围的解释和确定等（Pincus、Lemley、Ford、Cotropla、Meurer 等）；二是比较各种知识产权纠纷解决机制的利弊，分析调解、仲裁等非诉讼纠纷解决程序（ADR）在解决专利等知识产权纠纷中具有的优势（Elizabeth、Alan、Miller、Kowalchyk 等）；三是通过实证研究，分析法院和行政机关对专利纠纷处理的实际情况和趋势（Whitmeyer、Elmer、Michel、Coolley、Cohen、Ambwani 等）。

总体而言，虽然国内外与本研究主题相关的研究成果比较丰富，也是本课题研究不可或缺的基础，但本研究主题下的直接性研究明显不足。国外的研究成果虽然可以提供有益的借鉴和启示，但基于法律和社会经济环境的不同，也难以直接复制和移植。因此，本研究主题立足中国国情，针对我国的实际问题，借鉴国外有益经验，在理论和实践结合的基础上开展深入的分析和探讨，希冀有助于我国专利纠纷行政和司法解决协调机制的改革和完善。

二、主要框架和内容

本书主体部分共分为六章，主要内容如下。

第一章为专利纠纷行政与司法协同解决机制的理论分析。首先，从专利权的概念入手分析专利纠纷的两种类型，指出专利纠纷具有民行交叉性、专业性和多元性特点，与仲裁、调解、和解等纠纷解决机制相比，行政和司法是解决专利纠纷最为重要的两大机制。其次，对我国专利纠纷行政和司法解决机制的历史演变进行了梳理，探寻其发展变迁脉络。同时介绍和分析《专利法》第四次修改中体现出的专利纠纷行政和司法解决机制的新变化。再次，阐述和分析学界对专利侵权纠纷行政解决机制存废去留的理论争议以及行政和司法机制在解决专利纠纷中的现实困境，在比较域外近年来两种机制发展变化的基础上，导出专利纠纷行政和司法解决机制并存的必要性和两机制协同的必要性。

第二章为专利纠纷行政与司法解决机制的实证分析。本部分内容以国家知识产权局专利行政执法统计数据、知识产权年鉴、中国知识产权司法保护状况白皮书、中国裁判文书网等公布的数据和案例为基础，从专利纠纷行政解决机制、专利纠纷司法解决机制、专利纠纷行政与司法解决机制衔接状况三个维度展开实证研究，重点分析了专利行政执法案件的年度趋势、地域分布、结案方式、涉案专利类型以及专利无效行政诉讼和侵权行政诉讼的典型案例，在实证研究的基础上，提出专利纠纷行政和司法解决机制的改革方向和思路，并从宏观和微观层面分析和揭示两种专利纠纷解决机制在协调和衔接上存在的问题和缺陷，从而为后续研究提供实证支撑。

第三章分析专利确权纠纷中行政与司法的协调机制。本部分重点探讨专利行政纠纷与民事纠纷交叉案件中行政与司法机制的协调问题。首先分析学界对专利授权确权行为性质的行政许可说、行政确认说等不同学说，在此基础上提出专利授权确权行为属于准司法行为，专利授权复审决定司法救济的性质属于行政救济；专利确权决定司法救济的性质属于民事救济。然后聚焦于专利行政与民事纠纷交织下两种纠纷解决机制存在的冲突和矛盾，包括专利无效行政与诉讼程序蕴含的内在冲突、争议解决周期冗长、专利复审机构角色错位、引发循环诉讼等问题。在考察和比较近年来美、日、德、法等国在专利确权纠纷中行政与司法协调模式发展变化趋势的基础上，提出重新定位专利无效诉讼性质、赋予法院专利有效性判断权、将专利复审机构视为准司法机构、设立统一的上诉法院等对策和建议。

第四章研究专利侵权纠纷行政裁决专利纠纷行政裁决与司法审查的衔接机制。专利侵权纠纷行政裁决是我国专利行政机关的重要职权，但也与此产生行政裁决机制与司法审查机制的衔接和协调难题。本部分首先在总结各方观点的基础上界定专利纠纷行政裁决的概念和范围，明确专利侵权纠纷行政裁决司法救济的性质。指出由于目前对于其性质界定不当、"双轨制"背景下司法终审原则对行政权力的制约、行政机关与司法机关的信息沟通和交流存在障碍等原因，导致当事人或是先向行政机关请求处理，然后向法院提起诉讼；或是对侵权行政裁决不服，分别提起行政诉讼和民事诉讼；或是先向法院提起诉讼，又向行政机关请求处理；或是同时提出侵权行政处理请求和侵权诉讼等现象，不但虚耗行政与司法资源，而且损害行政与司法权威和公信力。针对上述弊端，提出将专利侵权行政裁决司法救济回归民事救济本质；扩大司法变更权范围；实现专利纠纷案件的分类与分流、探索行政与司法协调新机制、加强两机关的信息共享与交流机制等措施来予以应对。

第五章探讨专利纠纷行政调解与司法程序的对接机制。专利纠纷行政调解一向未受到足够重视，相关制度建设颇为薄弱。但实证研究表明调解已是行政机关解决专利纠纷的最主要方式，这导致制度供给与现实需求出现巨大缺口。本部分首先界定了行政调解的概念、性质和范围，在此基础上明确了专利纠纷行政调解的本质和范围。指出由于长期存在将行政调解定性为行政执法的理念偏差，导致调解主体与执法主体角色重叠。同时在制度设计方面的滞后导致行政调解程序缺失、行政调解协议效力模糊也使得行政调解机制窒碍难行。在借鉴域外专利纠纷行政调解实践经验的基础上，提出专利纠纷行政调解应以自愿、中立公正、保密委原则，设立专业的调解机构和调解员，明确专利纠纷行政调解协议的合同效力。并从管辖法院的确定、确认程序的启动、司法确认范围、司法审查方式、司法确认后的撤销及救济等方面完善专利纠纷行政调解协议的司法确认机制。

第六章探寻专利行政机关与司法机关的协作机制。建立两机关良性互动的协作机制是行政与司法协同解决专利纠纷的重要保障。近年来各地建立多个跨域专利行政执法协作机制，尤其在电子商务领域发展迅速，本部分分析各类专利行政执法协作机制的特点，探讨了跨域专利行政执法协作机制的主要内容，包括信息交流机制、案件移送机制、协助调查取证机制、协作办理重大案件机制、执法协作的保障机制。接着分析司法机关间专利案件协作机制存在的问题，尤其是知识产权审判体制改革和跨域立案对协作机制的影响。最后从行政执法与刑事司法的衔接、诉调对接机制的建立和发展、信息共享与交流、对专利纠纷事实与结果的相互确认等方面探讨专利行政与司法机关协作机制的构建。

三、研究思路和方法

本书以专利纠纷的行政和司法协同解决机制为研究主题，选取专利纠纷行政和司法解决机制间相互联系的关键环节——专利确权纠纷中行政与司法的协同、专利侵权纠纷行政裁决与司法审查的协调、专利纠纷行政调解与司法衔接、专利行政机关与司法机关的配合协作为研究对象，在理论分析和实证研究的基础上，立足我国国情和行政司法状况，参考借鉴国外相关研究成果和实践经验，探索合理配置解决专利纠纷行政与司法资源的新机制。

为达到上述研究目的，本书主要采用了以下研究方法。

（1）系统研究法。避免孤立地看待行政和司法两种专利纠纷解决机制，而是将专利纠纷的行政和司法解决机制视为一个相互联系、不可分割的系统，对两种机制联结的关键节点展开深入探讨，以使两种机制在良性互动中共同发挥定分止争的作用。

（2）实证研究法。通过收集、整理、分析相关统计数据和典型案例，辅以实地调研，揭示专利纠纷行政和司法机制的实际运行状况和两机制协同中存在的问题和弊端，从而展开贴近现实需求的针对性研究。

（3）比较研究法。它山之石，可以攻玉。通过比较和借鉴各国在整合行政和司法资源解决专利纠纷方面的理论和实践，立足我国国情，探索问题解决之道。

除此之外，还采用了历史分析法、规范分析法、经济分析法等研究方法对本研究主题开展综合性研究。

第一章　专利纠纷行政与司法协同
解决机制的理论分析

第一节　专利纠纷行政与司法解决机制的概念分析

一、专利纠纷及其解决机制

（一）专利的发展源流和法律特征

"专利"一词是英文"patent"的汉译。"patent"则源自拉丁文"letters patent"，指英国王室颁发的一种无须启封即可阅读的公开证书，其目的是让任何人都可以知晓证书的内容。● 可见，"patent"最初代表的是一种公开的钦赐特权。随着社会经济发展和时代进步，"patent"的封建特权色彩逐渐褪去，演变为国家授予发明创造者的民事权利，但其"公开"和"专有"的基本含义仍然得以保留至今。因此，从严格意义上讲，汉语"专利"一词只能表达出"patent"的"专有其利"的含义，未表达出"公开"之意，即未能完整和准确地表达出"patent"的双重含义。尽管如此，由于长期使用已经约定俗成，因此"专利"作为"patent"对应的汉译，

● 与此对应的是"密封证书"（letters close），这种证书的封口由蜡印和丝带将折叠后的封口覆盖，不启封就无法阅读其内容。吉藤幸朔. 专利法概论［M］. 宋永林，译. 北京：科学技术文献出版社，1980：19；刘春田. 知识产权法［M］. 北京：高等教育出版社，2010：151.

一直沿用至今。

根据学者的研究，威尼斯共和国于 1474 年颁布了世界首部专利法。该法规定："任何人在本城市制造了以前未曾制造过的、新而精巧的机械装置，一俟改进趋于完善以便能够使用和操作，即应向市政机关登记。本城任何人在 10 年内没有得到发明人的许可，不得制造与该装置相同或相似的产品。如有任何人制造，上述发明人有权在本城市任何机关告发，该机关可以命令侵权者赔偿 100 金币。并将该装置立即销毁。"❶ 从上述内容看，威尼斯专利法已经包含了专利制度的若干基本要素，包括权利主体（发明人）、保护对象（机械装置）、权利取得条件（新颖、实用）、权利保护期（10 年）、权利独占（他人未经许可不得制造）以及侵权处理（赔偿、销毁侵权产品）。随着资本主义经济的兴起，专利制度获得进一步的发展。英国在 1623 年颁布的垄断法（Statutes of Monopolies）被认为是现代专利法的鼻祖。作为该法"所有垄断与特权均非法"原则的例外，其第 6 条规定："前述宣言不得延及今后对任何种类新产品的第一个真正发明人授予在本国独占实施的为期 14 年或以下的专利或特权，在此期限内，任何他人不得使用该发明。但该专利和特权不得违反法律，不得抬高物价以损害国家，不得破坏贸易，或者给民众造成不便。上述 14 年自今后授予专利或特权之日起计算。所授予专利或特权具有本法制定前所具有的效力。"❷ 该条规定了合法的发明垄断的条件：第一，发明专利的主体限于第一个真正的发明人；第二，专利的客体是尚未出现过的新产品；第三，专利权利的内容是在授权之日起 14 年或以下的独占实施权；第四，专利权的限制包括不得违反法律，不得抬高物价以损害国家，不得破坏贸易或者给民众造成不便。上述内容体现了专利有期限保护、专利技术的合法垄断、专利权与公共利益的平衡等现代专利制度的特征与原则，因而被认为是现代专利制度的开端。❸ 此后，美国（1790 年）、法国（1791 年）、荷兰（1809 年）、瑞典（1819 年）、西班牙（1826 年）、日本（1885 年）等国先后颁布了本国

---

❶ LADAS S P. Patents, Trademarks, and Related Rights: National and International Protection [M]. Cambridge, MA: Harvard University Press, 1975: 6 - 7.

❷ Statutes of Monopolies 1623, Article 6. 关于该法与现代专利制度发展关系的分析参见杨利华. 英国《垄断法》与现代专利法的关系探析 [J]. 知识产权, 2010 (4): 77 - 83.

❸ 冯晓青, 刘友华. 专利法 [M]. 北京: 法律出版社, 2010: 7 - 8.

的首部专利法，专利制度在世界范围内获得广泛发展。据世界知识产权组织统计，全世界实行专利制度的国家和地区已达到170多个。❶

　　新中国的专利制度始于改革开放之后。1984年3月12日，《中华人民共和国专利法》（以下简称《专利法》）经第六届全国人民代表大会常务委员会第四次会议审议通过，并于1985年4月1日正式实施。这是我国专利制度发展的里程碑，标志着专利制度在我国得以正式确立。从内容上看，1984年《专利法》具有以下特点。

　　（1）将发明创造的推广应用作为专利法的一个重要宗旨。《专利法》第1条就开宗明义地指出："为了保护发明创造专利权，鼓励发明创造，有利于发明创造的推广应用，促进科学技术的发展，适应社会主义现代化建设的需要，特制定本法。"这表明了通过赋予专利权激励发明创新，实现技术推广和科技进步的立法宗旨，体现了专利制度的公共政策目标。

　　（2）将专利分为发明、实用新型和外观设计三种类型。大多数国家的专利法仅保护发明专利，对实用新型和外观设计往往通过专门的实用新型法或外观设计法保护。《保护工业产权巴黎公约》作为世界上首个保护知识产权的国际公约，也是将发明专利与实用新型、外观设计、商标权、服务标记、厂商名称等并列为工业产权的不同类型而分别加以规定。将发明、实用新型和外观设计合称为专利，使得我国专利法中的"专利"一词具有更为丰富的内涵和外延。

　　（3）将专利权保护和专利权限制相结合。在赋予专利权人合法垄断权的同时，《专利法》中还规定了不视为侵犯专利权的情形以及计划许可、强制许可等对专利权的限制措施，体现出维持专利权人利益与社会公共利益平衡的立法思想。

　　（4）将实质审查与形式审查相结合。对发明专利申请采取早期公开、延迟审查制。即自发明专利申请日起满18个月，发明专利申请案向社会公开；自发明专利申请日起3年内，经申请人请求，国务院专利行政部门对发明专利申请进行实质审查，如符合授权条件则授予发明专利权。对实用新型和外观设计专利申请采取形式审查制。即申请人提出实用新型或外观设计专利申请后，国务院专利行政部门对申请案只进行形式审查，如形式

---

❶　冯晓青，刘友华. 专利法［M］. 北京：法律出版社，2010：19.

审查合格，即可授予实用新型或外观设计专利权。

（5）建立行政处理与司法审判相结合的专利纠纷处理机制。与其他国家相比，我国管理专利工作的部门在处理专利纠纷方面具有较大的权限，建立了具有中国特色的行政处理与司法审判的双轨制。在实践中，双轨制既发挥出了成效显著的制度优势，也暴露出了不容忽视的运作弊端。因此，如何实现两者的优势互补，实现行政和司法资源的合理配置，就成为值得深入探讨和研究的主题。

虽然其后《专利法》经历了 1992 年、2000 年、2008 年、2020 年四次修改，但 1984 年《专利法》体现出的上述特点仍然得以保留并对我国专利制度的运行产生重要和深远的影响。

需要说明的是，"专利"一词在不同的使用场景下具有不同的含义。第一，从法律权利的角度看，它是"专利权"的简称，即国家依法授予权利人对其发明创造的垄断权利。在法定期限内，其他人未经权利人授权，不得行使专利权。第二，从制度层面的角度看，它指由国家行政机关对申请获得专利权的技术或设计方案予以审查授权并将申请的技术或设计方案向社会公开，即是以发明创造内容的公开换取国家给予的法律保护的制度安排。第三，从技术层面上看，它指专利权的客体，即符合专利法规定的授权条件，由国家给予法律保护的发明创造。据此，专利可理解为具有独占垄断权的公开技术或设计。第四，从文献资料的角度看，专利是指记载发明创造内容的专利文献，包括说明书及附图、权利要求书、摘要等。此时专利又可理解为公开的专利文献。基于本书的研究目的，如无特别说明，主要从法律权利的角度来使用"专利"一词。

从专利法的相关规定看，作为民事权利的专利权具有以下特征。

其一，专利权是无形财产权。专利权的客体是不具有物质形态的发明创造，是无形的知识产品。与一般财产所有权的客体不同，它无法被权利人在事实上占有和支配，权利人难以通过直接支配其客体来排除他人侵害。同时，从经济学角度看，知识产品还具有公共产品的属性，即其在使用和消费上的非竞争性和非排他性——同一项专利权可以互不妨碍地被许多人同时利用。因此，专利权与有形财产权相比，权利更容易受到侵害，侵权行为更难以被发现。

其二，专利权是法定的垄断权。由于专利权客体的无形性，一方面，其权利的范围和边界需要由国家机关按照法定的条件和程序予以审查和确认，符合法定条件方可授权；另一方面，专利权的权利内容和行使范围也由法律明确界定，不能由当事人自由约定。这使得专利权具有法定性的特点。

其三，专利权是有期限的权利。为了平衡专利权的垄断性和社会公共利益，法律在赋予专利权人垄断利益的同时也规定了保护的期限，一旦保护期届满，其权利将失去排他性而进入公共领域。按照《专利法》的规定，发明专利的保护期为 20 年，实用新型专利保护期为 10 年，外观设计专利保护期为 15 年，均自申请日起计算。❶ 由于专利保护期的存在，专利权的经济价值呈现逐年递减的趋势。因此，对于专利权人而言，便捷高效的专利纠纷解决机制是其权益的重要保障。

（二）专利纠纷概述

纠纷，"指特定主体基于利益冲突而产生的一种双边或多边的对抗行为。它又常被称为冲突、争议或争执。其本质可归结为利益冲突，即有限的利益在社会主体间分配时，因出现不公平或不合理而产生的一种对立不和谐的状态。包括紧张、敌意、竞争、暴力冲突以及价值和目标上的分歧等表现形式"。❷ 从过程上看，纠纷可以分为三个阶段：不满、冲突和纠纷。单向的不满（grievance）阶段，指当事人意识到或觉得自己受到不公平待遇或权益受侵害，从而心怀不满，并可能采取某些单向的行动（诸如忍受、回避和提出问题）的过程。双向的冲突（conflict）阶段，指局限于纠纷当事人之间相互作用的过程，表现为当事人之间相互的对抗争斗，处理方式主要有强制和交涉。随着冲突升级和第三方介入，就进入了三向的纠纷（dispute）阶段，即纠纷外主体介入纠纷并充当解决纠纷的第三方，此时纠纷解决方式主要对应着审判、仲裁和调解。❸ 当主体间的冲突外化为主体间的权利义务争议时，这时冲突就演变为法律意义上的纠纷。基于

---

❶ 2020 年第四次修改《专利法》之前，外观设计专利的保护期为自申请日起 10 年。

❷ 徐昕. 迈向社会和谐的纠纷解决 [M] //徐昕. 纠纷解决与社会和谐. 北京：法律出版社，2006：66.

❸ NADER L，TODD H F，Jr. The Disputing Process：Law in Ten Societies [M]. New York：Columbia University Press，1978：1 - 40.

以上论述，可以将专利纠纷定义为：特定主体之间基于专利利益冲突而产生的冲突、争执或利益对抗而导致专利权的实现出现阻滞的情形。

从类型上看，专利纠纷可以分为民事纠纷和行政纠纷两大类。

专利民事纠纷指平等主体之间在专利申请、授权、行使过程中所发生的争议。根据《专利法》及相关法律规范，专利民事纠纷包括：专利申请权纠纷；专利权权属纠纷；专利申请权、专利权转让合同纠纷；专利实施许可合同纠纷；专利侵权纠纷；假冒他人专利纠纷；发明专利公布后、专利权授予前使用费纠纷；职务发明创造发明人、设计人奖励、报酬纠纷；请求确认不侵犯专利权纠纷；发明人、设计人资格纠纷。

专利行政纠纷是指当事人在专利的申请、授权以及专利权的行使、无效宣告过程中与行政机关发生的争议以及当事人在专利纠纷行政处理过程中与行政机关发生的争议。按照法律规定，国务院专利行政部门（国家知识产权局）负责专利申请的审查和授权，对专利强制许可申请和许可使用费作出裁决，❶ 处理在全国有重大影响的专利侵权纠纷❷，对不服国家知识产权局驳回专利申请的复审请求和对授予的专利权提出的无效宣告请求进行审查并作出决定。❸ 地方管理专利工作的部门负责对本行政区域内的专利侵权和假冒专利行为作出行政处理。❹ 因此，依据行政主体和行使职权的不同，可以将专利行政纠纷分为：（1）以专利复审委员会为被告的行政纠纷，包括不服复审决定纠纷、不服无效宣告请求审查决定纠纷；❺（2）以国务院专利行政部门（国家知识产权局）为被告的行政纠纷，包括不服国家知识产权局作出的实施强制许可决定纠纷、不服国家知识产权局作出的实

---

❶　《专利法》第 3 条、第 53—56 条、第 62 条。

❷　这是 2020 年《专利法》第四次修改后赋予国务院专利行政部门的新职权。

❸　《专利法》第 41 条、第 45 条、第 46 条。对专利复审请求和无效宣告请求的审查职能由国家知识产权局内设机构具体负责，2018 年国家知识产权局机构改革前为专利复审委员会，之后为专利局复审和无效审理部。《专利法》第四次修改后，相关法条中将"专利复审委员会"修改为"国务院专利行政部门"。为论述方便，本书除在引述《专利法》第四次修改前的法条或者相关案例时仍使用当时的称谓"专利复审委员会"外，在一般性论及专利复审和无效宣告请求审查职能及专利行政案件时，使用"国务院专利行政部门"。

❹　《专利法》第 3 条。

❺　自 2021 年 6 月 1 日《专利法》第四次修改生效后，此类纠纷被告是"国务院专利行政部门"。由于修改决定实施时间不久，大量此类纠纷的生效判决是以国家知识产权局专利复审委员会为被告作出的。

施强制许可使用费裁决纠纷、不服国家知识产权局作出的行政复议决定纠纷、不服专利侵权裁决纠纷；（3）以地方管理专利工作的部门为被告的专利行政纠纷，包括不服专利侵权裁决纠纷、不服假冒专利处罚决定纠纷。自 2021 年 6 月 1 日《专利法》第四次修改决定生效后，上述第（1）类和第（2）类专利行政纠纷的被告均为"国务院专利行政部门"，因此专利行政纠纷演变为"以国务院专利行政部门为被告的行政纠纷"和"以地方管理专利工作的部门为被告的行政纠纷"两大类。

源于专利权的特殊性，专利纠纷具有不同于一般民事纠纷或行政纠纷的特点，具体表现为以下三点。

第一，专利纠纷具有行政与司法程序交叉的特点。如上所述，专利纠纷可以分为民事纠纷和行政纠纷两大类，但两者并非截然分开，而是呈现出交叉和混合的状况。例如，专利侵权纠纷的解决依赖于专利确权程序对专利权效力的行政争议的解决。通常情况下，一旦当事人对涉案专利提出无效宣告请求，法院对侵权民事纠纷的审理需要中止以等待国务院专利行政部门的处理结果。国务院专利行政部门对当事人的无效宣告请求作出决定后，如果当事人不服，仍然需要通过行政诉讼程序最终确定专利权的效力。又如，专利侵权纠纷经行政机关作出处理决定后，当事人不服，可以提起行政诉讼，由行政诉讼的终审判决最终确定行政处理决定的效力。行政与司法程序的交叉，一方面导致纠纷解决的时间拖延和效率降低，另一方面也引发行政与司法程序的矛盾和冲突。因此，倘若两种纠纷解决机制间缺乏妥善的协调机制，必然导致有限的行政与司法资源的浪费，不利于当事人合法权益的维护，阻碍专利制度价值目标的实现。

第二，专利纠纷具有专业性强的特点。对发明和实用新型专利而言，关于第三人的行为是否落入权利要求书的保护范围，一方面需要借助专利说明书、附图、专利审查档案、公知文献等材料对权利要求书的特定用语予以解释和界定，以明确权利要求的保护范围；另一方面，在侵权判断中"等同侵权"的引入使得被控侵权物的技术特征即使与专利技术特征不相同，但如果属于等同技术特征，侵权仍然成立。由于等同侵权判断的复杂性和灵活性，需要判定者具备该领域的专业技术知识方能胜任。在当今专业技术领域划分日益精细的情况下，"隔行如隔山"，不具备该领域技术知识的人员往往无能为力。对外观设计专利而言，虽然不属于技术方案，但判断被控侵权设计是否与专利设计相同或近似，尤其是在对近似的判断上，尽管有"整体观察、综合判断"作为指导原则，但对于缺乏相关经验的判定者来说也往往并非轻而易举。

第三，专利纠纷具有多元性。这种多元性表现在：其一，纠纷的主体具有多元性。"纠纷的主体是纠纷解决机制的基本要素，纠纷主体不同将直接导致具体纠纷解决方式的不同。"❶ 如上所述，专利纠纷的类型多样，既有民事纠纷又有行政纠纷，既有合同纠纷也有侵权纠纷，既有专利权属纠纷还有专利效力纠纷。不同类型的专利纠纷当事人在纠纷解决的过程中具有不同的目标、利益、心理和策略，专利纠纷的行政和司法解决途径和机制的设置应有助于满足专利纠纷主体的多元需求。其二，纠纷的标的具有多元性。我国专利法将专利分为发明、实用新型和外观设计三种类型。发明和实用新型属于技术方案，外观设计则属于设计方案，这导致两者在授权条件、保护范围、侵权判定规则上大相径庭。例如，发明和实用新型的授权条件是满足"新颖性、创造性和实用性"，外观设计专利的授权条件者是新颖性和明显区别性。发明和实用新型专利的保护范围以权利要求书的内容为准，说明书和附图可以用于解释权利要求。外观设计专利的保护范围以表示在图片或照片中的该产品的外观设计为准，简要说明可以用于解释表示在图片或照片中的该产品的外观设计。在侵权判断上，发明和实用新型专利的判断主体是"本领域的普通技术人员"，外观设计专利的判断主体则是"一般消费者"。这种多元性使得单一的纠纷解决机制难以适应复杂的现实需求，同时也要求不同纠纷解决机制之间的协同和互补以充分发挥功效。

（三）专利纠纷的解决机制

所谓机制，按照《现代汉语词典》的解释，其含义是"泛指一个工作系统的组织或部分之间相互作用的过程和方式"。《辞海》将"机制"解释为"原指机器的构造和运作原理，借指事物的内在工作方式，包括有关组成部分的相互关系以及各种变化的相互联系"。将这一概念运用于法律领域，一般认为纠纷解决机制是指争议当事人用以化解和处理纠纷的手段

---

❶ 齐树洁. 民事程序法研究［M］. 北京：科学出版社，2007：30.

和方法，包括公力救济（司法救济和行政救济）、社会性救济（调解、仲裁等替代性纠纷解决方式）和私力救济（当事人和解）三种方式。

就专利纠纷而言，这三种纠纷解决机制的地位和实际作用大相径庭。公力救济是以国家公权力为后盾、最具权威性的纠纷解决方式，《专利法》也明确规定了专利纠纷行政处理和司法救济的"双轨制"公力救济手段。因此，以行政和司法救济为代表的公力救济成为专利纠纷的最主要解决方式。

相形之下，专利纠纷的仲裁解决方式并未在《专利法》中明文规定。根据《中华人民共和国仲裁法》（以下简称《仲裁法》）第2条"平等主体的公民、法人和其他组织之间发生的合同纠纷和其他财产权益纠纷，可以仲裁"的规定，从文义上解释，专利权转让合同和专利许可使用合同纠纷属于平等主体间的合同纠纷，纳入仲裁范围应无疑义。专利侵权纠纷可归入"其他财产权益纠纷"，亦应具有可仲裁性。但专利有效性纠纷是否可以仲裁则颇有争议。主流观点认为，专利有效性纠纷不具有可仲裁性。首先，专利权经国家行政机关按照法律规定审查并统一公开授权获得。此类权利经过特定的程序，由国家行为确立，权利的授予涉及多方面因素的判断和考量。一旦就专利的有效性发生争议，避开其他问题不谈，仲裁庭自身是无法就权利有效与否的有关问题加以解决的。[1] 其次，专利制度承担着激励技术创新、促进国家经济和社会发展的社会目标。专利保护客体的界定、专利权的保护范围以及专利权的限制等都是各国在不同历史时期根据本国经济和科技发展状况来确定的，是以维护国家利益为根本目的的制度安排。由此，专利是否有效涉及第三人和公共利益，相关争议应当由国家授权的机关处理为宜。[2] 最后，专利权人的独占权是类似于所有权的绝对权，具有对世性。专利权的这种性质决定了专利纠纷解决往往会对第三人利益和社会公众利益产生较大影响，因而应当由国家公权力机关处理，而不能通过当事人私下的、民间的方式予以解决。[3]

---

[1] 仝宁. 论知识产权纠纷的可仲裁性［M］//王立民，黄武双. 知识产权法研究：第4辑. 北京：北京大学出版社，2006：54.

[2] 赵健. 国际商事仲裁的司法监督［M］. 北京：法律出版社，2000：177.

[3] 丁丽瑛，汪兴裕. 知识产权纠纷仲裁解决机制研究［M］. 厦门：厦门大学出版社，2013：86.

近年来，在强调多元化纠纷解决的背景下，人民调解的作用日益受到重视，调解组织得到充实和完善，人民调解协议的法律效力得到强化。但由于专利纠纷的专业性特点，普通的纠纷调解组织显然难以胜任。至于当事人之间的协商和解则受到更多不确定因素的制约，适用余地和达成和解的可能性更为有限。可见，在专利纠纷的多元化解决机制中，行政和司法纠纷解决机制的作用和优势仍然是其他机制所难以替代的。

二、专利纠纷行政解决机制

专利纠纷行政解决机制是争议当事人用以化解和处理专利纠纷的行政手段、方法或途径。我国学界经常使用的与之近似的提法还有"专利行政保护"或"专利行政执法"。对于何谓"专利行政保护"，学者们也有不同的理解。有学者将专利行政保护分为"申请专利和取得专利权权利的行政保护"和"专利权的行政保护"两类。前者是指"通过行政程序对申请专利和取得专利权权利实行的保护。就是说，当申请专利和取得专利权的权利遭受侵害，有权申请专利和取得专利权的单位和个人，可以通过行政法程序请求有关国家行政机关予以保护"。[1] 后者是指"通过行政法律程序对专利权实行的法律保护。主要通过国家行政管理机关以行政手段加以保护。这就是说，当权利人的专利权被他人侵犯时，被侵权人可以请求专利管理机关进行处理"。[2]

也有学者认为："专利权的行政保护，就是通过行政程序，由国家行政管理机关，用行政的手段，对专利权实行保护，也就是说，当专利权人专利被他人侵犯时，被侵权人可以请求专利管理机关进行处理，专利管理机关根据这一请求，可以依法对侵权人的侵权行为进行行政处理。"[3]

还有学者认为，包括专利权在内的知识产权的行政保护，"是国家行政管理机关，依据有关法律的规定，运用法定行政权力，通过法定的行政程序，用行政手段对知识产权实施全面的法律保护。知识产权行政保护不仅仅局限于行政执法，其保护范围是比较广泛的，包括政府管理机关对于

❶ 王家福，夏叔华. 中国专利法［M］. 北京：群众出版社，1987：309－310.
❷ 王家福，夏叔华. 中国专利法［M］. 北京：群众出版社，1987：315－316.
❸ 郑成思. 知识产权法教程［M］. 北京：法律出版社，1993：227.

知识产权予以保护的各个方面"。❶

可以看出，上述第一种观点将专利行政保护分为申请专利的权利的行政保护和专利权受侵害时的行政保护。两者的不同之处在于，前者是行政机关对专利申请权这种程序性权利的保护，后者是行政机关对专利权这种实体性权利的保护。第二种观点将专利行政保护局限在专利权受到侵害时行政机关对侵权行为的行政处理，其理解的专利行政保护的内涵明显缩小。第三种观点理解的专利行政保护的范围最为广泛，将所有涉及专利权的行政行为均囊括在内，其中包括专利确认与授权、对专利侵权案件的行政调处、对专利权归属的审查与裁定、专利行政执法等内容。❷

与专利纠纷行政解决机制相近的另一概念是"专利行政执法"。广义的专利行政执法包括专利行政部门依照法律、法规和规章赋予的职权实施的保护专利权的行政活动，也包括海关依照相关法律规范和职权对涉嫌侵犯专利权的进出口货物采取的行政措施。狭义的专利行政执法仅指专利行政机关依照法律、法规和规章赋予的职权实施的保护专利权的行政活动。国家知识产权局发布的《专利行政执法办法》规定的专利行政执法包括处理专利侵权纠纷、调解专利纠纷、查处假冒专利行为。❸ 这一规定代表了专利行政机关对专利行政执法内涵的理解。不过也有研究者认为：专利侵权纠纷的行政处理属于具体行政行为，专利侵权纠纷的行政调解属于行政事实行为。将这两类不同性质的行政行为统称为专利行政执法并不妥当。

由于"专利行政保护"和"专利行政执法"从字面含义看偏重于对专利权侵害的行政救济，难以全面反映出专利纠纷行政解决手段和方式的多元性。本书以对专利纠纷解决的行政和司法协同机制为研究对象，从此研究对象出发，"专利纠纷行政解决机制"的用语更能准确地表达专利纠纷的各种行政解决方式和手段。基于此，专利纠纷行政解决机制具体包括专利确权纠纷的行政处理、专利侵权纠纷的行政裁决、专利纠纷行政调解、假冒专利的查处等专利纠纷的行政解决手段和方法。

---

❶ 王晔. 知识产权行政保护刍议 [M] //郑胜利. 北大知识产权评论：第一卷. 北京：法律出版社，2002：195.

❷ 王晔. 知识产权行政保护刍议 [M] //郑胜利. 北大知识产权评论：第一卷. 北京：法律出版社，2002：194 - 197.

❸ 《专利行政执法办法》第 2 条："管理专利工作的部门开展专利行政执法，即处理专利侵权纠纷、调解专利纠纷以及查处假冒专利行为，适用本办法。"

三、专利纠纷司法解决机制

司法审判途径一直是解决专利纠纷的重要手段。从比较法上看，在不少国家，司法审判途径甚至是解决专利侵权纠纷的唯一途径。世界贸易组织的 TRIPS 也要求涉及知识产权的行政决定应当接受司法机关的审查。我国 2008 年发布的《国家知识产权战略纲要》中也明确了知识产权司法保护为主导、行政保护为辅的方针。

在专利纠纷的级别管辖上，专利民事纠纷第一审案件由各省、自治区、直辖市人民政府所在地的中级人民法院和最高人民法院指定的中级人民法院管辖。最高人民法院根据实际情况，可以指定基层人民法院管辖第一审专利纠纷案件。❶ 在专利纠纷的级别管辖上，根据 2022 年 5 月 1 日施行的《最高人民法院关于第一审知识产权民事、行政案件管辖的规定》，发明专利、实用新型专利的权属、侵权纠纷第一审民事、行政案件由知识产权法院，省、自治区、直辖市人民政府所在地的中级人民法院和最高人民法院确定的中级人民法院管辖。外观设计专利的权属、侵权纠纷由知识产权法院和中级人民法院管辖；经最高人民法院批准，也可以由基层人民法院管辖，但外观设计专利行政案件除外。当事人对发明专利、实用新型专利第一审判决、裁定不服，提起上诉的，由最高人民法院审理。❷ 对于涉及专利授权和无效宣告的行政纠纷案件，一审由北京知识产权法院管辖，二审由最高人民法院管辖。❸

在专利纠纷的地域管辖上，因侵犯专利权行为提起的诉讼，由侵权行为地或者被告住所地人民法院管辖。侵权行为地包括：被诉侵犯发明、实用新型专利权的产品的制造、使用、许诺销售、销售、进口等行为的实施地；专利方法使用行为的实施地；依照该专利方法直接获得的产品的使

---

❶ 《最高人民法院关于审理专利纠纷案件适用法律问题的若干规定》（法释〔2015〕4 号）第 2 条。

❷ 《全国人民代表大会常务委员会关于专利等知识产权案件诉讼程序若干问题的决定》（2019 年 1 月 1 日实施）第 1 条。

❸ 《全国人民代表大会常务委员会关于专利等知识产权案件诉讼程序若干问题的决定》（2019 年 1 月 1 日实施）第 2 条。此前一审由北京市第一中级人民法院/北京知识产权法院管辖，二审由北京市高级人民法院管辖。

用、许诺销售、销售、进口等行为的实施地；外观设计专利产品的制造、许诺销售、销售、进口等行为的实施地；假冒他人专利的行为的实施地；上述侵权行为的侵权结果发生地。原告仅对侵权产品制造者提起诉讼，未起诉销售者，侵权产品制造地与销售地不一致的，制造地人民法院有管辖权。以制造者与销售者为共同被告起诉的，销售地人民法院有管辖权。销售者是制造者的分支机构，原告在销售地起诉侵权产品制造者制造、销售行为的，销售地人民法院有管辖权。❶

从国际上看，为统一专利纠纷案件审判标准、提高司法审判的专业化水准，专利纠纷的司法解决机制近年来的重要变化趋势是案件审理的集中化。一是设立专门法院。美国于1982年设立联邦巡回上诉法院，集中审理不服联邦地区法院一审判决的专利侵权上诉案件。日本于2005年设立知识产权高等法院，集中审理不服东京、大阪地区法院一审判决的专利侵权二审案件。❷ 二是在普通法院中设立专门的审判庭负责处理专利侵权案件。例如，在德国100多个地区法院中，12个具有专利审判庭的地区法院负责受理专利侵权一审案件，与地区法院对应的高等法院负责审理专利侵权二审案件。其中，杜塞尔多夫、曼海姆和慕尼黑地区法院及其对应的高等法院在专利侵权案件审理中发挥着重要作用。❸

近年来，我国也开始专利纠纷集中审理模式的探索。2014年，全国人大常委会批准设立北京、上海、广州知识产权法院。2017年以来，最高人民法院批复在江苏等17个省设立21个知识产权法庭。❶ 此类专门的知识产权法庭是地方中级人民法院的内设机构，不是独立的法院。但是在案件管辖方面，专门知识产权法庭可以在所在省级区域内跨区域管辖专利等技术类案件。比较而言，我国专利纠纷一审案件的管辖方面仍然比较分散，出现基层人民法院、中级人民法院、知识产权法院、知识产权法庭共同负责专利纠纷一审案件的局面。

---

❶ 《最高人民法院关于审理专利纠纷案件适用法律问题的若干规定》（法释〔2015〕4号）第5条、第6条。

❷ 日本2003年修改的民事诉讼法规定：东京、大阪地区法院以跨区管辖的方式，专属管辖日本全国的专利侵权一审案件。

❸ 万琦. 论我国专利纠纷解决的司法、行政路径 [J]. 电子知识产权，2018（2）：90.

❶ 这些知识产权法庭分别设立在南京、苏州、武汉、成都、杭州、宁波、合肥、福州、济南、青岛、深圳、天津、郑州、长沙、西安、南昌、兰州、长春、乌鲁木齐、海口、厦门。

在专利纠纷案件的二审集中审理方面，根据 2018 年 10 月全国人大常委会作出的《全国人民代表大会常务委员会关于专利等知识产权案件诉讼程序若干问题的决定》，自 2019 年 1 月 1 日起，当事人对发明专利、实用新型专利民事案件第一审判决、裁定不服，提起上诉的，由最高人民法院审理；当事人对专利行政案件第一审判决、裁定不服，提起上诉的，由最高人民法院审理。至此，我国在最高人民法院的层级上实现了发明、实用新型专利民事纠纷和专利行政纠纷二审案件的集中审理。

第二节　专利纠纷行政与司法解决机制的历史分析

一、专利纠纷行政与司法解决机制的历史演进

我国专利制度自 20 世纪 80 年代中期创立伊始，即确立了专利纠纷行政与司法解决的"双轨制"机制。至今，《专利法》虽然已历经四次修订，仍然保持了专利纠纷解决的"双轨制"基本格局。在此期间，随着专利行政解决机制范围和力度的变化和调整，专利行政与司法解决机制间的关系也经历了"行政主导，司法为辅"到"司法主导，行政为辅"的变化。

（一）1984 年《专利法》的相关规定

1984 年 3 月 12 日全国人大常委会通过《专利法》，1985 年 4 月 1 日该法正式生效实施。该法的通过和生效标志着我国专利制度的诞生，也从制度上奠定了我国专利纠纷行政解决机制的法律地位。

该法第 60 条规定："对未经专利权人许可，实施其专利的侵权行为，专利权人或者利害关系人可以请求专利管理机关进行处理，也可以直接向人民法院起诉。专利管理机关处理的时候，有权责令侵权人停止侵权行为，并赔偿损失；当事人不服的，可以在收到通知之日起三个月内向人民法院起诉；期满不起诉又不履行的，专利管理机关可以请求人民法院强制执行。"

第 63 条规定："假冒他人专利的，依照本法第六十条的规定处理；情

节严重的，对直接责任人员比照刑法第一百二十七条的规定追究刑事责任。"

第 43 条规定："申请人对专利局驳回申请的决定不服的，可以在收到通知之日起三个月内，向专利复审委员会请求复审。专利复审委员会复审后，作出决定，并通知申请人。发明专利的申请人对专利复审委员会驳回复审请求的决定不服的，可以在收到通知之日起三个月内向人民法院起诉。专利复审委员会对申请人关于实用新型和外观设计的复审请求所作出的决定为终局决定。"

第 49 条规定："专利复审委员会对宣告专利权无效的请求进行审查，作出决定，并通知请求人和专利权人。宣告专利权无效的决定，由专利局登记和公告。对专利复审委员会宣告发明专利无效或者维持发明专利权的决定不服的，可以在收到通知之日起三个月内向人民法院起诉。专利复审委员会对宣告实用新型和外观设计专利权无效的请求所作出的决定为终局决定。"

上述条文确立了具有中国特色的专利纠纷行政与司法解决并存的"双轨制"。从上述规定的内容看，该法规定的专利纠纷解决机制具有以下特点。

第一，对于专利侵权纠纷，当事人有两条救济途径可供选择。一是行政途径，即由当事人请求专利管理机关进行处理。二是司法途径，即由当事人直接向人民法院起诉。从《专利法》第 60 条的行文顺序看，专利管理机关的行政处理排在人民法院的司法保护之前，体现了立法者在专利侵权纠纷的解决方式上优先行政处理的价值取向。

第二，专利管理机关处理专利侵权纠纷时，其作出处理决定的权限包括两方面的内容：一是责令侵权人停止侵权行为；二是责令侵权人赔偿专利权人因侵权受到的损失。即不但可以作出责令侵权人停止侵害的行政决定，还可以作出确定侵权人赔偿损失数额的行政决定。

第三，专利复审委员会对于不同类型专利所作的复审决定和无效宣告请求审查决定具有不同的效力。这表现在：对于发明专利的复审和无效宣告的行政决定不具有终局性，当事人不服行政处理决定，可以在收到通知之日起 3 个月内向人民法院起诉，由法院作出最终裁判。对于实用新型和外观设计专利复审和无效宣告的行政决定具有终局性，当事人不得向人民法院起诉。

第四，专利管理机关除了有权依申请处理专利侵权纠纷，还可依职权主动查处假冒专利案件。即对专利侵权纠纷实行申请主义，以"不告不理"为原则；对假冒专利纠纷实行职权主义，以主动行使为原则。

（二）1992 年《专利法》的相关规定

在 1992 年对《专利法》第一次修改时，对上述涉及专利纠纷解决机制的第 60 条、第 42 条、第 49 条未作修改，只是在第 63 条增加一款："将非专利产品冒充专利产品的或者将非专利方法冒充专利方法的，由专利管理机关责令停止冒充行为，公开更正，并处以罚款。"此次修改，在原有的"假冒他人专利"的规定之外增加了"冒充专利"的规定，使得对假冒专利行为的规定更具有周延性，同时相应地补充了专利管理机关对"冒充专利"行为的行政处罚权。

（三）2000 年《专利法》的相关规定

在 2000 年对《专利法》第二次修改时，将原第 60 条变更为第 57 条，内容修改为："未经专利权人许可，实施其专利，即侵犯其专利权，引起纠纷的，由当事人协商解决；不愿协商或者协商不成的，专利权人或者利害关系人可以向人民法院起诉，也可以请求管理专利工作的部门处理。管理专利工作的部门处理时，认定侵权行为成立的，可以责令侵权人立即停止侵权行为，当事人不服的，可以自收到处理通知之日起十五日内依照《中华人民共和国行政诉讼法》向人民法院起诉；侵权人期满不起诉又不停止侵权行为的，管理专利工作的部门可以申请人民法院强制执行。进行处理的管理专利工作的部门应当事人的请求，可以就侵犯专利权的赔偿数额进行调解；调解不成的，当事人可以依照《中华人民共和国民事诉讼法》向人民法院起诉。"

原第 63 条变更为第 58 条和第 59 条，内容修改为："假冒他人专利的，除依法承担民事责任外，由管理专利工作的部门责令改正并予公告，没收违法所得，可以并处违法所得三倍以下的罚款，没有违法所得的，可以处五万元以下的罚款；构成犯罪的，依法追究刑事责任。""以非专利产品冒充专利产品、以非专利方法冒充专利方法的，由管理专利工作的部门责令改正并予公告，可以处五万元以下的罚款。"

原第 43 条变更为第 41 条，内容修改为："专利申请人对国务院专利行政部门驳回申请的决定不服的，可以自收到通知之日起三个月内，向专利复审委员会请求复审。专利复审委员会复审后，作出决定，并通知专利申请人。专利申请人对专利复审委员会的复审决定不服的，可以自收到通知之日起三个月内向人民法院起诉。"

原第 49 条变更为第 46 条，内容修改为："专利复审委员会对宣告专利权无效的请求应当及时审查和作出决定，并通知请求人和专利权人。宣告专利权无效的决定，由国务院专利行政部门登记和公告。对专利复审委员会宣告专利权无效或者维持专利权的决定不服的，可以自收到通知之日起三个月内向人民法院起诉。人民法院应当通知无效宣告请求程序的对方当事人作为第三人参加诉讼。"

与 1992 年《专利法》相比，2000 年修改的《专利法》除了在用语上将"专利管理机关"改为"管理专利工作的部门"外，对专利纠纷解决机制做了较大幅度的变革，表现在：

其一，管理专利工作的部门处理专利侵权纠纷时只能"责令侵权人立即停止侵权行为"，取消了原《专利法》赋予的"责令赔偿损失"的职权，专利行政部门对专利侵权纠纷的处理权限大为限缩。管理专利工作的部门对专利侵权赔偿数额只能依当事人的申请进行调解，如果调解不成，由当事人通过民事诉讼解决。

其二，明确了当事人对专利侵权行政处理决定不服提起的诉讼属于行政诉讼而非民事诉讼，并将提起此类行政诉讼的期限从 3 个月缩短为 15 日。

其三，对于假冒他人专利和冒充专利的行为，明确了管理专利工作的部门予以行政处罚的数额和范围，从而限制了专利行政机关的自由裁量权。

其四，专利复审委员会的专利复审决定和无效宣告请求审查决定不再具有终局性，当事人不服可以提起行政诉讼，由法院最终确定其效力。这改变了以前实用新型和外观设计的授权和效力纠纷由专利复审委员会最终裁决的规定，以贯彻 TRIPS 要求的"司法终审"原则。

（四）2008 年《专利法》的相关规定

在 2008 年对《专利法》第三次修改时，将 2000 年《专利法》第 57 条变更为第 60 条，但对内容未作修改；对第 41 条、第 46 条维持原样，未作修改。此次修改主要对涉及假冒他人专利和冒充专利的行政处理机制作出了新规定。

一是将 2000 年《专利法》第 58 条和第 59 条合并为第 63 条，将内容修改为："假冒专利的，除依法承担民事责任外，由管理专利工作的部门责令改正并予公告，没收违法所得，可以并处违法所得四倍以下的罚款；没有违法所得的，可以处二十万元以下的罚款；构成犯罪的，依法追究刑事责任。"即将原来的"假冒他人专利"和"冒充专利"合称为"假冒专利"，整合了"假冒专利"和"冒充专利"的处罚规定并提高了行政处罚标准。

二是扩大管理专利工作的部门查处假冒专利行为的行政职权。2008 年《专利法》增加一条作为第 64 条："管理专利工作的部门根据已经取得的证据，对涉嫌假冒专利行为进行查处时，可以询问有关当事人，调查与涉嫌违法行为有关的情况；对当事人涉嫌违法行为的场所实施现场检查；查阅、复制与涉嫌违法行为有关的合同、发票、账簿以及其他有关资料；检查与涉嫌违法行为有关的产品，对有证据证明是假冒专利的产品，可以查封或者扣押。管理专利工作的部门依法行使前款规定的职权时，当事人应当予以协助、配合，不得拒绝、阻挠。"

从上述修改内容看，专利纠纷解决的途径从行政途径和司法途径并重向司法途径为主、行政途径为辅这一趋势变化，除了查处假冒专利的职权有所强化，专利行政部门的处理专利纠纷的权限呈现出弱化的趋势。

二、《专利法》第四次修改的新变化

（一）《专利法》第四次修改草案的规定

专利制度是经济、技术和法律共同作用的产物，并随着科学技术的进步和社会经济的发展不断修正和调整。2012 年 4 月，国家知识产权局开始为《专利法》的第四次修改征求意见。2015 年 4 月，国家知识产权局发布了《专利法》第四次修改草案的征求意见稿。同年 12 月，国务院原法制办公室公布了《专利法》第四次修改草案的送审稿。

从修改草案的征求意见稿和送审稿的内容看，大幅度增加了专利行政机关处理专利纠纷的职权范围，体现出强化专利纠纷行政解决手段的明显倾向。例如，在国家知识产权局发布的《专利法》第四次修改草案（征求意见稿）中，对现行专利纠纷行政解决机制提出以下重要修改意见。

（1）在第 60 条第 2 款中增加"管理专利工作的部门处理时，认定侵权行为成立的，可以责令侵权人……、赔偿损失"。即恢复专利行政机关责令赔偿损失的职能。

（2）新增第 60 条第 3 款："对涉嫌扰乱市场秩序的专利侵权行为，管理专利工作的部门有权依法查处；在全国有重大影响的，由国务院专利行政部门组织查处。管理专利工作的部门认定侵权行为成立且扰乱市场秩序的，责令停止侵权行为，没收违法所得，并可没收、销毁侵权产品或者用于实施侵权行为的专用设备，并处违法所得四倍以下的罚款，没有违法所得或者违法所得难以计算的，可以处二十万元以下的罚款。"

（3）将第 63 条中的"假冒专利的，……；没有违法所得的，可以处二十万元以下的罚款"改为"假冒专利的，……；没有违法所得或者违法所得难以计算的，可以处二十万元以下的罚款"。

（4）将第 64 条中管理专利工作的部门原本只针对涉嫌假冒专利行为的调查取证职能扩展为针对涉嫌侵犯专利权行为和假冒专利行为的调查取证职能，同时新增第 64 条第 2 款："管理专利工作的部门依法行使前款规定的职权时，当事人应当予以协助、配合，不得拒绝、阻挠。被调查的当事人拒绝、阻挠管理专利工作的部门行使职权的，由管理专利工作的部门予以警告；情节严重的，依法给予治安管理处罚。"

值得注意的是，此稿公布后，由于各界对上述征求意见稿的内容争论激烈，意见分歧严重，国务院原法制办公室 2015 年 12 月 2 日公布的《专利法》第四次修改草案送审稿对专利行政机关的权限作了一定的限缩。

第一，删除了征求意见稿第 60 条中专利行政机关对侵权行为人可以"责令赔偿损失"的规定。

第二，将可以采取没收侵权产品和专用于侵权的工具、模具、设备等行政强制措施的专利侵权行为限制在"群体侵权、重复侵权等扰乱市场秩序的故意侵犯专利权行为";将可以采取罚款措施的专利侵权行为限制在"重复侵权行为"。●

（二）2020年《专利法》的相关规定

2020年10月17日，第十三届全国人民代表大会常务委员会第二十二次会议作出《关于修改〈中华人民共和国专利法〉的决定》，第四次修改的《专利法》于2021年6月1日正式生效。在专利纠纷解决机制方面，新修改的《专利法》第41条规定："专利申请人对国务院专利行政部门驳回申请的决定不服的，可以自收到通知之日起三个月内向国务院专利行政部门请求复审。国务院专利行政部门复审后，作出决定，并通知专利申请人。专利申请人对国务院专利行政部门的复审决定不服的，可以自收到通知之日起三个月内向人民法院起诉。"

第45条规定："自国务院专利行政部门公告授予专利权之日起，任何单位或者个人认为该专利权的授予不符合本法有关规定的，可以请求国务院专利行政部门宣告该专利权无效。"

第65条规定："未经专利权人许可，实施其专利，即侵犯其专利权，引起纠纷的，由当事人协商解决；不愿协商或者协商不成的，专利权人或者利害关系人可以向人民法院起诉，也可以请求管理专利工作的部门处理。管理专利工作的部门处理时，认定侵权行为成立的，可以责令侵权人立即停止侵权行为，当事人不服的，可以自收到处理通知之日起十五日内依照《中华人民共和国行政诉讼法》向人民法院起诉；侵权人期满不起诉又不停止侵权行为的，管理专利工作的部门可以申请人民法院强制执行。进行处理的管理专利工作的部门应当事人的请求，可以就侵犯专利权的赔偿数额进行调解；调解不成的，当事人可以依照《中华人民共和国民事诉讼法》向人民法院起诉。"

第68条规定："假冒专利的，除依法承担民事责任外，由负责专利执法的部门责令改正并予公告，没收违法所得，可以处违法所得五倍以下的罚款；没有违法所得或者违法所得在五万元以下的，可以处二十五万元以

● 《专利法第四次修改草案（送审稿）》第60条。

下的罚款；构成犯罪的，依法追究刑事责任。"

第 69 条规定："负责专利执法的部门根据已经取得的证据，对涉嫌假冒专利行为进行查处时，有权采取下列措施：（1）询问有关当事人，调查与涉嫌违法行为有关的情况；（2）对当事人涉嫌违法行为的场所实施现场检查；（3）查阅、复制与涉嫌违法行为有关的合同、发票、账簿以及其他有关资料；（4）检查与涉嫌违法行为有关的产品；（5）对有证据证明是假冒专利的产品，可以查封或者扣押。管理专利工作的部门应专利权人或者利害关系人的请求处理专利侵权纠纷时，可以采取前款第（1）项、第（2）项、第（4）项所列措施。负责专利执法的部门、管理专利工作的部门依法行使前两款规定的职权时，当事人应当予以协助、配合，不得拒绝、阻挠。"

第 70 条规定："国务院专利行政部门可以应专利权人或者利害关系人的请求处理在全国有重大影响的专利侵权纠纷。地方人民政府管理专利工作的部门应专利权人或者利害关系人请求处理专利侵权纠纷，对在本行政区域内侵犯其同一专利权的案件可以合并处理；对跨区域侵犯其同一专利权的案件可以请求上级地方人民政府管理专利工作的部门处理。"

与 2008 年《专利法》相比，2020 年《专利法》在专利纠纷解决机制方面的变化体现在：

第一，将作出专利申请复审决定和专利无效宣告请求审查决定的机构由"专利复审委员会"改为"国务院专利行政部门"。这一变化的原因应是考虑到"专利复审委员会"是国务院专利行政部门的内设机构，并非独立的专利行政部门，因此修改为"国务院专利行政部门"更为适宜。

第二，加大了假冒专利的处罚力度。假冒专利的处罚数额从违法所得的 4 倍提高到 5 倍，从 20 万元以下提高到 25 万元以下。

第三，赋予国务院专利行政部门行政执法权。《专利法》2020 年修改前仅是规定地方管理工作的部门具有专利行政执法权，修改后赋予国务院专利行政部门处理在全国有重大影响的专利侵权纠纷的权力。

第四，对专利行政执法协作作出规定。由于专利侵权纠纷往往具有跨地域发生的特点，2020 年《专利法》对跨地域专利侵权行政执法案件的处理作出规定，以提高专利行政机关处理侵权纠纷案件的效率。

值得注意的是，修改草案中曾经出现的大幅增加行政机关专利执法权限的规定，例如赋予行政机关没收专利侵权产品和专用于侵权的工具、模具、设备，责令侵权人赔偿损失，对侵权人处以行政罚款等颠覆性内容最终未被纳入正式法案中——这一方面说明各界对大幅强化专利纠纷行政解决机制仍然存在激烈争议和巨大分歧，另一方面也表明了立法机关对此问题的谨慎态度。因此，总体而言，第四次修改后的《专利法》仍然维持了原有的专利纠纷解决机制的制度框架和基本规则。

尽管如此，随着修改决定的生效，国务院专利行政部门享有了处理有全国影响的专利侵权纠纷的处理权限，这样在原有的专利纠纷解决机制下，又对机制的协调提出了新的课题。因此，在 2020 年《专利法》的背景下，专利纠纷行政与司法解决机制如何协调，如何优化配置行政和司法资源，仍然是完善专利纠纷解决机制过程中不可回避和具有重要意义的问题。

第三节　构建专利纠纷行政与司法协同解决机制的必要性分析

一、专利侵权纠纷行政解决机制存废的理论争议

在专利纠纷解决机制中，各界对于是否有必要设立专利侵权纠纷行政解决机制存在很大争议。这一争议从《专利法》制定之初就已存在，并成为每次《专利法》修改争议的焦点问题之一，支持和反对的双方争论激烈，迄今尚未取得共识。

（一）支持专利侵权行政处理的理由

1. 专利侵权行政处理具有专业优势

支持者认为，专利行政执法人员由于具有法律和技术的双重知识背景，能够更好地理解专利侵权纠纷案件中涉及的技术方案，能够作出专业的执法决定。早在《专利法》制定之初，全国人大原法律委员会委员张友渔在 1984 年 2 月 29 日召开的第六届全国人大常委会第四次会议上作的关

于《中华人民共和国专利法（草案）》审议结果的报告中就指出：考虑到专利权纠纷的处理是专业性很强的工作，因此专利权人或利害关系人因专利侵权引起的民事纠纷，以先由行政主管部门即专利管理机关处理为宜。正是基于专利管理机关所具有的专业优势考虑，1984年和1992年的《专利法》第60条将专利管理部门处理专利侵权纠纷置于人民法院司法救济之前——这从侧面反映出了当时专利管理机关在处理专利民事纠纷中的重要地位。

2. 专利侵权行政处理具有效率优势

根据《专利行政执法办法》第21条的规定："管理专利工作的部门处理专利侵权纠纷，应当自立案之日起3个月内结案。案件特别复杂需要延长期限的，应当由管理专利工作的部门负责人批准。经批准延长的期限，最多不超过1个月。"可见，行政处理的专利侵权纠纷案件一般会在4个月内结案。而民事诉讼二审终审制，依照《中华人民共和国民事诉讼法》（以下简称《民事诉讼法》）的规定，一审期限为6个月，有特殊情况需要延长的，可以延长6个月；二审期限为3个月。在司法实践中，由于各种原因，专利侵权纠纷案件结案期限超过1年以上的屡见不鲜。因此，与司法救济程序相比，专利侵权纠纷行政处理具有效率高的特点和优势。

3. 专利侵权行政处理具有成本优势

对专利权人而言，通过行政途径维权付出的成本较低。专利行政部门处理专利侵权纠纷不向当事人收取费用，请求行政处理往往只需支出差旅费（当事人为本地的甚至没有差旅费支出），行政处理所需的费用大大低于司法诉讼。[1] 此外，在处理侵权纠纷过程中，如果专利权人"因客观原因不能自行收集部分证据"，可请求专利行政部门调查取证，并且专利行政部门也可"根据需要依职权调查收集有关证据"。[2] 这也有利于降低专利权人调查取证的成本。

4. 专利侵权行政处理符合公共利益需要

专利侵权纠纷虽然是双方当事人之间的争议，但实施专利的行为涉及社会公共福祉的积累，实施不当还可能带来对公共利益的损害。专利侵权

---

[1] 冀瑜，李建民. 试论我国专利侵权纠纷行政处理机制及其完善［J］. 知识产权，2011（7）：97.

[2] 《专利行政执法办法》第37条第1款、第2款。

纠纷背后折射的产业创新保护不足，更是攸关我国产业能否成功转型升级。❶ 当权利受到侵害时，不仅权利人的利益遭受损失，法律所维护的正义和秩序也同时受到了破坏。权利人可以自由处置自己的利益，但是法律上的正义和秩序则必须由公权力介入予以维护。当私权遭受的损害达到一定程度之时，对正义和社会秩序的维护就要高于对权利人利益的保护，公权力将介入当事人间的争端，不再允许权利人处置自己的权利。我国治安管理处罚法和刑法都有大量以公权力介入公民财产权保护的规定。同理推之，要不要设置专利行政执法制度、赋予执法部门什么样的权限，完全取决于专利法规维护的公平正义和社会秩序在社会生活中的地位，取决于发展社会主义市场经济对专利制度顺畅运行的需求。❷

5. 专利侵权行政处理符合 TRIPS 的要求

TRIPS 是目前适用范围最广、保护标准最高、执行力度最大的知识产权国际公约，遵守 TRIPS 的规定是世界贸易组织成员必须履行的国际义务。TRIPS 第 1 条第 1 款规定："成员均应使本协议的规定生效。成员可在其域内法中规定高于本协议要求的保护，只要其不违反本协议，但成员亦无义务非作这类规定不可。成员有自由确定以其域内法律制度及实践实施本协议的恰当方式。"由此可见，各成员具体采用什么方式来实施 TRIPS，可以自由根据其域内法律制度和实践来确定，它为各成员根据自身情况选择司法保护方式、行政保护方式抑或其他保护方式来保护知识产权留下了灵活的自由选择空间。此外，TRIPS 第 41 条第 2 款规定："知识产权的执法程序应该公平合理。它们不得过于复杂或者花费过高，或者包含不合理的时效或无保障的拖延。"该条款中"不得过于复杂或者花费过高"的规定对各成员降低执法成本提出了基本要求，而"不得包含不合理的时效或无保障的拖延"则是对各成员提高执法效率的明确要求。知识产权行政处理机制能够快捷而又低成本地为权利人及时提供权利救济，与 TRIPS 这一执法原则相适应。❸

---

❶ 王淇. 论专利行政执法对公共利益的保护 [J]. 知识产权, 2016 (6)：110.

❷ 邓仪友, 韩秀成. "私法自治"与专利行政执法 [J]. 知识产权, 2016 (6)：113.

❸ 邓建志.《TRIPS 协定》对知识产权行政保护的规定及其启示 [J]. 知识产权, 2013 (1)：88.

（二）对专利侵权行政处理必要性的质疑

1. 专利侵权行政处理不符合专利权的"私权"本质

首先，专利权本质上属于民事权利，正如 TRIPS 在其序言中所言，"知识产权为私权"。既然作为知识产权之一的专利权属于私权，专利侵权纠纷就属于民事争议。专利行政机关运用国家公权力和公共资源介入当事人之间的专利侵权纠纷，并作出行政处理决定，其正当性和合理性令人质疑。因为专利侵权纠纷行政处理的行政成本皆由公共财政支持，而公共财政属公共资源，它既不可能无限制地增高，其支出也需符合为公共利益的一般原则。利用公共资源保护专利权就相当于以纳税人的贡献服务专利权人，但专利权人的利益却又难以被论证为公共利益。❶

其次，以政府公权力介入专利侵权纠纷，还可能导致中国政府承受过大的国际压力并损害国际形象。有研究者认为，中国特色的知识产权行政保护"这种做法不符合法律保护知识产权等'私权'的基本原则，而且也给其他国家国民传递了一个错误的信号，使他们在遇到知识产权纠纷问题时往往放弃正常的司法救济，一味要求中国内地知识产权行政管理机关负责，甚至直接或通过其政府向中国政府施加压力，要求中国政府直接干预立法、司法等具体法律事务。一些外国政府也把对知识产权这种私权的保护完全看作是我国政府的义务，当该国知识产权人在我国境内出现权利争议等民事纠纷时，不顾其国民是否主动通过我国的司法途径解决争议，动辄指责中国政府保护知识产权不力，一再以此损害中国政府的国际形象"。❷

最后，如果将原本法院才拥有的对专利侵权的赔偿额的判定权也赋予管理专利工作的部门，则管理专利工作的部门将成为事实上的专利法院。法院和司法审判的地位和作用会变得模糊。更为严重的是，如果根据《专利法》第四次修改征求意见稿的方案，对涉嫌专利侵权行为的调查取证和行政处理也可能都是由管理专利工作的部门所作出的，甚至是在专利权人未提出相关请求的情况下而对涉嫌专利侵权行为进行的主动查处，那么在

---

❶ 刘银良. 论专利侵权纠纷行政处理的弊端：历史的选择与再选择 ［J］. 知识产权，2016 （3）：40.

❷ 李顺德. 关于加强知识产权行政管理和行政执法的思考 ［M］//中国社会科学院知识产权研究中心. 中国知识产权保护体系改革研究. 北京：知识产权出版社，2008：152.

对专利侵权的赔偿额的判定中就可能会出现"原告"和"法官"事实上为同一人（都为管理专利工作的部门）的局面。

2. 专利侵权行政处理的专业优势日益淡化

在我国《专利法》实施之初的 20 世纪 80 年代至 90 年代，专利管理部门的专业优势可能较为明显，因为当时我国知识产权司法审判体系尚处于初步建设和发展阶段，难以全面审理专利侵权案件。从 20 世纪 90 年代中后期开始，尤其是进入 21 世纪后，随着中国加入 WTO，修改后的知识产权法律基本与 TRIPS 保持一致，由于 TRIPS 包括针对专利纠纷行政决定的司法审查要求，我国知识产权司法体系得到快速建设，中级以上人民法院普遍建立起专门的知识产权审判庭，形成相对集中的专业化审判体系，分工细致、专业且有丰富审判经验的高素质知识产权法官得到成长，法院的知识产权案件审判能力和审判水平得到提高。[1] 近年来，随着北京、上海、广州知识产权法院的设立以及技术调查官制度的引入，专利纠纷案件审理的专业化水平进一步提高。因此，有观点认为，"在知识产权制度建立之初，'双轨制'模式充分利用行政力量，满足了在较短时间内建成有效知识产权保护体系的需要，为知识产权保护工作作出了重要贡献。但是，随着我国知识产权法律制度不断完善和知识产权司法保护的日益成熟，行政保护与司法保护在相互配合、相互协调过程中出现的问题不断增多，'双轨制'模式本身所存在的弊端不断显现，一定程度上制约了知识产权司法保护主导作用的发挥"。[2]

3. 专利行政行政处理成本高昂

专利行政行政处理否定论者指出，首先，考察专利侵权纠纷行政处理制度的成本，决不应该仅考虑专利权人的维权成本，还应考虑该制度的建设与运行成本，包括人力资源成本、机构建设成本（如场所、设备）、执法平台成本（如网络建设、投诉电话）、执法资源成本（如安全防护措施、执法车辆或交通成本）、执法能力培训等。在成本过高的情形下，通过行政路径处理专利侵权纠纷就可能是不经济的选择。[3]

其次，对专利权人而言，诉诸行政处理也未必一直是低成本，他也可

❶ 罗东川. 国家知识产权战略背景下的知识产权司法保护 [J]. 法律适用, 2006 (4): 2 - 6.
❷ 陶凯元. 充分发挥司法保护知识产权的主导作用 [J]. 求是, 2016 (1): 49.
❸ 王春业. 论知识产权行政保护手段的非权力化转换 [J]. 科技与经济, 2007 (2): 43 - 46.

能需要支付比诉讼更高的成本。如果当事人对专利管理部门的行政决定不服，可能去法院提起行政诉讼甚至民事诉讼，如此则会既延长处理时间，又使成本显著增高。因此，"相对于行政执法而言，直接的司法诉讼在经济成本和效益增长方面更占优势，也能有效地避免资源的浪费"。❶

最后，从司法机关对行政裁决的认可度看，最高人民法院的司法解释明确规定，法院对经过行政处理的专利侵权纠纷案件，无论专利管理部门认定结论是侵权还是不侵权，法院仍应就当事人的诉讼请求进行全面审查。这意味司法机关对专利侵权纠纷行政裁决基本持否定态度。从纠纷处理的启动看，行政执法较为宽松的受理条件相比司法诉讼更为严格的诉讼条件，容易引发恶意的行为，从而导致执法成本增加。实践中不乏虚假举报先例。因知识产权行政执法缺乏如司法诉讼一样的诉讼条件限制，虚假举报通常能启动行政机关的行政执法。如此一来，行政机关往往在付出人力和物力之后才发现被举报的侵权或违法行为根本不存在。行政资源若是经常被用于此种情形，无疑增加了整体的执法成本。从纠纷处理的程序制约看，行政执法因缺乏完整的程序制约，较之司法诉讼，往往不能保证处理结果的正确性和公平性，从而影响执法的效益。知识产权行政执法更加关注及时、高效地处理纠纷，其执法优势也往往体现于这一点，但正是因为对效率的追求，行政执法过程通常较为随机、程序较为简单，较之司法诉讼较为完整和严密的程序，其处理结果的正确性和公平性不如司法诉讼有保障。若因追求效率而忽视结果公正，也仅是符合法经济学中的成本效率考量，而未能满足最终效益的考量。❷

4. 专利侵权行政处理缺乏比较法依据

从世界范围看，许多国家专利行政管理部门不具有处理专利纠纷的行政执法职能，即使赋予该项职能，权力行使的范围也受到极大的制约与限制。例如，美国专利法第281条明确规定，专利权人应当通过民事诉讼获得侵权救济。行政处理主要集中于专利授权和效力纠纷，不适用专利侵权纠纷。极少数国家与我国类似，规定了侵权纠纷的行政保护与司法诉讼的双轨制，如英国、墨西哥等国家。但是，这些国家的行政处

❶❷　李永明，郑淑云，洪俊杰. 论知识产权行政执法的限制：以知识产权最新修法为背景[J]. 浙江大学学报（人文社会科学版），2013（5）：166.

理制度的适用有着严格的前置条件、适用范围、效力限定等，与我国有鲜明差别。❶

二、专利纠纷行政与司法解决机制运行的现实困境

除了上述对专利侵权纠纷行政处理机制存废存在激烈争议外，专利纠纷行政与司法解决机制在实际运行中也存在诸多矛盾和冲突。我国专利法框架沿用了大陆体系民事程序与行政程序的二元分立体制。即专利权侵权纠纷经由民事诉讼程序解决，专利确权纠纷则经由行政诉讼程序解决。因此，在这一制度的安排下，审理专利侵权民事诉讼案件的法院无权裁决专利权的有效性争议，在专利权人向法院提起侵权诉讼，被告向国务院专利行政部门提起专利无效宣告请求的情况下，受理专利侵权纠纷的法院往往会中止其审理程序，等待国务院专利行政部门作出专利权效力的行政裁决后，才根据此行政裁决的结果对民事侵权诉讼继续进行审理。这虽然体现出专利民事诉讼对专利行政确权裁决最大限度的尊重，但也明显降低了司法裁判的效率，导致案件审理停滞和拖延。

当事人如果不服国务院专利行政部门的无效宣告请求审查决定，后续还有北京市第一中级人民法院（2014年11月6日以后为北京知识产权法院）一审，北京市高级人民法院二审的行政诉讼程序（2019年1月1日起此类案件由北京知识产权法院一审，最高人民法院二审）。这样一来，专利纠纷民事和行政交叉案件程序冗长的问题就凸显出来。以"一种钢砂生产方法"专利侵权民事与行政纠纷交叉案❷为例，2005年，多棱公司作为"一种钢砂生产方法"发明专利的权利人，起诉联捷铸钢厂侵犯其专利权。在法院审理该专利侵权民事纠纷案件过程中，被告联捷铸钢厂向专利复审委员会提出宣告该专利无效的请求，为此法院裁定中止侵权诉讼审理。专利复审委员会于2008年作出维持专利有效的行政决定。联捷铸钢厂不服此决定向北京市第一中级人民法院提起行政诉讼，该院作出撤销专利复审委员会的维持专利有效决定的判决，责令专利复审委员会重新作出决定。之

---

❶ 靳澜涛. 专利侵权纠纷行政处理制度的存废之辩［J］. 中国发明与专利，2017（8）：81.

❷ 北京市高级人民法院（2010）高行终字第1521号行政判决书、（2014）高行字第693号行政判决书。

后，多棱公司、专利复审委员会均不服该判决，向北京市高级人民法院提起上诉。北京市高级人民法院经审理后判决驳回上诉，维持原判。此后，专利复审委员会重新作出宣告专利全部无效的决定。多棱公司对专利复审委员会重新作出的专利无效决定不服，向北京市第一中级人民法院再次提起行政诉讼，此后该案经历一审、二审程序，最终于2014年由北京市高级人民法院的终审行政判决才确定该专利权无效。虽然专利确权行政诉讼至此已画上句号，但是针对该专利的民事侵权诉讼才刚刚恢复审理。可见，如此冗长烦琐的专利诉讼程序，不但拖延对民事侵权行为的实体处理，而且使得真正权利人的权益长期处于不稳定的状态，既不利于对专利权的保护，也使司法效率和经济效益大打折扣。

另外，国务院专利行政部门在专利无效行政诉讼中的地位也颇为尴尬。根据法律规定，一旦当事人不服专利无效宣告请求审查决定，可以提起以国务院专利行政部门为被告的行政诉讼。如此一来，国务院专利行政部门就由在无效宣告行政程序中的中立裁判者转变为行政诉讼程序中的当事人。随着专利无效行政诉讼案件的不断增加，国务院专利行政部门被迫频繁地应诉。早在2002年，专利复审委员会作为被告的案件就有161件，几乎平均一到两天就要当一次被告，一个不到100人的专利复审委员会被迫成立了17人的"应诉处"来应付无休止的行政诉讼。❶ 近年来，专利权效力纠纷增长更为迅速，2017年专利复审委员会受理无效宣告案件4 565件，2018年受理无效宣告案件达到5 235件。相关研究显示，进入一审行政诉讼程序的无效宣告案件维持在20%左右。❷ 这意味着国务院专利行政部门近年来每年需要应对上千件行政诉讼案件。承受着日益增加的诉讼压力，耗费了大量宝贵的行政资源。

在专利侵权纠纷案件的处理中，还存在着专利侵权行政裁决与司法审查的冲突问题。根据《专利法》的规定，地方专利行政机关可以受理申请人处理专利侵权纠纷的请求，并作出责令被申请人停止侵权的处理决定。一旦被申请人不服停止侵权的处理决定，被申请人同样可以提起以地方专

---

❶ 李罡.《专利法》不完善 专利复审委一年被告200次 [EB/OL].（2003 - 07 - 19）[2023 - 10 - 23]. https：//news. sina. com. cn/c/2003 - 07 - 19/0822406867s. shtml.

❷ 董涛，王天星. 正确认识专利权效力认定中的"行政/司法"职权二分法 [J]. 知识产权，2019（3）：83.

利行政机关为被告的行政诉讼。地方行政机关同样要由中立裁判者转变为被告，面临与国务院专利行政部门类似的尴尬地位。由于信息沟通的不畅、案件事实和证据认定的不同、对相关法律规定的理解适用的差异等原因，地方专利行政机关与法院可能会对同一专利侵权纠纷作出截然不同的裁判。造成行政权与司法权的冲突。例如，在福州海王福药公司与辽宁省知识产权局专利侵权行政处理决定纠纷案中，辽宁省知识产权局与海口市中级人民法院对同一专利侵权纠纷就作出了不同的裁判。❶ 在苹果电脑贸易（上海）有限公司（以下简称"苹果公司"）诉北京市知识产权局专利侵权行政处理纠纷案中，深圳市佰利营销服务有限公司（以下简称"佰利公司"）以苹果公司及北京中复电讯设备有限责任公司（以下简称"中复电讯公司"）侵犯其 ZL201430009113.9 的外观设计专利权为由向北京市知识产权局提出行政处理请求，北京市知识产权局于 2016 年 5 月 10 日作出决定，认定被控侵权产品 iPhone6、iPhone6 Plus 落入涉案专利的权利要求保护范围，责令苹果公司停止销售、中复电讯公司停止许诺销售和销售被控侵权产品。苹果公司不服该行政处理决定，向北京知识产权法院提起行政诉讼。2017 年 3 月 24 日，北京知识产权法院作出判决撤销北京市知识产权局作出的苹果侵权处理决定，并判定苹果公司和中复电讯公司未侵犯佰利公司的外观设计专利。❷

此外，专利纠纷行政调解与司法确认也存在衔接不畅的问题。地方专利行政机关的一项重要职能是通过调解的方式处理专利申请权纠纷、专利权属纠纷、发明专利临时保护期使用费纠纷、职务发明奖励报酬等专利纠纷，在对专利侵权纠纷进行处理时，调解也是处理纠纷的重要手段，尤其在侵权赔偿额方面，专利行政机关只能通过调解的方式处理。可见，行政调解在专利纠纷解决中具有重要的地位和作用。但在实际情况中，行政调解协议的效力模糊不清，甚至需要以"人民调解协议"的形式以获得明确的法律效力。同时，行政调解协议的司法确认也面临审查范围不清、审查

---

❶　辽宁省知识产权局辽知执字（2009）1 号专利侵权纠纷处理决定书、海南省海口市中级人民法院（2009）海中法民三重字第 2 号民事判决书。

❷　北京知识产权法院（2016）京 73 行初 2648 号行政判决书。

标准不统一、被撤销后的救济手段不明确等问题。❶ 严重影响了行政调解职能在解决专利纠纷中的作用。

三、域外经验的考察与比较

(一) 英　国

在英国法律传统上，英国法院一直是解决专利侵权与效力纠纷的唯一机构。❷ 1977 年英国对其专利法从实体和程序对英国专利制度进行了重大改革，开辟了英国专利制度的新时代。❸ 该法除了规定英国专利局 (2007年更名为英国知识产权局) 负责受理和审查专利申请外，还赋予其处理专利纠纷案件的权力。1977 年英国专利法其后虽经历了数次修订，但现行专利法基本沿袭其立法框架和主要内容。❹ 英国知识产权局处理的专利纠纷包括：

(1) 授予专利权前后的权属争议。在专利权授予前的任何时候，专利申请案的两个以上共有人中的任何一人，可就该申请案中的权利是否应被转让或授予其他人向知识产权局长 (the comptroller) 提出疑问；在专利授权后，专利权人或声称拥有专利权的人可向知识产权局长提出疑问。对于这些疑问，知识产权局长应作出决定，并发布其认为适当的命令。如果知识产权局长认为由法院处理更为适宜，他可以拒绝受理。由当事人通过诉讼解决。

(2) 专利侵权纠纷。专利权人和其他任何人可以根据彼此间的协议向知识产权局长提出请求，请求其判断当事人是否侵犯了专利权。据此，专利权人可以提出如下请求：宣布该专利有效；宣布该专利受到了被请求人

---

❶ 何炼红，舒秋膂. 论专利纠纷行政调解协议司法确认的审查边界与救济路径 [J]. 知识产权，2017 (1)：63 - 67.

❷ 也有学者认为，在历史上，英国有关专利有效性争议和侵权案件长期由于法院性质完全不同的"工业仲裁庭" (Industrial Tribunal) 受理。郑成思. 知识产权法通论 [M]. 北京：法律出版社，1986：223 - 225.

❸ CORNISH W R. Intellectual Property：Patent, Copyright, Trade Marks and Allied Rights [M]. 4th ed. London：Sweet & Maxwell, 1999：109.

❹ The Patent Act 1977 (as amended in 2006).

的侵犯；要求赔偿侵权行为造成的损失。知识产权局长有权对上述请求作出决定。但是，如果局长认为上述请求由法院处理更为合适，他可以拒绝受理。

（3）专利有效性争议。对于一项发明授予专利后，任何人如果对其有效性或可专利性提出异议，知识产权局长有权进行处理。

除此之外，英国知识产权局还有权处理共同申请人之间对所提出的专利申请案的争议；第三人对公开的专利申请案提出的异议；职务发明中对雇员报酬的争议等专利纠纷。

总体而言，从英国专利法的规定和相关实践看，其专利纠纷行政与司法解决机制具有以下特点。

第一，英国法院在处理专利侵权纠纷时享有广泛的权力。包括：（1）颁发禁令限制被控侵权人的行为；（2）责令被告交出或销毁侵权产品；（3）要求被告赔偿侵权行为造成的损失；（4）责令被告交出从侵权中获得的利益；（5）宣布该专利有效并受到了被告的侵犯。❶ 相比之下，知识产权局处理专利侵权纠纷的权限较小，只有上述法院的（3）与（5）两项权力，没有对侵权行为颁发禁令和命令扣押、销毁侵权产品的权力。

第二，知识产权局有权处理的专利纠纷广泛。既包括在专利申请过程中的争议，也包括专利授权后的有效性纠纷；既包括专利申请人内部之间的争议，也包括专利权人与第三人之间的纠纷。

第三，在专利侵权纠纷解决方面，实行行政与司法并行处理的"双轨制"。这在西方国家中颇为少见，成为英国专利制度的特色。但值得注意的是，知识产权局受理专利侵权纠纷需要以当事人之间达成相关的协议为前提。相比之下，法院受理此类案件无此限制。另外，知识产权局长对于是否受理侵权纠纷具有自由裁量权，如果认为该纠纷不适合由其处理，可以拒绝受理。在此情况下，当事人只能向法院提起诉讼。

（二）美　　国

美国历史上长期奉行专利侵权和效力纠纷由司法解决的单轨制。法院是处理此类纠纷的唯一机构。根据美国宪法规定，专利法属于联邦立法范

---

❶ The Patent Act 1977 (as amended in 2006) s. 61 (1).

畴，因此，联邦法院有权受理专利侵权诉讼。美国有 94 个联邦地区法院，任何一个联邦地区法院均有对专利纠纷诉讼的一审管辖权。2011 年，美国国会制定了专利案件试点规划法案，尝试将专利侵权纠纷案件移送至被选定的 15 个联邦地区法院。❶ 该法案的试行期限为 10 年。目的在于：（1）缩小各个法院案件管理的差异；（2）提升专利案件的审理速度；（3）解决专利案件中法官专业知识不足的问题；（4）降低专利案件的撤销率。

美国专利商标局长期没有处理专利侵权与效力纠纷的权力。这一状况在 1980 年发生了改变。该年美国修订专利法引入了"单方再审"程序（ex parte reexamination），首次赋予美国专利商标局对专利有效性进行审查的权力。美国专利商标局开始在专利确权方面发挥作用。1999 年美国专利法修订时又增加了"双方再审"程序（inter partes reexamination）。尤其在 2011 年，美国国会通过美国发明法案（America Invents Act，AIA）对其专利法作了重要改革，设立专利审判与上诉委员会（Patent Trial and Appeal Board，PTAB）负责处理专利确权纠纷。同时，该法案取消"双方再审"程序，增设"双方复审"程序（Inter Parte Review）和"授权后复审"程序（post-grant review）。从实际运行效果看，由于专利审判与上诉委员会程序具有审理效率高、审理费用低的优势，美国改革后的专利确权程序受到美国产业界的欢迎和支持。2012 年以后，美国专利商标局的受理案件量出现明显的增长趋势：2013 财年受理 562 件，2014 财年为 1 489 件，2015 财年达到 1 897 件。❷ 虽然美国专利确权行政与司法的双轨制也存在两者审理范围不同、权利要求解释标准不同、证据标准不同、效力不同等冲突问题，❸ 但由于美国联邦巡回上诉法院是专利侵权与有效性纠纷的唯一上诉机构，因此两者的冲突往往可以在联邦巡回上诉法院层面得以协调。

美国国际贸易委员会（International Trade Commission，ITC）在对进口货物知识产权侵权行为的行政处理上扮演了重要角色。ITC 是根据 1930 年关税法（Tariff Act of 1930）成立的一个独立的联邦准司法机构。其职责范围包括：判定国内行业是否因外国产品的倾销或补贴而受到损害；判定进

---

❶ US Patent Cases Pilot Program, S. 1.

❷ AIA Trial Statistics [EB/OL]. [2023-06-25]. https：//www.uspto.gov/patents-application-process/appealing-patent-decisions/statistics/aia-trial-statistics.

❸ 张怀印. 美国专利确权双轨制的分殊与协调 [J]. 电子知识产权，2018（5）：34-35.

口对国内行业部门的影响；对某些不公平贸易措施，包括对专利、商标或版权等知识产权的侵权行为，采取应对措施；对贸易和关税问题进行研究；就贸易与关税问题向总统、国会和其它政府机构提供技术性信息和建议。美国国际贸易委员会下设多个行政、公关和专业职能办公室。专业办公室有：经济办公室、工业办公室、调查办公室、关贸总协定办公室、不正当进口调查办公室、贸易补救中心、行政法官办公室、法律总顾问办公室等。

美国国际贸易委员会在国际贸易事项上拥有广泛的调查权，对进口贸易中发生的知识产权侵权行为的调查和裁决是美国国际贸易委员会的重要职责。知识产权侵权行为具体包括：所有权人、进口商、收货人向美国进口、为进口而销售或进口后在美国销售的物品侵犯了美国某项有效专利；根据美国法典第17编规定登记的有效版权；根据美国商标法注册的美国某项有效商标；根据美国法典第17编第9章注册的某项掩膜（集成电路布图设计）作品；受美国法典第17编第19章保护的某项外观设计专有权。

美国国际贸易委员会在处理知识产权侵权行为时享有以下行政职权。❶（1）调查权。美国国际贸易委员会应当依职权或依请求对被控侵权行为进行调查，并尽可能早地结束调查和作出决定。（2）裁决权。除法律规定可以全部或部分终止调查的情况外，美国国际贸易委员会应当就其主持的调查作出决定，裁决是否有违法行为存在。（3）命令权。美国国际贸易委员会根据调查的情况，可以发布如下命令：一是准许令（a consent order）。根据准许令，美国国际贸易委员会可以终止全部或部分调查。二是排除令（an exclusion order）。美国国际贸易委员会在进行调查后，如果认为存在违反"337条款"的行为，或者美国国际贸易委员会在调查期间认为有理由相信存在违法行为，此时除法律规定的例外情况外，美国国际贸易委员会应当发出排除令，排除侵权进口物品进入美国。同时将该排除令通知财政部长，财政部长在接到通知后，应当拒绝有关物品的进入。三是临时救济令（preliminary relief）。美国国际贸易委员会可以根据美国法典第1337条第（e）、（f）款发布与联邦民事诉讼规则中的临时禁令（preliminary injunction）和暂时限制禁令（temporary restraining order）相对应的临时救济

---

❶　19 U. S. C. § 1337（c）（d）（e）（f）（k）（i）。

令。据此，美国国际贸易委员会可以发布的临时救济令主要有临时排除令
（temporary exclusion order）和临时停止令（temporary cease and desist
order）。四是停止令（cease and desist order）。除法律规定的例外情况外，
美国国际贸易委员会可以对任何违反"337 条款"或被认为是正在违反
"337 条款"的人发出停止令，要求其停止正在进行的知识产权侵权行为。
停止令既可以与前述排除令和临时救济令同时适用，也可以单独适用。美
国国际贸易委员会也可以在任何时候以其认为适当的方式发布通知，修正
或撤销停止令。（4）处罚权。美国国际贸易委员会除了可以根据美国法典
第 1337 条（d）款发布排除令外，还可以在符合法律规定的条件下，对任
何违反本条规定的进口物品发布扣押（seize）和没收（forfeit）命令。美
国国际贸易委员会应将前述扣押和没收的命令通知财政部，财政部在收到
该通知后应当执行该命令。

美国贸易代表办公室（Office of the United States Trade Representative,
USTR）在知识产权保护方面也具有重要作用。该办公室负责处理美国以外
国家和地区侵犯美国知识产权的事宜。根据"特别 301 条款"，美国贸易
代表保护海外知识产权的行政职权如下。（1）确定某外国为"重点国家"
（priority foreign country）。贸易代表可以根据所掌握的信息随时确定任何外
国为重点国家，也可以随时取消这一决定。（2）凡是被确定为"重点国
家"的，贸易代表有权发起调查，并根据调查结果决定是否发起制裁。
（3）如果决定进行制裁，贸易代表有权采取中止、撤回贸易减让；征收关
税；中止或限制税收优惠；与外国政府达成有约束力的协议，让外国政府
承诺取消相关法律、政策或做法，或消除此类法律、政策或做法对美国商
业的负担或限制，或对美国提供符合法定要求的贸易利益补偿等措施。❶

此外。隶属于财政部的美国海关与边境保护局（U. S. Customs and Border
Protection，CBP）也具有对知识产权采取海关保护措施的职能。包括：进
行知识产权备案；采取措施禁止侵犯知识产权的货物进入美国；对侵犯商
标权和版权的货物可以作出侵权判定，并有权予以没收；配合美国国际贸
易委员会对侵犯专利权的货物采取相应措施。❷

---

❶ 李明德. "特别 301 条款"与中美知识产权争端［M］. 北京：社会科学文献出版社，
2000：15 – 19.

❷ 胡佐超. 专利管理［M］. 北京：知识产权出版社，2002：111.

概括起来，美国的专利纠纷的行政和司法解决机制具有以下特点。

第一，美国国内的专利纠纷解决机制以司法为主导，以行政为辅助。美国法院具有处理专利纠纷的广泛权力：不仅可以处理专利侵权纠纷也可以处理专利有效性争议；不但可以处理当事人之间的专利纠纷而且可以处理当事人与美国专利商标局的行政争议。同时，由于判例法传统，法院的司法判例影响着专利法具体条文的解释与适用，对美国专利制度的变革和发展起到了重要的推动作用。与此相比，专利纠纷行政解决机制长期居于次要和从属地位，发挥着有限的作用。值得注意的是，近年来随着专利纠纷案件的不断增加，为了缓解案件增多对法院造成的压力，专利纠纷行政解决机制的必要性和重要性日益凸显，美国专利商标局的专利授权确权纠纷解决机制也在立法上获得重视和完善，并在实践中发挥了积极作用。

第二，不同行政部门处理专利纠纷的职权差异明显。美国专利商标局及其内设的专利审判与上诉委员会负责对专利申请的受理、审查、批准以及与专利申请和授权、确权有关的行政争议，但对专利侵权纠纷无管辖权。美国国际贸易委员会对侵犯美国专利权的货物进口行为则拥有包括行政调查、行政裁决、行政制裁在内的广泛的行政职权，但对美国国内的专利侵权纠纷同样无管辖权。可见，美国行政部门的行政处理权集中在应对海外侵犯美国专利权的行为，美国国内的专利侵权纠纷完全由司法机关解决。

第三，行政保护措施聚焦于对美国海外和国际贸易中的知识产权保护。美国国际贸易委员会、美国贸易代表办公室和美国海关与边境保护局在知识产权保护职能上相互分工，密切配合。美国贸易代表办公室负责处理美国以外国家和地区对美国知识产权的侵权事宜，制止国外知识产权侵权行为；美国国际贸易委员会负责处理外国进口产品侵犯美国知识产权的事宜，认定外国进口产品是否侵犯美国知识产权；美国海关与边境保护局负责具体采取边境保护措施，制止外国侵权产品进入美国。从而形成相互联系、相互配合的行政保护体系。

（三）日　　本

自从 1899 年日本专利法中引入确定专利权保护范围的审理程序之后，日本特许厅在专利侵权领域开始扮演重要的角色。在 1962 年该审理程序废止之前，因为特许厅的决定足以制止专利侵权行为，专利权人通常更愿意启动特许厅的程序来处理侵权纠纷，而不是向法院提起诉讼。但是，在该程序废止之后，日本特许厅只能就专利侵权纠纷提供不具有约束力的行政意见。为了彻底解决侵权纠纷，当事人仍需要向法院另行提起诉讼。

在专利纠纷的司法解决机制方面，为进一步集中审理专利侵权初审案件，日本于2003年修改了民事诉讼法，规定东京、大阪地区法院以跨区管辖的方式，分别专属管辖全日本的专利侵权初审案件。如果当事人对一审判决不服，可以上诉至知识产权高等法院。由此，日本完成了专利侵权一审、二审案件的集中管辖，为统一专利侵权案件的裁判标准奠定了坚实的基础。

对于专利有效性纠纷，日本特许厅长期享有专属管辖权，法院无权对专利的有效性作出认定。由于二战后受美国法的影响以及实践中暴露出的问题，日本最高法院逐渐意识到法院应当在专利侵权案件中审查专利的有效性。2000年，日本最高法院在"Kilby"案的判决中明确指出，如果专利权人拥有的专利是明显无效的，那么其不能在专利侵权诉讼中主张权利。由此，"Kilby"案事实上确立了日本法院可以在专利侵权诉讼中审查专利有效性的先例。据此，在专利侵权诉讼中，被控侵权人不用在日本特许厅另行启动专利无效程序，而是可以向受诉法院提出专利权无效的抗辩，请求法院直接认定专利权无效。这就在一定程度上提高了案件审理的效率。为了回应日本产业界要求完善专利纠纷解决机制的呼声，2004年，日本国会基于"Kilby"案对其专利法作出了修订。根据修改后的专利法相关规定，在专利侵权诉讼中，如果涉案专利属于应当被宣告无效的，专利权人或者独占被许可人将无法执行其权利。与"Kilby"案判决相比，日本专利法的上述规定并没有包含专利权是否"明显属于无效"的限制，从而扩大了法院认定专利有效性的范围，赋予了法院完全的专利有效性认定权。

四、结论和启示

如前所述，我国学界对专利侵权纠纷行政解决机制存废的两种观点针锋相对，互不相让。笔者认为，上述观点虽然都不乏合理之处，但也难免失之偏颇。

首先，是否保留专利侵权纠纷行政解决机制与是否违反 TRIPS 规定的义务并无关联。虽然有论者担心若我国不再实行专利行政保护，将可能导致专利保护水平下降，而且违背了 TRIPS 第 24 条第 3 款（"成员在实施本节规定时，不得降低《建立世界贸易组织协定》生效日临近前业已存在的该成员保护地理标志的水平。"）以及第 2 条第 2 款（"第 1 至 4 部分之所有规定，均不得有损于成员之间依照《保护工业产权巴黎公约》《保护文学和艺术作品伯尔尼公约》《保护表演者、音乐制品制作者和广播组织罗马公约》及《集成电路知识产权条约》已经承担的现有义务。"）体现出的"不得减损已有知识产权保护水平"的原则。❶ 但这一论点缺乏充分的依据。

（1）TRIPS 第 1 条第 1 款明确规定："成员有自由确定以其域内法律制度及实践实施本协定的恰当方式。"可见，对知识产权采取行政保护并非 WTO 成员的强制性义务，是否采用行政保护由成员自由决定。换言之，即使不采用行政保护手段，亦不存在违反 TRIPS 的问题。此外，TRIPS 第 31 条（i）、（j）项和第 41 条第 4 款规定了司法终审原则，即行政机关的处理决定必须有机会获得司法审查，司法裁判具有终局效力。这也从侧面反映出司法保护的优先地位。

（2）从上述 TRIPS 第 24 条第 3 款和第 2 条第 2 款规定的内容看，究其本意，所谓"已有保护水平""现有义务"指的是 TRIPS 所规定的专利权、商标权、著作权及邻接权、地理标志、集成电路布图设计等知识产权的实体保护标准，而非具体保护方式。否则必然与上述 TRIPS 第 1 条第 1 款的规定背道而驰，违反对国际条约的体系解释原则。

其次，对专利侵权纠纷行政解决机制的全盘否定也未免过于偏激。

（1）专利行政保护经过三十余年的运行和发展，已经建立了较为完善的专利行政执法体系和执法队伍，处理了数量可观的专利纠纷案件，成为维护专利权人合法利益的重要途径。

---

❶ 邓建志. 《TRIPS 协定》对知识产权行政保护的规定及其启示［J］. 知识产权, 2013 (1)：89 – 91.

（2）尽管现行专利侵权纠纷解决机制存在不少弊端和缺陷，但并非不可以通过制度创新和机制完善加以克服或缓解，倘若贸然取消专利侵权纠纷行政解决的途径和方式，无疑也是对多年积累的宝贵社会资源的浪费。

（3）从国际发展趋势看，为了高效和低成本地处理专利纠纷，英国和美国正不断地融入行政力量，从司法一元制模式逐步发展至司法/行政二元制模式。基于类似的原因，在专利有效性的认定上，日本则开始由完全的行政认定模式改为行政/司法二元认定模式。可见，各国正在努力整合行政和司法资源，以便更好地应对日益增长的专利纠纷，实现两种资源的优化配置。这也为我国如何看待专利纠纷行政和司法解决机制的作用，如何协同两种机制的运作，提供了有益的视角和启示。

最后，司法终审原则凸显了协调专利纠纷行政与司法解决机制的重要性。根据 TRIPS 第 41 条："各成员方应确保在其国内法中使用本部分规定的执法程序，以有效打击任何侵犯协定保护的知识产权的行为；执法程序应该公平和公正，不应没有必要地复杂化、高收费，无端耗时或延误；裁决最好用书面形式作出并说明理由；对行政机关的最终裁决，应给诉讼当事方提供请求司法审查的机会。"由此，TRIPS 确立的司法终审原则成为世界贸易组织成员方必须遵守的国际义务。我国 1984 年《专利法》第 43 条第 3 款规定："专利复审委员会对申请人关于实用新型和外观设计专利的复审请求所作出的决定为终局决定。"由于这一规定被认为与 TRIPS 的司法终审原则存在冲突，2000 年第二次修改《专利法》时对此作出修改，在第 41 条第 2 款规定："专利申请人对专利复审委员会的复审决定不服的，可以自收到通知之日起三个月内向人民法院起诉。"在第 46 第 2 款规定："对专利复审委员会宣告专利无效或维持专利权的决定不服的，可以自收到通知之日起三个月内向人民法院起诉。人民法院应当通知无效宣告请求程序的对方当事人作为第三人参加诉讼。"由此全面确立了专利纠纷的司法终审原则。因此，在专利纠纷行政和司法协同机制的制度设计中，应充分考虑司法终审原则的制约，避免行政权的不当扩大从而加剧行政权与司法权的冲突，增加专利纠纷解决机制的运行成本。

综上所述，如何合理确定专利纠纷行政处理权的范围，如何完善专利纠纷行政与司法解决的协调机制，实现专利纠纷行政与司法解决机制的优势互补和良性互动，就显得十分必要和重要。下文将在实证研究的基础上，就专利确权纠纷中行政与司法的协调、专利侵权纠纷行政裁决与司法审查衔接、专利纠纷调解与司法程序对接、专利行政机关与司法机关协作机制的构建等问题展开探讨。

第二章 专利纠纷行政与
司法解决机制的实证分析

第一节 专利纠纷行政和司法解决机制运行状况

关于专利纠纷行政解决机制的争论,从理论层面上分析,均不乏道理,但若缺乏实证材料的支撑,难免失之空泛。有鉴于此,笔者选取国家知识产权局网站公布的有关统计数据以及《中国知识产权年鉴》、《中国知识产权发展状况报告》、《中国知识产权司法保护状况白皮书》、中国裁判文书网、北大法宝等发布的信息,对 2010—2018 年的相关统计数据和案例进行整理和分析,❶ 从年度专利执法案件数量、各省专利纠纷案件数量、专利执法案件涉及的专利类型、专利执法案件的处理方式、专利纠纷案件诉讼状况以及典型案例等方面进行实证研究。

一、专利行政执法案件年度趋势分析

根据国家知识产权局《专利行政执法办法》的规定,专利行政执法的案件类型包括专利侵权纠纷、假冒专利、其他专利纠纷(包括专利权属纠纷、发明人资格纠纷、职务发明奖励报酬纠纷等)。本书以此作为专利行

---

❶ 2010 年《专利行政执法办法》发布,专利行政执法开始步入规范化轨道。国家知识产权局也发布了较完整的统计数据,但在 2018 年后,国家知识产权局发布的数据远不如之前完整和充分,因此本书的相关数据分析年限选取为 2010—2018 年。

政执法案件类型的统计依据。图 2 - 1 以 2010—2018 年三类专利纠纷的案件数量为统计依据，显示此三类专利纠纷的年度变化趋势。从图中可以看出三类专利纠纷案件数量变化大致可以分为两个阶段，以 2011 年为分水岭；前后两个阶段的案件数量发生了明显的变化。

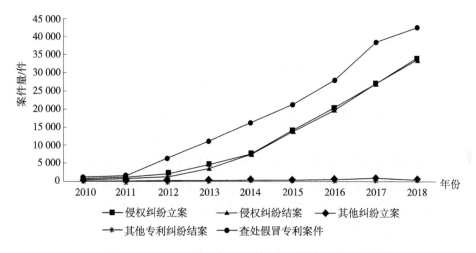

图 2 - 1　2010—2018 年专利行政执法案件数量年度变化趋势

第一阶段为 2010—2011 年，专利侵权纠纷立案、结案数量，查处假冒专利案件数量以及其他专利纠纷案件的立案、结案数量的增长均较为平缓。

第二阶段从 2012 年开始，除了"其他专利纠纷"案件数量增长平缓外，假冒专利查处和侵权纠纷处理案件数量每年均出现大幅度增长。究其原因，这与国家知识产权局 2011 年 6 月出台《关于加强专利行政执法工作的决定》后，大力加强专利行政执法工作有很大的关系。为了贯彻落实该决定，各地区管理专利工作的部门根据国家知识产权局的工作部署，自 2012 年起每年大规模开展知识产权执法维权"护航"专项行动，通过集中力量开展专项行动，主动出击，强化执法力度，处理和查处了大量的专利违法行为。因此，专利行政执法案件数量出现了井喷式的增长。

从图 2 - 1 还可以看出，与其他专利纠纷案件相比，假冒专利查处案件数量增长更为迅速。这有以下几方面的原因：首先，对于假冒专利案件，不需要当事人的申请，专利行政机关可以依职权处理，这样通过定期或不定期的专利执法行动，行政机关主动查处了大量的假冒专利案件。其次，对于专利侵权和其他专利纠纷案件，依照法律规定，行政机关不得主动介入，只有在当事人提出申请的情况下方可进行处理，这自然限制了此类纠纷的办案数量。最后，与其他专利纠纷的处理相比，对假冒专利的认定和处理更为简单和快捷。行政机关在执法中一旦发现产品标记了虚假的专利号或假冒他人的专利号，即可认定其为假冒专利行为。相比之下，专利侵权判断更为复杂，案件的受理条件也更为严格，加之案件处理周期相对较长，必然会对案件的受理和结案数量产生较大影响。

二、专利行政执法案件地域分布分析

一般而言，地区经济和科技发展水平与专利数量具有正相关性。相应地，随着专利数量的增加，专利侵权纠纷发生的概率自然也随之增加。因此，经济和科技发展水平高的地区往往也是专利拥有量较多且专利侵权纠纷多发的地区。表2-1列出了2010—2018年我国受理专利侵权纠纷案件数量前十位省份的排名情况。从表中的数据可以看出，东部沿海地区受理的专利侵权纠纷案件数量明显高于其他地区。排名前三位的浙江、广东、江苏三省一共受理了69374件专利侵权纠纷案件，超过全国同期此类案件总量的六成。这印证了经济和科技发展水平与专利纠纷数量呈现正相关性的推断。值得注意的是，近年来随着中西部地区经济的崛起，中西部地区的专利侵权纠纷数量也呈现出上升的趋势，从侧面反映出其经济的增长态势。

此外，从表2-1也可以看出，专利纠纷案件数量的地区差异非常显著，排名第一位的浙江省超过全国总量的四成。排名第十位的湖北省仅占全国总量的2%左右。与此同时，排名前十位的地区受理的专利侵权纠纷总量达到全国总量的86%，而许多省份年均受理专利侵权案件量尚不足100件。这巨大的差距一方面显示出国内各地经济和科技发展水平的差异，另一方面也与各地区的专利执法力量、执法水平和执法力度等因素密切相关。耐人寻味的是，在国家知识产权局发布的《中国知识产权发展状况报告》中，在2010—2018年，广东省知识产权综合指数和专利实力连续多年居全国首位。相关数据显示：截至2018年底，广东省有效发明专利拥有量达到 24.9 万件，每万人口发明专利拥有量 18.96 件。❶ 但在专利侵权纠纷案件受理数量上，广东省却明显落后于浙江省。对此现象，可能的解释是：浙江省是电子商务发达的中心地区，浙江省专利行政机关通过与阿里巴巴集团的合作，在电子商务领域建立起了较为完善的专利侵权行政处理机制。❷ 这样通过电子商务平台和行政执法机关的联动机制，专利行政机关处理了大量向电商平台投诉的专利侵权纠纷案件。

表 2 - 1　2010—2018 年受理专利侵权纠纷案件数量前十名地区排名情况

排名	省份	受理数量/件	占全国总量比例
1	浙江	46 298	42.7%
2	广东	16 446	15.1%
3	江苏	6 630	6.1%
4	四川	5 786	5.3%
5	河南	4 183	3.8%
6	山东	3 864	3.5%
7	安徽	2 999	2.7%
8	河北	2 848	2.6%
9	湖南	2 504	2.3%
10	湖北	2 495	2.3%

三、专利侵权纠纷行政处理的结案方式分析

行政机关受理当事人的专利侵权纠纷处理请求后，根据案件情况作出的处理方式有以下几种：一是作出责令停止侵权的处理决定；二是对于当事人愿意接受调解的，居中调解使双方达成调解协议；三是认为当事人的处理请求不成立的，驳回其请求；四是当事人在提出处理请求后，主动撤回请求，从而终结案件。需要说明的是，从国家知识产权局公布的 2010—

---

❶　广东省市场监督管理局. 2018 年广东省知识产权保护状况白皮书 [EB/OL]. [2023 - 06 - 25]. http://www. gd. gov. cn/gdywdt/bmdt/content/post_2284249. html.

❷　阿里巴巴集团与浙江省知识产权局自 2010 年开始合作打击专利侵权。2014 年，阿里巴巴集团与浙江省知识产权局在杭州共同签署了知识产权保护合作备忘录，联手打击电子商务领域专利侵权行为。同时，浙江省知识产权局还出台了《浙江省电子商务领域专利保护工作指导意见（试行）》，这是我国知识产权局系统出台的首个关于电子商务领域专利保护工作的规范性文件。

2018 年的结案方式数据看，专利侵权纠纷案件的结案方式包括处理、调
解、撤诉❶、驳回、裁定、其他。其中，裁定和其他这两种结案方式在相
关法律、行政法规和部门规章中并未出现，其确切含义和适用条件不明。❷
从数量上看，这两种方式的结案数仅占总结案数的 0.66%。尤其值得注意
的是，2013 年之后，随着结案方式的规范化，各地专利行政机关已基本不
再使用这两种结案方式。因此，这里主要分析处理、调解、撤诉这三种主
要结案方式。

从表 2-2 可以看出，2010—2018 年，处理、调解和撤诉是行政机关
处理专利侵权纠纷的主要方式，占总结案数的 98.81%。这三种结案方式
中，调解所占比例最高，达到总结案数的 2/3；其次是撤诉，接近总结案
数的三成；最后是处理，即以行政裁决的方式作出停止侵权的行政处理决
定，占比不及总结案数的 4%。

表 2-2　2010—2018 年全国专利侵权纠纷结案方式总体情况

结案方式	处理	调解	撤诉	裁定	驳回	其他
数量/件	3 885	72 626	30 241	33	605	676
占比	3.60%	67.22%	27.99%	0.03%	0.56%	0.63%

在专利侵权纠纷行政处理中，以当事人撤诉方式结案的之所以占有较
大的比例，其原因可能是：其一，当事人在未掌握充分证据的情况下就匆
忙提出侵权处理申请，而在随后的行政处理程序中发现胜诉无望，因而主
动撤回请求；其二，当事人在提出申请后，与对方当事人达成和解，因达
成和解协议而撤回请求。在这两者中，前者是当事人撤诉的主要原因。这
表明，与较为严格的诉讼程序相比，行政处理程序的启动条件相对宽松，
当事人希望利用行政程序达到快速解决纠纷的目的。与此同时，行政机关
也应注意防止当事人滥用行政程序，避免行政资源耗费在无谓的专利侵权
纠纷中。

从图 2-2 中可以明显看出，以调解方式结案的案件占比总体上呈上升

---

❶　准确的说法应该是撤回请求。撤诉作为司法用语，指的是撤回诉讼请求。
❷　《专利法》《专利法实施细则》《专利行政执法办法》未明确规定"裁定"和"其他"这
两种结案方式的确切含义及适用条件。

趋势，并在 2015 年到达最高点。而以撤诉方式结案的案件所占比例时有波动，在 2013 年和 2015 年时占比相对较低。从 2012 年开始，以调解方式结案的案件所占比例大于以撤诉的方式结案的案件，其后的增长幅度也远高于其他结案方式。而以处理方式结案的案件所占比例自 2011 年起开始就呈现出总体下滑的趋势。这一方面显示出专利行政部门在处理专利侵权纠纷时重视发挥调解的作用，积极引导当事人达成调解协议，在维护当事人合法利益的前提下，促成纠纷的妥善解决。另一方面也显示出行政机关处理专利侵权纠纷的慎重态度，即不愿轻率地作出侵权与否的判断，只有在侵权事实较为明显、当事人又不愿调解的情况下，才以行政处理的方式结案。

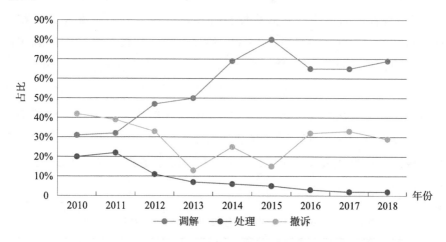

图 2 - 2　2010——2018 年专利侵权纠纷主要结案方式占比变化

四、专利行政执法案件涉及的专利类型分析

按照《专利法》的规定，专利分为发明、实用新型、外观设计三种类型。由于审查制度的不同，三种专利的授权周期和难易程度差别较大。发明专利采取的是早期公开、延迟实质审查制，即自专利申请之日起满 18 个月即行公开，从专利申请之日起 3 年内由申请人提出实质审查请求，国家知识产权局对专利申请案进行实质审查，如果符合发明专利授权条件，则授予发明专利权；实用新型和外观设计专利采取的是形式审

查制，即专利申请提出后，如果不存在专利申请文件形式方面的明显缺陷，即可授予实用新型和外观设计专利权，不需要对专利申请是否符合专利授权条件进行实质审查。因此，发明专利权的授权周期和授权难度明显高于实用新型和外观设计专利权，授权数量也明显少于实用新型和外观设计专利权。

表2-3的数据也印证了这点：可以明显看出涉案的实用新型和外观设计专利的数量远超发明专利的数量。采用形式审查制的实用新型和外观设计专利的数量接近专利侵权纠纷总量的85%，在数量上占据了绝对优势。除了上述原因外，出现这一状况的原因还与案件的处理难度有关。相对而言，外观设计的侵权判断相对简单，不需要高深的专业知识，只需要从"一般消费者"的角度判断涉嫌侵权外观设计和专利外观设计是否相同或近似即可。因此，一旦发生侵权，外观设计专利权人更倾向于利用便捷高效的行政途径寻求救济。实用新型专利只涉及产品的形状和构造，侵权判断也相对容易。而发明专利的侵权判断则复杂得多，不但涉及涉嫌侵权产品、方法和专利产品、方法技术特征的比对，还涉及权利要求的解释以及等同原则的运用等复杂的技术和法律问题，侵权判定的复杂程度较高。因此，发明专利权人可能更倾向于通过司法途径最终解决纠纷。

表2-3　2010—2018年专利侵权纠纷所涉专利类型总体情况

专利类型	发明	实用新型	外观设计
数量/件	17 640	42 646	52 493
占比	15.64%	37.81%	46.55%

图2-3显示的是2010—2018年专利侵权纠纷中三种类型专利的变化趋势。发明专利侵权纠纷案件数量的变化趋势相对平缓，占比一直在10—20%徘徊；而实用新型侵权纠纷案件和外观设计侵权纠纷案件的变化趋势则剧烈得多；实用新型专利的占比在2010—2013年呈现下滑趋势，在2013—2015年又出现了大幅回升，2015年之后又有所回落；外观设计专利的占比从2011年开始大幅上升，在2013年占比接近60%。2014—2017年占比出现了较为剧烈的震荡，但总量和占比仍然稳居首位。

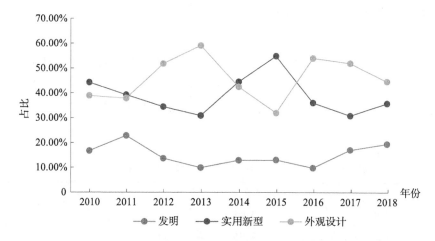

图 2-3 2010—2018 年专利侵权纠纷所涉专利类型年度趋势变化

五、专利纠纷的司法解决状况分析

根据专利纠纷性质的不同，当事人就专利纠纷提起的诉讼可以分为两种类型：一是专利纠纷民事诉讼，包括专利申请权纠纷、专利权属纠纷、专利侵权纠纷、专利权转让纠纷、专利实施许可合同纠纷、职务发明奖励和报酬纠纷、发明专利临时保护期使用费纠纷等。二是专利纠纷行政诉讼；包括当事人因不服国务院专利行政部门作出的驳回专利申请的复审决定或无效宣告请求审查决定而提起的行政诉讼、当事人不服地方专利管理部门关于停止侵权行为的处理决定提起的行政诉讼、当事人不服对于假冒专利作出的处罚决定而提起的行政诉讼、当事人不服国家知识产权局作出的具体行政行为（包括行政复议决定）而提起的的行政诉讼等。

表 2-4 显示的是 2010—2018 年全国法院受理的专利纠纷案件情况。可以看出，法院受理的专利纠纷案件数量呈现逐年上升的趋势，其中，专利民事案件的年受理量从 2010 年的 5 785 件上升至 2018 年的 21 699 件，九年间增加了 2.75 倍。尤其在 2015 年之后，案件数量增速更为明显，年均案件增量 3 000 多件。相对而言，专利行政案件的数量远低于专利民事案件的数量，并且专利行政案件的增长数量也相对较为平缓，从 2010 年的551 件增加到 2018 年的 1536 件，九年间增加了 1.78 倍。值得注意的是，

专利行政案件数量的波动较为明显：2013 年、2014 年连续两年案件数量甚至出现下跌，2015 年案件受理量又出现大幅反弹，2016 年、2017 年连续两年案件受理量又出现不小的跌幅，2018 年案件受理量则又出现大幅回升。出现这种跌宕起伏的变化，其原因尚不明确，推测起来，可能与法院对行政案件立案标准的尺度把握有关。在立案标准较为宽松时，案件数量增加较快；立案标准较为严格时，案件数量自然也随之下降。

表 2 - 4 2010—2018 年全国法院受理的专利纠纷案件情况

年份	专利民事案件数量/件	专利行政案件数量/件
2010	5 785	551
2011	7 019	654
2012	9 680	760
2013	9 385	697
2014	9 648	539
2015	11 607	1 721
2016	12 357	1 123
2017	16 010	872
2018	21 699	1 536

图 2 - 4 显示的是 2010—2018 年行政机关和法院受理专利纠纷案件数量的变化趋势。在 2010—2014 年，法院受理的专利案件量明显高于行政机关受理的专利案件量。这一趋势说明，在 2008 年《专利法》第三次修改后，专利行政机关的执法权限有所限缩，专利行政执法活动减弱，我国专利纠纷解决双轨制呈现出"司法主导，行政为辅"的局面。值得注意的是，从 2015 年开始，行政机关受理的专利案件量开始反超法院受理的专利案件量并且总量逐年大幅增加。这一变化与国家知识产权局开始大力推动专利行政执法工作显然有很大的关系。由于专利行政执法（尤其是查处假冒专利）具有主动性的特点，因此随着执法工作力度的加强，案件数量也随之增长。而专利纠纷的司法解决具有被动性，实行"不告不理"的原则，虽然随着经济发展和专利数量的增加，专利纠纷案件数量也会有所增加，但增加幅度不如行政机关受理量也在意料之中。

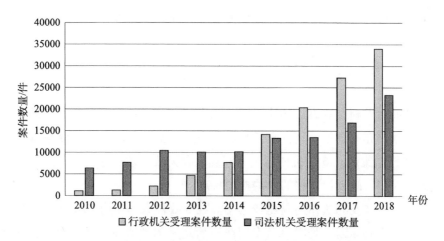

图 2-4 2010—2018 年行政机关和法院受理专利纠纷案件数量

第二节 专利纠纷行政与司法解决机制 衔接状况的实证分析

在司法终审原则下，我国专利纠纷的行政与司法解决的"双轨制"通过行政诉讼的途径得以衔接。就专利行政诉讼而言，包括不服专利申请复审决定提起的行政诉讼、不服专利权无效宣告请求审查决定提起的行政诉讼、❶ 不服国家知识产权局和地方专利行政部门的专利侵权处理决定提起的行政诉讼、❷ 不服地方专利行政部门假冒专利行政处罚决定提起的行政诉讼、不服国家专利行政部门的具体行政行为提起的行政诉讼。其中，专利无效行政诉讼和专利侵权行政诉讼是专利行政诉讼的主要类型，占据专利行政案件很大份额。下文主要对这两种类型的专利行政诉讼展开分析。从被告主体的角度划分，这两类行政诉讼可以分为以专利复审委员会为被

---

❶ 2020 年修改的《专利法》将此两类案件的被告改为"国务院专利行政部门"。由于修改决定实施不久，绝大多数审结案件是以"专利复审委员会"为被告。

❷ 2020 年修改的《专利法》增加了"国务院专利行政部门可以应专利权人或者利害关系人的请求处理在全国有重大影响的专利侵权纠纷"的规定。

告的行政诉讼和以地方知识产权局为被告的行政诉讼。❶

一、专利行政诉讼状况分析

目前对专利行政诉讼还缺乏完整和系统的统计数据，但从已披露出的若干数据中亦可窥见专利行政诉讼之一班。根据专利复审委员会对 2002—2011 年已结案的 636 件机械领域专利复审和无效行政诉讼的统计，可以发现此类专利行政诉讼案件的一些典型特点。❷

第一，涉及的法律问题比较集中。在 636 件案件中有 418 件涉及创造性问题。究其原因，是因为《专利法》所定义的创造性标准具有较强的抽象性，并且存在一定的自由裁量空间。将抽象的概念运用于具体的个案审理中，若要得出相对客观、统一的判断结果，不仅需要对相关法律概念的正确理解与运用，而且需要准确把握不同类型的案件的创造性标准，例如要素变更的发明、克服技术偏见的发明、解决长期未解决的技术难题的发明等。此外，还要把握好专利所属不同技术领域的特点予以综合考量。可见，创造性问题是专利行政诉讼中最为常见和复杂的问题，也是最容易产生争议和分歧的问题。

另一个涉及较多的问题是新颖性问题。在 636 件诉讼案中，有 174 件涉及新颖性问题。从案件的具体内容看，涉及新颖性的无效纠纷案件有相当多与在先公开发表或使用公开有关。这是因为一部分专利在申请日前即已经通过论文公开发表或者公开投入使用，但由于专利审查条件的限制而出现不当授权。也有些案件的专利技术早已在现有技术中公开，有些甚至完全被技术手册或教科书公开，但申请人只顾闭门造车，结果花费无数心血得出的成果不被认可，从而导致心态失衡，因而不服无效宣告请求审查决定而提起诉讼。

在涉及新颖性、创造性的案件中，往往伴随着证据认定的问题。这类

---

❶ 据报道，2021 年 11 月，国家知识产权局受理了首批两起重大专利侵权纠纷行政案件。由于修改决定实施不久，此类案件数量少且披露的信息有限，因此本书讨论的专利侵权行政诉讼案件均是以地方知识产权局为被告的案件。

❷ 国家知识产权局专利复审委员会. 机械领域专利行政诉讼案例精解 [M]. 北京：知识产权出版社，2013：4 – 10.

案件约有 62 件，这也是诉讼中争议比较突出的问题。另外，涉及新颖性、创造性的案件也往往与权利要求保护范围的解释有关。对权利要求保护范围的解释不仅是专利侵权诉讼中的重要问题，在专利无效宣告程序以及后续的行政诉讼程序中也同样重要。

第二，无效诉讼案件比例较高。在 2002—2011 年机械领域的 636 件专利行政诉讼中，复审诉讼案件只有 71 件，无效诉讼案件有 565 件。与其他技术领域相比，机械领域的无效诉讼案件相对更多。从负责审理机械领域复审无效案件的机械申诉处审理的案件看，早期无效案件的比例达到 70% 以上，近年随着复审案件的快速增长，比例有所下降，但也接近 50%。

第三，涉外无效诉讼案件增长明显。早期的机械领域专利行政诉讼案件主要涉及国内企业和公民。近年来，国外巨头的身影频频出现。这一方面表明中国企业通过技术升级，缩小了与国外产品的差距，与跨国公司的竞争更加激烈，在产品品质提升的同时面临这更高层次的专利竞争；另一方面也说明外国专利权人注重技术创新和专利战略布局，善于利用专利无效诉讼维护自身权益和打击竞争对手。

第四，案件多集中于传统产业。从 636 件专利行政诉讼案件的国际专利分类（IPC）号分布看，案件较多的技术领域有包装或运输容器、垃圾收集或清除、金属铸造等。这些领域在国际分工价值链中处于中低端，说明我国制造业需加大自主创新能力，加快产业结构调整，向高附加值、高技术含量的技术领域发展。

第五，涉案专利类型中，实用新型多于发明。在 636 件诉讼案件中，实用新型专利诉讼案件数量为 412 件，发明专利诉讼案件数量为 224 件，前者是后者的近 2 倍。在 224 件发明专利诉讼案件中，复审诉讼案件为 69 件，无效诉讼案件为 155 件；在 412 件实用新型专利诉讼案件中，复审诉讼案件仅有 4 件，其余 408 件均为无效诉讼案件。这主要有两方面的原因：一是专利授权量中实用新型专利远多于发明专利；二是实用新型专利采用形式审查制，权利稳定性远低于发明专利权。因此，发生侵权诉讼后，当事人提出无效宣告及无效诉讼的比例较高。

上述数据虽然仅反映了机械领域专利行政诉讼的状况，但管中窥豹，亦可勾勒出专利行政诉讼的大致状况。首先，涉及专利新颖性和创造性的问题通常是专利行政诉讼中当事人争议的主要问题。尤其是创造性问题，由于不可避免地具有主观判断的因素，往往成为案件的争议焦点。其次，在涉及新颖性、创造性的案件中不可避免地会涉及证据的认定问题。证据的采信与排除决定了行政诉讼的结果。最后，在专利无效和侵权行政诉讼中也往往涉及权利要求保护范围的解释问题，对权利要求用语的不同解释影响着权利要求保护的范围。下文将从以国务院专利行政部门为被告的专利无效行政诉讼和以地方知识产权局为被告的专利侵权行政诉讼的角度，通过具体个案，对专利行政与司法机制中的证据认定、权利要求的解释规则等问题展开分析。

二、专利无效行政诉讼典型案例分析

（一）专利无效行政诉讼的合法性审查范围

根据《专利法》第 46 条的规定，当事人对无效宣告请求审查决定不服的，可以向法院提起行政诉讼。按照《中华人民共和国行政诉讼法》（以下简称《行政诉讼法》）第 6 条的规定，法院审理专利行政案件只对无效宣告请求审查决定的合法性进行审查。但在审判实践中，法院和专利行政部门对合法性的审查范围却有着不同的看法和理解。

在"清洁器吸棉管废棉截留装置"案❶中，无效宣告请求人如皋市爱吉科纺织机械有限公司（以下简"爱吉科公司"）以授权专利不符合《专利法》第 22 条第 2 款、第 3 款的规定为由，向专利复审委员会提出无效宣告请求。专利复审委员会审理后作出宣告该专利权利要求 1—9 无效、维持权利要求 10 有效的审查决定。爱吉科公司不服该决定，向北京市第一中级人民法院提起行政诉讼，并在北京市第一中级人民法院作出维持专利复审委员会审查决定后上诉至北京市高级人民法院。北京市高级人民法院在二审中对当事人未在专利无效宣告程序中提出的无效理由进行了审查，从而得出了权利要求 10 相对于证据 5 不具有新颖性的结论，进而在判决中直接宣告该专利权全部无效。

---

❶ 参见国家知识产权局专利复审委员会第 4988 号无效宣告请求审查决定书、北京市第一中级人民法院（2003）行初字第 522 号行政判决书、北京市高级人民法院（2004）行终字第 95 号行政判决书、最高人民法院（2007）性提字第 3 号行政裁定书。

在"冷压头等强锚杆的加工方法"案❶中，无效宣告请求人兖州煤业股份有限公司提供了一组证据，欲证明与该专利权利要求 6 相同的技术方案已被在先公开使用，其中涉及一份关键证据——证人证言。专利复审委员会认为请求人仅提供了书面证词，证人没有出庭作证，该证据依法不能单独作为证据采用。最终专利复审委员会作出了维持权利要求 6 有效的审查决定。兖州煤业股份有限公司不服该决定，向北京市第一中级人民法院提起行政诉讼。庭审过程中，兖州煤业股份有限公司向法庭申请证人出庭作证，专利复审委员会对此提出异议，认为请求人兖州煤业股份有限公司在无效宣告程序中并未提供证人出庭作证，该证据并非被诉决定作出的依据，在诉讼阶段出现亦不应予以接受。但北京市第一中级人民法院认为，在不违背行政诉讼宗旨即在审查行政机关是否依法行政的前提下，完成查明事实真相，做到事实清楚，依然是该案审理的基本需要，从而准许证人出庭作证。

在"高压万向黄油枪"案❷中，针对无效宣告请求人提出的无效宣告请求，专利复审委员会第 5083 号无效宣告请求审查决定认为：涉案专利符合《中华人民共和国专利法实施细则》（以下简称《专利法实施细则》）第 2 条第 2 款、第 21 条第 2 款的规定，请求人提供的证据 4 没有任何印刷及公开时间的信息，不能证明涉案专利不具有新颖性和创造性。无效宣告请求人不服该决定，向北京市第一中级人民法院提起行政诉讼。一审法院认为，"证据 4 原件中载明了公开时间，被诉决定有关'证据 4 没有任何印刷及公开时间的信息，不能证明涉案专利不具有新颖性和创造性'的认定不能成立"，因此判决撤销被诉决定。专利复审委员会经过重新审查，作出第 7849 号无效宣告请求审查决定，根据生效判决纠正了对证据 4 的认定，同时仍然认为涉案专利符合《专利法实施细则》第 2 条第 2 款、第 21 条第 2 款的规定。无效宣告请求人不服上述决定，再次向北京市第一中级人民法院提起行政诉讼。一审判决以被诉决定对于"涉案专利符合《专利

---

❶　参见国家知识产权局专利复审委员会第 13410 号无效宣告请求审查决定书、北京市第一中级人民法院（2009）行初字第 2187 号行政判决书。

❷　参见国家知识产权局专利复审委员会第 5083 号无效宣告请求审查决定书、北京市第一中级人民法院（2003）行初字第 627 号行政判决书、专利复审委员会第 7849 号无效宣告请求审查决定书、北京市第一中级人民法院（2006）行初字第 593 号行政判决书、北京市高级人民法院（2003）行终字第 370 号行政判决书。

法实施细则》第 21 条第 2 款的规定"认定事实错误为由，撤销被诉决定。二审判决维持原判。

上述"清洁器吸棉管废棉截留装置"案和"冷压头等强锚杆的加工方法"案反映出专利复审委员会与法院在专利无效行政诉讼案件中对审理范围的不同理解。专利复审委员会认为，根据《行政诉讼法》的规定，行政诉讼的审查范围应限于具体行政行为的合法性。具言之，专利无效行政诉讼的审查范围应该是专利复审委员会作出的审查决定所依据的证据是否充分、法律适用是否正确、程序是否合法；对于未在无效宣告行政程序中出现的新理由和新证据，由于其并非作出无效宣告请求审查决定的基础，因此法院不应该在后续的行政诉讼程序中予以审查。人民法院则认为，专利无效行政诉讼不仅具有实现司法对行政行为监督和制约的制度价值，亦具有吸纳对行政行为的不满的制度价值，因此，对于专利行政诉讼中合法性审查范围的判断不应局限于无效宣告程序中的理由和证据，对当事人在诉讼程序中提出的新理由和新证据，法院亦应当予以审查，以求得纠纷的最终解决，避免当事人讼累。

"高压万向黄油枪"案则反映出所谓"循环诉讼"的问题。从法院的角度看，如果专利复审委员会作出的行政决定所依据的一个重要事实认定存在错误，则不用再考虑是否存在其他事实认定或法律适用错误的情形，就可以作出撤销无效宣告行政决定的判决。从专利复审委员会的角度看，在法院撤销无效宣告请求审查决定后，专利复审委员会不但有权以当事人提出的新的无效宣告理由重新作出无效宣告请求审查决定，而且有权以当事人提出的、人民法院生效判决未能约束的无效理由重新作出无效宣告决定。这就导致人民法院在撤销无效宣告请求审查决定后，专利复审委员会又作出相同的无效宣告请求审查决定，当事人如果对此决定不服，案件就会再次进入行政诉讼阶段，导致案件的久拖不决。

（二）专利无效行政诉讼中公知常识的举证责任

在"混凝土多孔砖成套设备专用码板机"案❶中，请求人针对涉案专

---

❶ 国家知识产权局专利复审委员会第 10649 号无效宣告请求审查决定书、北京市第一中级人民法院（2008）行初字第 358 号行政判决书、北京市高级人民法院（2008）行终字第 511 号行政判决书。

利的某些技术特征，认为其为该领域的常规手段，从而使得该技术方案与对比文件和公知常识的结合不具备创造性。但是在专利复审委员会的无效宣告程序中，请求人并未就"液压传动"这一概念提供相应的教科书、工具书或其他类似资料。专利复审委员会审理后，认为"由液压装置提供动力用油缸实现传动，和利用电动机提供动力并用链条传动，是本领域常用的两种工作方式，无论用何种方式都能实现本发明的目的"，因此宣告该专利权无效。在此后的行政诉讼中，专利权人针对这一认定进行质疑，认为在请求人未能提供公知常识类证据的情况下，专利复审委员会对该"液压传动"技术特征的认定不当，专利无效宣告程序中关于证据和举证责任的分配应遵循民事诉讼证据"谁主张，谁举证"的证明规则，只有"众所周知的事实"才能免除举证责任，而专利领域中所谓"本领域公知常识"按照证据规则的规定不属于免于举证的事实。一审法院采纳了此抗辩，据此认定专利复审委员会对"液压传动"属于"本领域的公知常识"的认定不当，作出撤销无效宣告请求审查决定的判决。在二审中，无效宣告请求人出示了工具书《机电一体化实用手册》，二审法院基于此证据得出"本院有理由相信液压传动与电动机传动以及各自的具体分类是本专利申请人之前本领域普通技术人员的公知常识"的结论，撤销一审判决，维持专利无效宣告请求审查决定。

在"燃煤、油、气常压热水锅炉"案❶中，专利复审委员会的无效宣告请求审查决定认为，证据1没有公开权利要求1的"预热室侧面设置燃烧器接口"的技术特征，而该技术特征使得权利要求所保护的常压热水锅炉具有燃煤、油、气三用的功能，从而在对锅炉本体无须作大的改造、变动的情形下实现多种燃料的互换使用，因此权利要求1所要求保护的技术方案与现有技术相比具有实质性特点和进步，具有创造性。随后的法院一审判决维持了该决定，无效宣告请求人不服一审判决提起上诉。北京市高级人民法院审理后认为，在涉案专利申请日前已经有使用燃煤、油、气作为燃料的三用锅炉，这种三用锅炉中有在炉门之侧开设燃烧器开口的技术方案，这种技术方案在三用锅炉中普遍使用，作为该技术领域的技术人员

---

❶ 国家知识产权局专利复审委员会第 3974 号无效宣告审查请求决定书、北京市第一中级人民法院（2001）行初字第 309 号行政判决书、北京市高级人民法院（2002）行终字第 202 号行政判决书。

应当知悉，因此可以作为该技术领域的一般技术常识；上述的三用锅炉包括常压热水锅炉，根据"燃煤、油、气常压热水锅炉"实用新型专利权利要求书和说明书的内容可知，"预热室侧面设置燃烧器接口"的技术特征与上述的常识是相同的，故该技术特征属于该领域的公知常识。由于三用锅炉的出现时间早于"燃煤、油、气常压热水锅炉"实用新型专利的申请日，故应认定在"燃煤、油、气常压热水锅炉"实用新型专利申请日前，上述常识即已存在；对于常压锅炉技术领域的常识，该技术领域的普通技术人员均应知悉，专利复审委员会不应要求无效宣告请求人为证明该技术方案是不是公知常识而提交证据。

从上述案例可以看出，专利复审委员会和人民法院对公知常识的举证责任并没有统一的认识。在"混凝土多孔砖成套设备专用码板机"案中，专利复审委员会认为可以依照职权认定某项技术特征是否是该技术领域的公知常识，并非必须要有其他资料的证明；而法院则认为公知常识证明需要提供教科书、工具书等资料加以佐证，如果当事人无法提交相应的资料，则不能直接认定某一技术特征为该领域的公知常识。但在"燃煤、油、气常压热水锅炉"案中，当专利复审委员会否定某一技术特征为该技术领域的公知常识时，二审法院却直接认定该技术特征为公知常识，并认为对于公知常识不应要求当事人举证。这表现出法院系统内部对公知常识是否需要当事人举证的认识并不一致。

（三）专利无效行政诉讼中创造性的判断

在"前轮定位装置"案❶中，无效宣告请求人认为该专利的权利要求 4 相对于对比文件 1 和公知常识（对比文件 2）的结合无创造性。专利复审委员会的无效宣告请求审查决定认为：对比文件 1 公开的卡擎机构是通过手工提升或下降嵌滑闸门使其在嵌滑槽内上下移动实现对前轮转向与否的控制，涉案专利权利要求 4 请求保护的技术方案是通过螺旋面的螺旋来升降固定销，从而实现对前轮转向与否的控制；对比文件 2 公开了螺旋传动方式是机械领域公知的一种传动方式，但该对比文件并未给出将这种传

---

❶ 国家知识产权局专利复审委员会第 12067 号无效宣告请求审查决定书、北京市第一中级人民法院（2009）行初字第 78 号行政判决书、北京市高级人民法院（2010）行终字第 1102 号行政判决书。

动方式具体应用于婴儿车前轮定位装置这一技术领域的启示，因此权利要求 1 请求保护的技术方案相对于对比文件 1 和对比文件 2 具有创造性。一审判决认为：螺旋传动是机械领域公知的传动方式，权利要求 4 不具有创造性，因此判决撤销该决定。二审判决认为，对比文件 2 公开了螺旋传动是机械领域公知的传动方式，但是无论对比文件 1 还是对比文件 2 都没有给出将这种方式具体应用于婴儿车前轮定位装置这一技术领域以克服现有技术中滑动嵌滑闩机构费力、不稳定等技术缺陷的任何启示。二审法院据此撤销一审判决，维持被诉决定。

在"女性计划生育手术 B 型超声监测仪"案❶中，专利复审委员会的无效宣告审查决定和法院的一审判决均认定专利权利要求 1 相对于请求人提交的专利文献附件 2 和附件 4 不具备创造性。专利权人在二审阶段提交了专家证言、政府采购合同、出版证书及出版社声明等三组证据证明涉案专利取得了商业上的成功，主张其专利权具有创造性。专利复审委员会答辩称：上述证据没有载明任何事实能够得出涉案专利产品占整个同类产品的市场份额，无法看出专利产品与同类产品相比具有的市场优势；另外，从该证据中无法看出签订政府采购合同是由于涉案专利与现有技术的区别技术特征所带来的性能不同所决定的。二审法院认为上诉人提交的新证据能够证明涉案专利解决了现有技术中如何提高人工流产手术的成功率、减少手术并发症的发生、解决妇产科医生在盲视下手术的问题，能够证明涉案专利产品已经在全国推广并通过政府采购占有一定的市场份额，上述证据可以证明涉案专利已经取得了商业上的成功，从而支持了上诉人关于涉案专利具备创造性的主张。

在"钢砂生产方法"案❷中，无效宣告请求人主张附件 1 和附件 3 及公知常识的结合破坏了权利要求 1 和权利要求 2 的创造性。专利复审委员会的决定认为，权利要求所保护的技术方案与附件 1 所披露的技术内容相比区别在于：一是涉案专利钢砂生产方法中用于生产钢砂的原材料是轴承

---

❶　国家知识产权局专利复审委员会第 12758 号无效宣告请求审查决定书、北京市第一中级人民法院（2009）行初字第 911 号行政判决书、北京市高级人民法院（2009）行终字第 1441 号行政判决书。

❷　国家知识产权局专利复审委员会第 8585 号、第 11978 号无效宣告请求审查决定书，北京市第一中级人民法院（2006）行初字第 1159 号行政判决书、第 1467 号行政判决书，北京市高级人民法院（2007）行终字第 25 号行政判决书、第 492 号行政判决书。

厂生产轴承时冲切下来的边角废料；二是淬火后分两级破碎，附件1公开了含碳量高的钢废料淬火后破碎生产切割磨料的方法，轴承钢具有极好的淬硬性和耐磨性是业内人士熟知的，并且轴承钢的含碳量在0.95%与1.15%之间（可由附件6证明），符合附件1中生产高硬度切割材料的含碳量要求，因此在附件1的启示下选用轴承钢废料生产钢砂对本领域技术人员来讲是显而易见的；附件1中的"研磨"实际上涵盖了涉案专利中"破碎"这种方式，至于经过几级破碎是本领域技术人员根据原材料和最终产品的尺寸容易采用的常规技术手段，故本领域技术人员在附件1的基础上结合附件6获得权利要求1所保护的技术方案是显而易见的，权利要求1不具备创造性。

专利权人不服该决定提起诉讼。一审法院认为，权利要求1与附件1相比具有三个区别技术特征：一是涉案专利采用生产轴承时冲切下来的边角废料，二是涉案专利淬火后分两级破碎，三是涉案专利钢砂产品为多棱形；第一个区别技术特征不会给涉案专利带来突出的实质性特点和显著的进步，第二个和第三个区别技术特征与附件1相比具有突出的实质性特点和显著的进步，权利要求1具备创造性，据此撤销被诉决定。

专利复审委员会、专利权人和无效宣告请求人均不服该判决提起上诉。二审法院认为，权利要求1存在三个区别技术特征（与一审判决认定相同）：权利要求1与附件1相比，两者在原料选择上确有不同，这一区别技术特征本领域的技术人员不能轻易地想到，故该区别技术特征与附件1相比具有突出的实质性特点和显著的进步；附件1中的两级研磨方法并不是针对粗磨料的生产，本领域的技术人员通过附件1并不能得到钢废料淬火经两级破碎淬火生成多棱形钢砂的技术启示，因此第二个和第三个区别技术特征与附件1相比具有突出的实质性特点和显著的进步，权利要求1具有创造性。二审判决据此认定无效决定和一审判决事实认定错误，撤销被诉决定。

专利复审委员会重新组成合议组对涉案专利继续审查，再次作出的审查决定认为，权利要求1与附件1相比具有三个区别技术特征（与二审法院认定相同），附件3中使用废轴承钢屑作为部分原料，直接熔炼入钢液后用于造钢丸，不同于涉案专利使用的原料，也没有给出采用轴承厂生产轴承时冲切下来的边角废料作为原料的技术启示，本领域的技术人员根据附件 1 和附件 3 公开的技术内容没有给出将涉案专利原料直接淬火后经两级破碎生产多棱形钢砂的技术启示，因而权利要求 1 具有创造性。

请求人不服该决定提起上诉。一审法院认为，附件 1 和附件 3 结合对本领域技术人员实现涉案专利权利要求 1 "采用轴承厂生产轴承时冲切下来的边角废料"的技术方案有技术启示，附件 1 公开了两级破碎，附件 1 的加工方法得到的钢砂也为多棱形，因此被诉决定认为权利要求 1 相对于附件 1 和附件 3 的结合具有创造性的结论事实认定不清，应予撤销。

专利复审委员会、专利权人不服一审判决提起上诉。二审法院认为：附件 1、附件 3 和附件 6 结合对本领域技术人员实现涉案专利权利要求 1 "采用轴承厂生产轴承时冲切下来的边角废料"的技术方案具有技术启示，附件 1 中"两级研磨"相当于专利权利要求 1 中的"两级破碎"，附件 1 中的产品必然是多棱形的，因此专利复审委员会的无效决定中作出的权利要求 1 相对于附件 1 和附件 3 的结合具备创造性的认定事实不清，应予撤销。

上述案例显示出专利创造性判断的复杂性。虽然法律规定以"本领域的普通技术人员"作为创造性判断的主体，但在具体适用时，创造性判断仍然具有较大的主观因素和不确定性。"钢砂生产方法"案甚至表明：无论是专利复审委员会还是人民法院，在不同的合议组或合议庭的审理下，均可能对涉案专利的创造性作出截然相反的判断。因此，行政和司法部门有必要加强业务联系和交流，共同探讨相对统一的创造性判断标准，减少在创造性判断上的分歧。

（四）专利无效行政诉讼中权利要求的解释

在"比克电池"案❶中，涉案权利要求 1 的内容为："一种电池外壳的制造方法，其特征在于，包括以下步骤：（1）制备预定长度的管道；（2）用模具把所述管道向两边拉伸所要求形状的筒形；（3）……；（4）所述模具包括斜楔型上模和下模；（5）所述下模主要由斜楔型滑块和限位装置组成。"当事人对于权利要求 1 中所述"限位装置"的解释产生争议。专利

---

❶　国家知识产权局专利复审委员会第 6990 号无效宣告请求审查决定书、北京市第一中级人民法院（2005）行初字第 607 号行政判决书、北京市高级人民法院（2006）行终字第 179 号行政判决书。

复审委员会认为，在无效宣告程序中，如果双方当事人对权利要求中采用功能性限定的部件的确切含义产生歧义，但从专利说明书公开的全部内容来看仅能得到该部件唯一的一种具体结构实施方式，则应将该部件理解为具有该具体结构的部件，即将权利要求1中所述"限位装置"理解为"具有U形结构的固定结构，该U形结构的两臂的内壁可以限制斜楔型滑块的运动极限位置"。一审判决认为，"限位装置"应当理解为"所有能够实现限定下滑块的运动极限位置的装置"，从而扩大了对"限位装置"的解释范围。二审判决则认为，对于权利要求1中功能性特征的解释应当受专利说明书中记载的实现该功能的具体方式的限制，不应当解释为涵盖了能够实现该功能的任何方式。二审判决支持了专利复审委员会的意见。

在"上层踏板举升机构"案❶中，涉案专利的权利要求1的内容如下："车辆运输车的上层踏板举升机构，其特征在于在上层踏板下方设置两对立柱，在前端的立柱内分别设置滑块式举升机构，举升机构的末端与上层踏板连接。"涉案专利仅有一个实施例，在该实施例中，立柱设置在上层踏板的侧下方。专利复审委员会认为，结合专利说明书和实施例的内容，可以看出立柱并不是位于上层踏板的正下方的，而是位于上层踏板的四周并支撑在运输车的车身上，相对于上层踏板而言是位于其下方的。根据说明书及附图的记载可以看出，涉案专利权利要求1中的"下方"不应理解为正下方，而应理解为"侧下方"。一审判决认为，尽管权利要求1中使用"上层踏板下方设置两对立柱"的描述可能不同于一般对"下方"的理解，但是本领域的普通技术人员可以根据说明书理解权利要求1中所述的上层踏板与立柱的位置关系。二审判决认为：作为方位概念，"下方"、"侧下方"、"侧方"有严格的区分，"上层踏板下方"应仅指踏板面积所辖范围以下的位置，说明书所描述的技术方案（侧下方的技术方案）与权利要求1中的技术方案（下方的技术方案）存在本质差异，被诉决定和一审判决均认定错误。另外，在涉案专利的侵权纠纷案件中，受诉法院对"上层踏板下方"也给出了自己的理解。二审该院认为，结合说明书及附图，权利要求1应理解为"踏板下方"指踏板下部的前后端即两侧（侧下方）。

---

❶ 国家知识产权局专利复审委员会第10275号无效宣告请求审查决定书、北京市第一中级人民法院（2007）行初字第1453号行政判决书、北京市高级人民法院（2008）行终字第88号行政判决书。另参见北京市第一中级人民法院（2006）行初字第8857号行政判决书。

上述案例显示了不同机关对权利要求用语的解释差异。对功能性技术特征存在两种不同的解释：一是扩大解释，即将权利要求书中的功能性技术特征理解为包含所有能够实现该功能的技术特征，而不应受说明书中具体实施方式的限制；二是限缩解释，即将权利要求书中的功能性技术特征限定在专利说明书中记载的实现该功能的具体实施方式的范围之内，不允许对该技术特征作出超出具体实施方式的解释。因此，按照不同的解释方式，专利权的保护范围就大相径庭。另外，不同机关对权利要求中同一技术用语的解释有时也难免产生歧义。例如"上层踏板举升机构"案中，不同机关对"上层踏板下方"就有"侧下方""正下方"的不同解释，这也会导致对专利保护范围判断上的差异。

三、专利侵权行政诉讼典型案例分析

（一）惠州市知识产权局、新利达电池实业（德庆）有限公司、肇庆新利达电池实业有限公司与博罗园洲泛亚电子有限公司专利侵权处理决定纠纷案❶

专利权人新利达电池实业（德庆）有限公司、肇庆新利达电池实业有限公司向惠州市知识产权局提出申请，请求对博罗园洲泛亚电子有限公司侵犯其专利权的行为予以查处。惠州市知识产权局受理申请后作出惠知局处字（2006）第4号案专利侵权纠纷处理决定书，认为被请求人未经专利权人许可使用无汞碱性钮形电池专利产品属于侵权行为，应承担相应的法律责任，但因证据不足，对被请求人销售专利产品的行为不予确认。被请求人不服该处理决定，诉至广州市中级人民法院。在一审期间，因广东东莞佳畅玩具有限公司对涉案专利提起无效宣告请求，一审法院裁定中止审理。涉案专利在被专利复审委员会宣告无效后，经过一审、二审行政诉讼及再审监督程序，最高人民法院最终维持了专利复审委员会的决定。之后，一审法院恢复案件的审理。

---

❶ 惠州市知识产权局惠知局处字（2006）第4号案专利侵权纠纷处理决定书、广州市中级人民法院（2007）穗中法行初字第26号行政判决书、广东省高级人民法院（2013）粤高法行终字第522号行政判决书。

一审法院认为：当事人请求保护的专利必须为专利法保护的有效专利，涉案专利已被专利复审委员会宣告无效，不再受专利法保护；虽然原专利权人肇庆新利达电池实业有限公司向法院提交了最高人民检察院作出的高检行受（2013）1 号受理通知书并据此申请中止案件的审理，但其提交的证据并不能否定最高人民法院（2012）行提字第 29 号行政判决书所认定的事实；在专利复审委员会宣告两请求人持有的涉案专利无效后，惠州市知识产权局认定被请求人使用无汞碱性钮形电池属于侵权行为缺乏事实依据，其作出的专利侵权纠纷处理决定主要证据不足，应予撤销。

惠州市知识产权局与两请求人不服，上诉至广东省高级人民法院。惠州市知识产权局上诉理由如下。首先，在行政处理过程中，被请求人并未向专利复审委员会提出无效宣告请求，也未发现有应当中止处理的情形，其根据《专利法》《广东省专利保护条例》《专利行政执法办法》等法律、法规和规章的规定，在规定审限 6 个月内依据当时所核实掌握的证据证明的客观事实和法律事实作出处理决定并无不当。而且专利复审委员会作出的第 13650 无效宣告请求审查决定是因他人（案外人，即广东东莞佳畅玩具有限公司）在该局作出具体行政行为后提出无效宣告请求而作出的，与其具体行政行为毫无关联；该案并非属于行政行为有误，而恰恰是认定事实清楚、适用法律正确、程序正当的合法有效的行政行为，具有公定力，不属于《行政诉讼法》第 54 条规定的应当予以撤销的情形，鉴于涉案专利现阶段被宣告无效的法律状态，即使不适宜判决维持该局所作的具体行政行为，也应当确认该具体行政行为合法有效，并可以考虑在判决书中一并提出因专利权已被宣告无效，处理决定不宜再执行的司法建议。其次，一审判决违反了"法不溯及既往"的原则，不应当以 6 年后的权利法律状态的结果当作上诉人 6 年前作出的具体行政行为的因由，否定上诉人当初作出的正确的具体行政行为的合法性。再次，在该案一审判决之下，具体行政行为的利害关系人的信赖利益将一直处于不稳定状态，违背了行政法的信赖利益保护原则，也将极大地动摇行政机关作出居间处理的公定力。最后，一审判决有悖于保护"在先权利"的原则，该案中，被上诉人从未向专利复审委员会请求宣告涉案专利权无效，在该案一审过程中应当以涉案专利当时合法有效为前提，依据在先的专利权保护范围审查被上诉人的侵权行为．因此请求撤销一审判决，确认侵权行政处理决定合法。

二审法院认为，虽然惠州市知识产权局在新利达电池实业（德庆）有限公司、肇庆新利达电池实业有限公司持有的涉案专利真实有效且受法律保护的情况下作出的侵权行政处理决定并未违反法律规定，但是在该案诉讼过程中，最高人民法院作出的再审判决维持了专利复审委员会的无效宣告请求审查决定，依据《专利法》第 47 条"宣告无效的专利权视为自始即不存在"的规定，上诉人惠州市知识产权局的侵权纠纷处理决定书已失去了事实依据，为保护专利纠纷当事人的合法权益，该侵权处理决定应予撤销；一审判决认定事实清楚，适用法律正确，并无不当，依法应予以维持。

该案凸显了地方专利行政机关在处理专利侵权纠纷时的尴尬状况。惠州市知识产权局根据当时有效的专利权，依照法定程序作出了专利侵权行政处理决定。但在 6 年之后，因涉案专利权被宣告无效，其侵权行政处理决定却成了违法的行政决定。可见，专利侵权处理行政行为与其他行政行为违法性的判断标准迥然不同。通常，行政行为是否违法以当时有效的法律规范为依据，即使其后法律规范作出修改，也是按照"法不溯及既往"原则处理。专利侵权处理行政行为是否正确则受制于专利权的最终状态。如果专利权被宣告无效，行政机关当初作出的行政处理决定也随之失效。从行政机关的角度看，这违反了行政行为的公定力、公信力和确定力，违背了"法不溯及既往"原则，严重损害了行政机关的执法权威。但从司法机关的角度看，依据《专利法》"被宣告无效的专利权自始无效"的规定，撤销错误的行政处理决定无可厚非。这一问题的根源在于现行法律规定将不服专利侵权行政处理决定提起的诉讼定性为行政诉讼上。在行政诉讼的模式下，本来与案件无利害关系的行政机关成为被告，这与专利侵权纠纷行政处理的本质相悖，导致行政机关承受了本不应其承受的法律风险。对此，后文将予以进一步讨论。

（二）长沙市知识产权局与广州金象电焊机厂、长沙星雁机电贸易有限公司专利侵权处理决定纠纷案❶

专利权人胡某某向长沙市知识产权局申请对长沙星雁机电贸易有限公

---

❶　长沙市知识产权局长知侵处字（2011）第 35 号专利侵权纠纷处理决定书、长沙市中级人民法院（2012）长中行知初字第 0001 号行政判决书、湖南省高级人民法院（2012）湘高法行终字第 128 号行政判决书。

司、金象电焊机厂侵犯其专利号为 ZL91104618.6 的发明专利的行为予以查处。长沙市知识产权局受理后，于 2011 年 10 月 31 日作出长知侵处字（2011）第 35 号处理决定书。长沙市知识产权局认为：胡某某作为专利号为 ZL91104618.6 的发明专利的专利权人，侵权行为发生时该专利合法有效，其专利权应当受法律保护；未经胡某某的许可，星雁机电贸易有限公司销售、金象电焊机厂生产和销售被控侵权产品金象牌电焊钳的行为，属于为生产经营目的的生产、销售行为，构成对胡某某专利权的侵犯，而且不存在法律规定不视为侵权的情形，被请求人应当承担侵权责任；虽然涉案专利 ZL91104618.6 已于 2011 年 7 月 4 日因保护期限届满而失效，但是金象电焊机厂的侵权行为发生在 2011 年 7 月 4 日之前，而且侵权结果一直持续至该案查处期间。该局据此作出如下处理决定：责令被请求人星雁机电贸易有限公司立即停止销售并销毁其在专利有效期内生产的侵权产品；责令被请求人星雁机电贸易有限公司、被请求人金象电焊机厂分别将侵权违法行为各自所在地的新闻媒体上公告侵权事实，消除影响，所需费用由被请求人各自承担。

被请求人金象电焊机厂不服处理决定，向长沙市中级人民法院提起诉讼。金象电焊机厂在诉讼中提出以下主张。第一，根据被告长沙市知识产权局提交的调查笔录，该金象牌电焊钳系某市五金机电大市场 14 栋 10 号人和劳保商行经营者从别处购得，并不是原告在长沙市区域销售了被控侵权产品，根本不能证明该产品是原告生产的。被告长沙市知识产权局认定涉案产品系原告生产，属主要证据不足，认定事实错误。第二，被告长沙市知识产权局依据 2000 年《专利法》第 11 条、第 56 条第 1 款、第 57 条第 1 款，国家知识产权局《专利行政执法办法》第 41 条第 1 项、第 3 项，《湖南省专利保护条例》第 31 条之规定，作出的责令原告立即停止销售并销毁在涉案专利有效期内生产的侵权产品金象牌电焊钳，将违法行为在其所在地的新闻媒体上公告侵权事实，消除影响，所需费用由原告承担的处理决定，属于适用法律错误。第三，该涉案专利的有效期限为 1991 年 7 月 4 日至 2011 年 7 月 4 日，被告长沙市知识产权局于 2011 年 10 月 31 日作出处理决定时，该专利已经失效，所以被告无权作出处理决定。

一审法院认为：根据被告取证的被控侵权产品，其包装上标有"金象500 安"、"电焊钳"及"金象电焊机厂生产"及"厂营业部：广州市和平东路 70 至 78 号"等信息，可以认定金象电焊机厂是被控侵权产品制造者；原告关于被控侵权产品为假冒产品的主张缺乏事实依据和法律依据；根据国家知识产权局令第 53 号《施行修改后的专利法的过渡办法》第 4 条之规定，对发生在 2009 年 10 月 1 日之后的涉嫌侵犯专利权行为，适用 2008 年修改后的《专利法》，而该案中，根据现有的证据，被控侵权产品的生产、销售行为均发生在 2009 年 10 月 1 日之前，故被告适用 2008 年修改前的《专利法》处理该案并无不妥，虽然涉案专利号为 ZL91104618.6 的发明专利有效期限为 1991 年 7 月 4 日至 2011 年 7 月 4 日，但被告长沙市知识产权局受理该涉案专利纠纷的时间为 2011 年 4 月 1 日，当时该专利尚处于有效的状态，被告长沙市知识产权局有权受理并作出处理决定；原告金象电焊机厂的诉讼请求及理由不能成立，依法应予以驳回。

金象电焊机厂不服一审判决，向湖南省高级人民法院提起上诉。二审法院认为：原审第三人胡某某作为专利号为 ZL91104618.6 的发明专利的专利权人，侵权行为发生时该专利合法有效，其专利权应当受法律保护；未经胡某某的许可，星雁机电贸易有限公司销售了被控侵权的金象牌电焊钳，对这一事实，该院予以确认；上诉人金象电焊机厂在长沙市知识产权局的口头审理程序中提出涉案的金象牌电焊钳不是该厂生产的，原审第三人胡某某只能证明其在长沙市五金机电大市场 14 栋 10 号门面公证购买了涉案的金象牌电焊钳，长沙市知识产权局到该市场进行了实地调查，但没有查清该电焊钳的来源，只从销售者钟淑珍处查明该产品来源于邵东县，对于涉案的电焊钳是否是上诉人生产的这一基本事实问题没有查清，长沙市知识产权局依据被控侵权产品上标有"金象电焊机厂生产"及"厂营业部：广州市和平东路 70 至 78 号"等标识，直接认定金象电焊机厂为被控侵权产品的生产商，证据不充分，故被上诉人长沙市知识产权局作出处理决定时认定事实不清，证据不足；另外，《湖南省专利保护条例》第 17 条规定："省、设区的市、自治州人民政府管理专利工作部门处理专利纠纷，应当自立案之日起三个月内作出处理决定。因特殊情况需要延长期限的，延长期限最长不得超过二个月。设区的市、自治州人民政府管理专利工作的部门因特殊情况需要延长期限的，应当报省人民政府管理专利的工作部门批准。"该案中，长沙市知识产权局于 2011 年 4 月 1 日受理请求人胡某某的申请，但直至 2011 年 10 月 30 日才作出处理决定，超过了规定的期限，属于程序违法。二审法院因此判决撤销长沙市知识产权局作出的长知侵处字（2011）第 35 号专利侵权纠纷案件处理决定，判决长沙市知识产权局依法重新作出处理决定，撤销长沙市中级人民法院（2012）长中行知初字第 0001 号行政判决。

该案显示出行政机关在处理专利侵权纠纷案件中出于行政效率的考虑以及受办案人员素质的制约，在案件事实认定和法律适用上不够严谨的问题。在专利纠纷案件中，行政机关要作出认定侵权嫌疑人存在侵权行为的处理决定，至少要根据侵权人制作的用于促销的宣传材料、侵权人出售产品的合同和销售发票、侵权人展示的产品样品等来认定。而本案中，专利权人提供的这三组间接证据虽然与案件有一定的联系，但是它们不能组成一个完整的证明链条，它与金象电焊机厂侵权这一待证事实之间尚缺乏必然联系，不能确定指向原告生产了侵权产品这一事实。另一方面，根据国家知识产权局令第 53 号发布的《施行修改后的专利法的过渡办法》第 2条的规定："修改前的专利法的规定适用于申请日在 2009 年 10 月 1 日前（不含该日）的专利申请以及根据该专利申请授予的专利权；修改后的专利法的规定适用于申请日在 2009 年 10 月 1 日以后（含该日）的专利申请以及根据该专利申请授予的专利权；但本办法以下各条对申请日在 2009 年10 月 1 日前的专利申请以及根据该申请授予的专利权的特殊规定除外。"长沙市知识产权局据此决定适用 2009 年修改前的《专利法》。但《施行修改后的专利法的过渡办法》第 4 条规定："管理专利工作的部门对发生在2009 年 10 月 1 日以后的涉嫌侵犯专利权行为进行处理的，适用修改后的《专利法》第 11 条、第 62 条、第 69 条、第 70 条的规定。"显然长沙市知识产权局错误地适用了执法依据的条款。另外，根据《湖南省专利保护条例》第 31 条的规定，由管理专利工作的部门在违法行为影响地的新闻媒体上公告公开侵权事实，消除影响，所需费用由侵权人承担，长沙市知识产权局在适用该条依据时却直接责令当事人自行在新闻媒体进行公告的行为，属于错误解释或者理解执法依据。

专利行政机关作出处理依据的应是有效期内的专利，失效的专利不受法律保护。但现实生活中也存在这种特殊情形：专利侵权行为发生在专利权有效期内，而且当事人也是在专利有效期内向专利行政机关提起了申请，但是专利行政机关作出处理决定的时候该项专利已经失效。长沙市知识产权局受理的金象电焊机厂侵权纠纷案就属于这种情况。长沙市知识产权局作出了责令金象电焊机厂立即停止销售并销毁涉案专利有效期内侵权产品的处理决定。从实体上看，假设该案中金象电焊机厂的侵权行为确实存在，长沙市知识产权局处理专利有效期内的侵权行为并无不妥；但按照 2008 年《专利法》，长沙市知识产权局只能责令停止销售，而不能销毁侵权产品。

（三）辽宁省知识产权局与福州海王福药制药有限公司等专利侵权处理决定纠纷案❶

专利权人江苏省微生物研究所有限责任公司（以下简称"江苏微生物公司"）于 2008 年 11 月 14 日向辽宁省知识产权局提出申请，要求对福州海王福药制药有限公司（以下简称"福药公司"）的涉案专利侵权行为进行处理。辽宁省知识产权局受理以后，追加常州方圆制药有限公司为共同请求人，并于 2009 年 4 月 10 日作出辽知执字（2009）1 号专利侵权纠纷处理决定书，认定涉案专利合法有效，在保护期之内应受保护；福药公司未经涉案专利权人许可而生产、销售被控侵权产品，其技术特征完全覆盖了涉案专利的权利要求；经调解双方当事人未能达成一致，故责令福药公司自收到专利侵权纠纷行政处理决定书之日起停止生产、销售涉案专利的被控侵权产品。

福药公司对辽宁省知识产权局作出的专利侵权纠纷行政处理决定不服，向沈阳市中级人民法院（以下简称"沈阳中院"）提起行政诉讼。福药公司诉称，被诉专利行政决定认定其侵权的主要证据不足，适用法律错误；涉案专利权人及其独占被许可人帮助福药公司取得药品注册批件，并且多年向其供应被控侵权产品所用原料药，这些行为表明涉案专利权人同意其实施涉案专利；涉案专利权人明知福药公司从 2004 年 5 月开始生产、销售被控侵权产品，但于 2008 年 11 月才向辽宁省知识产权局提出行政处理申请，已经超过《辽宁省专利保护条例》第 20 条规定的 2 年时效。故请求撤销被诉专利行政处理决定。辽宁省知识产权局辩称，涉案专利的保护范围非常明确，福药公司未经涉案专利权人许可而实施专利已构成侵

---

❶　辽宁省知识产权局辽知执字（2009）1 号专利侵权纠纷处理决定书、辽宁省沈阳市中级人民法院（2010）沈中行初字第 28 号行政判决书、辽宁省高级人民法院（2011）辽行终字第 16 号行政判决书。

权，被诉专利行政处理决定符合法律规定，应予维持。

一审法院认为：辽宁省知识产权局提供的证据能够证明福药公司未经专利权人授权许可，生产、销售的被控侵权产品落入涉案专利的保护范围；辽宁省知识产权局根据《专利法》第 57 条第 1 款，对福药公司侵害涉案专利的行为作出被诉专利行政处理决定，认定事实和适用法律正确；涉案专利专利权人及其独占被许可人向福药公司供应原料药和帮助取得药品注册批件，都不能明确证明福药公司已取得实施涉案专利的许可；福药公司从 2004 年 6 月生产、销售被控侵权产品，到 2008 年 11 月 14 日涉案专利权人提出行政处理申请，其侵权行为一直处于连续状态，因而不存在超越 2 年请求时效的问题。故此，一审判决驳回福药公司的诉讼请求。

福药公司不服一审判决，向辽宁省高级人民法院提起上诉。福药公司上诉称：辽宁省知识产权局受理该案违反法定程序，因为涉案专利权人江苏微生物公司就上诉人生产被控侵权产品，已经在先向海南省海口市中级人民法院（以下简称"海口中院"）起诉，上诉人将该情况告知辽宁省知识产权局并恳请其驳回涉案专利的行政处理申请或者暂缓审理，但其置之不理，并在海口中院判决前作出被诉专利行政决定，有违国家知识产权局《专利行政执法办法》第 5 条第 1 款第 5 项规定；沈阳中院一审判认定事实不清，因为常州方圆制药有限公司一直向上诉人供应原料药，其对上诉人生产被控侵权产品是明知的、默许的。辽宁省知识产权局答辩称，上诉人在一审中认可该局有作出被诉专利行政决定的法定职权，且海口中院审理的专利侵权纠纷案件与该案无关。

二审法院进一步查明，江苏微生物公司将涉案专利以不同形式分别许可给不同厂家实施，包括许可海南爱科制药有限公司（以下简称"海南爱科公司"）生产销售硫酸依替米星氯化钠注射液。海口中院于 2004 年 8 月 31 日受理原告海南爱科公司诉被告福药公司等、第三人江苏微生物公司等侵害涉案专利的诉讼，并于 2009 年 4 月 29 日作出判决，因海南爱科公司未实际取得涉案专利独占或排他实施许可，其诉讼请求缺乏事实和法律依据，故驳回海南爱科公司的诉讼请求。❶

---

❶ 海南省海口市中级人民法院（2009）海中法民三初字第 2 号民事判决书。

　　二审法院认为，根据国家知识产权局《专利行政执法办法》第5条第1款，请求地方知识产权行政部门处理专利侵权纠纷的前提条件是"专利权人或其利害关系人没有就该纠纷向法院起诉"。之所以如此规定，是为了避免同一专利侵权纠纷的行政处理和司法审判的结果不一致。该案中，海南爱科公司作为专利实施许可合同的被许可人，已经就涉案专利侵权纠纷向海口中院起诉，请求判定上诉人等侵害涉案专利权；海口中院于2004年8月31日立案受理，并追加涉案专利权人江苏微生物公司为第三人。辽宁省知识产权局在海口中院就涉案专利侵权纠纷立案后，受理针对涉案专利侵权纠纷的行政处理申请，且在海口中院判决前作出被诉专利行政决定，而沈阳中院对辽宁省知识产权局处理涉案专利侵权纠纷是否符合规定条件未作审查，该不当之处应予纠正。根据《专利法》第12条，涉案专利权人许可他人实施其专利，应当与被许可人订立涉案专利实施许可合同。该规定应理解为倡导性规定而非强制性规定。专利实施许可合同的形式不应局限于书面形式。实践中，支付专利实施许可使用费的方式并不唯一，也包括销售分成等。因此，不能仅以未订立书面实施许可合同为由而认定未经专利权人许可。该案中，辽宁省知识产权局以未订立书面实施许可合同为由而认定上诉人实施涉案专利未经其专利权人许可，属于认定事实不清、主要证据不足。二审法院据此判决撤销沈阳中院作出的一审判决和辽宁省知识产权局作出的被诉专利行政处理决定。

　　该案反映出专利侵权纠纷的行政处理和司法审判之间的冲突和协调问题。按照国家知识产权局发布的《专利行政执法办法》的规定，对于同一专利侵权纠纷，人民法院已经受理的，地方专利行政机关应该不予受理。该案中辽宁省知识产权局和辽宁省高级人民法院对"同一专利侵权纠纷"有不同的认识和理解。从本质上看，"同一专利侵权纠纷"应该是指涉案专利纠纷事实相同、诉讼或处理请求和主要理由基本相同，而不应是要求行政处理程序中的当事人与司法诉讼程序的当事人完全一致。该案中，辽宁省知识产权局处理的辽知执字（2009）1号专利侵权纠纷与海口中院受理的（2009）海中法民三初字第2号专利侵权纠纷相比，涉案专利均为"一种含1-N-乙基庆大霉素C1a或其盐的药用制剂及制备方法"发明专利，纠纷事实都是福药公司生产、销售硫酸依替米星氯化钠注射液涉嫌侵害涉案专利权，而且主要请求和理由基本相同，只是当事人不完全相同，这两起专利侵权纠纷理当属于"同一专利侵权纠纷"。在海口中院受理该纠纷后，辽宁省知识产权局应不予受理。

地方专利行政机关在处理专利侵权纠纷中认定侵权成立、责令停止侵权的职权具有民事准司法性质，存在与法院的相应司法审判职权冲突的可能。国家知识产权局为预防与避免专利侵权纠纷行政处理与法院相应的司法审判权发生冲突，在《专利行政执法办法》中为行政机关处理专利侵权纠纷设定了一个前提条件，即"没有就同一专利侵权纠纷向法院起诉"。这属于专利行政机关单方面的制度安排，法院方面是否也应有类似的制度安排，即专利权人或其利害关系人就专利侵权纠纷请求地方专利行政机关处理以后，法院是否不应再对同一专利侵权纠纷进行受理呢？有观点认为，基于"一事不再理"原则，专利权人或利害关系人就同一专利侵权纠纷，已经向法院起诉的，则不得再请求专利行政机关处理；反之亦然，即已经请求专利行政机关处理的，则不得再向法院起诉。❶ 此观点值得商榷。首先，TRIPS 明确规定，任何有关知识产权的行政决定，都应接受司法审查。❷ 我国作为 WTO 的成员，负有遵守 TRIPS 的国际义务。按照 TRIPS 规定的司法终审原则，司法判决具有终局的法律效力，是最终的法律救济手段。因当事人向专利行政机关请求处理就剥夺当事人请求司法最终解决的权利，显然有悖司法终审原则。其次，就行政处理权和司法审判权的职权范围看，行政机关对专利侵权纠纷的行政处理仅限于认定侵权成立、责令停止侵权、侵权赔偿调解。而司法审判机关除了上述职权外，还可以采取证据保全、财产保全、强制执行等措施和判令被告承担排除妨碍、恢复原状、赔偿损失等责任。❸ 从有利于纠纷解决的角度出发，亦应当允许当事人向法院提起诉讼。最后，从法律依据看，无论是《专利法》、《专利法实施细则》，还是最高人民法院的相关司法解释，均无法院不得受理当事人已先提请行政机关处理的专利侵权纠纷的规定。因此，为避免专利侵权纠纷行政和司法解决机制的冲突，减少行政资源的浪费，妥当的做法应当是，当事人就同一专利侵权纠纷已经向人民法院起诉的，行政机

---

❶ 李蕊. 专利行政机关不应受理已经起诉的同一专利侵权纠纷 [J]. 人民司法，2012（2）：93 - 97.

❷ Agreement on Trade - Related Aspects of Intellectual Property Rights，Article 62，1994。

❸ 《专利法》（2008）第 67 条；《民事诉讼法》（2017）第 100 条、第 224 条。

关不再受理；当事人就同一专利侵权纠纷已经请求行政机关处理的，又向法院起诉的，行政机关应当终止案件的处理，侵权纠纷由司法途径解决。

第三节　总结与启示

一、对专利纠纷行政解决状况的评析

从上述专利行政执法的相关统计数据看，在 2012 年之前，随着《专利法》的历次修改，专利行政机关处理专利纠纷的职权范围不断缩小，专利行政执法案件数量也呈现逐年下降的趋势。在 2012 年之后，专利行政执法案件数量增长迅速，出现这一变化大致有以下方面的原因：一是国家知识产权战略提出之后，知识产权的保护和运用日益受到相关各方的重视，知识产权的价值日益凸显。在此背景下，专利权人的权利保护意识增强，当其权利受到侵害时，会积极主动地寻求救济。专利行政执法具有效率高、成本低的优势，因而受到专利权人的青睐。二是专利申请和授权数量不断增长，专利纠纷的发生数量也水涨船高。近几年来，我国发明专利的申请量和授权量均跃居世界第一，有效专利的数量也越来越多。某一领域专利数量越多，意味着该领域专利密集度越高，发生专利纠纷的概率也相应随之增加。因此，专利数量与专利纠纷的数量呈现出正相关关系。三是专利行政执法力量得到了增强。专利行政执法需要付出行政成本，需要人员、车辆、经费等方面的保障，如果行政资源投入不足，自然难以开展有效的行政执法。随着知识产权强国战略的实施，专利行政执法队伍建设受到重视，各地普遍设立知识产权维权援助中心，国家知识产权局还设立了12330维权援助与举报投诉热线，这些措施有力地推动了专利行政执法工作的开展。

笔者认为，在上述原因中，专利执法力量的加强和执法工作力度的加大是最主要的因素。2011 年国家知识产权局发布《关于加强专利行政执法工作的决定》，并在次年推出《2012 年知识产权执法维权"护航"专项行动方案》，在此之后，通过每年开展此类专利行政执法专项行动，大力强化专利行政执法力度，受理案件数量由此出现大幅度增长。可见，国家知识产权局的大力推动是专利行政执法活动大幅增加的主要动力来源。

然而，专利行政执法案件的增长并不意味着专利行政执法质量和效益的优化。

首先，从案件的类型看，对假冒专利案件的处理数量占了半数以上。人们通常将假冒专利类比于假冒商标或盗版，其实这两类案件的性质是大相径庭的。假冒商标是在相同或类似的商品或服务上使用与注册商标相同或近似的商标，盗版是复制他人享有著作权的作品，两者的直接侵害对象是他人的注册商标权和著作权，后果是导致消费者对商品或服务以及作品的真实来源的混淆和误认，扰乱正常的市场竞争秩序。而假冒专利是将非专利产品标注为专利产品或在非专利产品上标注他人的专利号或标注虚假的专利号，其并非直接侵害他人的专利权，而是侵害了专利标记的管理规范。从违法的性质看，假冒专利行为对市场经济秩序的危害性远小于假冒商标或盗版。因此，投入大量的行政资源处理假冒专利行为，其投入和效益比是否相当令人思考。

其次，专利行政执法是专利行政机关运用行政权力的过程，近年来专利行政机关大力开展执法专项行动，自 2008 年以来分别进行了"雷雨""天网""双打""护航""闪电"等专项行动。通过集中行政资源和执法力量开展的各类专项执法行动，使得案件处理量得以大幅增加。但这种"运动式执法"也存在明显的弊端，例如，存在时间上和空间上的执法标准不统一和不公正，无法给公众准确的预期和行动指南，甚至可能造成暂时性和局部性的过度执法，有损公众利益。❶

在《专利法》第四次修改期间，由国家知识产权局主导的修改草案中增加了大量强化专利行政执法的内容。例如，在 2012 年《专利法》第四次修改草案中将第 60 条增加第 2 款："管理专利工作的部门认定侵权行为成立且扰乱市场秩序的，责令停止侵权行为，没收违法所得，并可没收、销毁侵权产品或者用于实施侵权行为的专用设备，并处违法所得四倍以下

---

❶ 李春晖. 我国知识产权行政执法体制机制建设及其改革［J］. 西北大学学报（哲学社会科学版），2018（5）：69.

的罚款，没有违法所得或者违法所得难以计算的，可以处二十万元以下的罚款。"此规定内容与以往《专利法》内容相比，增加了管理专利工作的部门的行政处罚权，极大地强化了行政执法的力度和手段，体现出专利行政机关力图扩大行政执法权力，采取各种手段加强行政执法的政策取向。但这种做法是否恰当令人怀疑。

第一，此举有超越行政执法界限之嫌。有学者指出："知识产权行政执法动用的是社会资源，是纳税人的钱，执法的重点应该是维护社会公共利益和市场秩序，而不是单纯地维护知识产权权利人的利益。社会公共利益的保护和市场秩序的维护是知识产权行政执法的恰当内容。"[1] 专利权等知识产权的民事权利属性决定了执法主体应该改变计划经济的过度干预的执法理念，用市场经济理念指导专利行政执法，在执法中尊重专利权的私权属性，不宜越俎代庖，也不应将公共利益作随意扩大化的解释。

第二，此举易加剧行政资源的浪费。按照 TRIPS 第 41 条的要求，诉讼当事方应有机会要求司法机关对最终行政裁定进行审查，并在遵守一成员法律中有关案件重要性的司法管辖权规定的前提下，至少对案件是非的初步司法裁决的法律方面进行审查。据此，《专利法》规定专利行政执法决定必须接受司法审查。专利行政执法权力的不断扩大和强化，当事人因不服行政处理决定而起诉至法院的案件必然随之增长，行政执法为当事人节省成本和社会资源、缩短救济周期、提高效率的目标就会落空，同时造成行政资源的无谓浪费。

第三，此举也与行政执法的实践状况不符。从前述专利侵权纠纷行政执法结案方式的数据看，在裁决、调解、撤诉等结案方式中，当事人达成调解协议的比例远高于行政机关作出行政裁决的比例，几乎占案件总量的七成。显示出行政执法机关对运用行政权力的谨慎和克制态度，这与修改草案中大力强化行政执法权的主张形成鲜明对照。另一方面，管理专利工作的部门的执法力量有限，执法能力不足。加之专利侵权判定本身的专业性和复杂性，导致实践中发生多起执法机关因执法程序不当，认定事实不清而被法院撤销行政处理决定的案例。例如，在绍兴市科学技术局与上虞市华亚电气有限公司（现为绍兴市上虞华亚电气有限公司，以下简称"华

---

❶ 李芬莲. 中国知识产权行政执法的困境及出路 [J]. 广东社会科学, 2014（3）：237.

亚公司”）专利侵权行政处理纠纷案❶中，绍兴市科学技术局第一次作出的行政处理决定被受诉法院以主要证据不足、程序不当予以撤销。绍兴市科学技术局第二次作出的行政处理决定又因违法程序，在未重新调查取证并听取当事人意见的情况下，作出与原具体行政行为相同的行政决定而再次被受诉法院撤销。在邯郸市知识产权局与邯郸市鑫盛房地产开发有限公司（以下简称“鑫盛公司”）专利侵权行政处理纠纷案❷中，邯郸市知识产权局现场调查取证拍照，但未制作调查笔录。未对鑫盛公司的“现浇混凝土空心楼盖”技术方案是否落入专利权保护范围进行相同或等同的比对，仅以照片同专利说明书附图加以对比就认定鑫盛公司侵权，因此被受诉法院以违反法定程序、主要证据不足予以撤销。

综上所述，过度强化专利行政执法力度弊大于利，不应以部门利益出发而忽视社会整体利益。笔者认为，专利行政执法的制度安排应在司法终审原则的法律框架下，积极协调行政和司法在专利纠纷解决中的职能分工，明确专利行政执法的恰当边界，避免行政和司法资源的浪费。有鉴于此，一味扩大行政执法权限并非明智之举，专利行政执法的改革应以转变政府职能、建立服务型政府为理念，适应专利行政执法的实际状况，建立和完善以行政调解服务为中心的专利纠纷行政解决机制。

二、对专利纠纷司法解决状况的评析

与专利纠纷行政解决途径相比，一方面，司法解决途径具有权威性和终局性；另一方面，专利纠纷司法解决机制对于专利制度的发展也起着至关重要的作用。例如，专利权利要求中的周边限定、中心限定和折中解释等解释规则，专利侵权认定中的全面覆盖原则、等同原则、禁止反悔原则、现有技术抗辩规则等都是在司法实践中发展出来。当然，专利纠纷司

---

❶ 绍兴市科学技术局绍科知案（2011）第 6 号专利侵权纠纷行政处理决定书、绍兴市科学技术局绍科知案（2012）第 2 号专利侵权纠纷行政处理决定书、绍兴市中级人民法院（2012）浙绍行初字第 5 号行政判决书、绍兴市中级人民法院（2012）浙绍行初字第 9 号行政判决书、浙江省高级人民法院（2014）浙行终字第 26 号行政判决书。

❷ 邯郸市知识产权局（2012）第 2 号专利侵权纠纷行政处理决定书、石家庄市中级人民法院（2013）石行初字第 42 号行政判决书、河北省高级人民法院（2013）冀行终字第 87 号行政判决书。

法救济也存在诉讼周期长、审理效率低、维权成本高等为人诟病的弊端。除了上述各国专利纠纷司法救济普遍存在的短板外，我国专利纠纷司法解决机制也存在自身特有的一些问题，阻碍了专利司法审判效率和质量的提升。

我国专利领域长期采取行政、民事和刑事审判的分离模式，由于司法理念、审判视角和具体操作规则的差异，不同法庭和法官对同一事实的认定和处理往往有所不同，尤其在涉及专利民事、行政和刑事交叉案件时，容易导致"同案不同判"的现象，严重损害司法权威和公正。有鉴于此，部分法院开始知识产权"三审合一"司法审判模式的改革探索，并在实践中出现了多种模式：如完全将知识产权民事、行政和刑事案件统一归入知识产权庭审理的上海模式、西安模式、武汉模式和重庆模式；仅将知识产权民事、行政案件归入知识产权庭审理的福建模式；仅就复杂知识产权案件由民事、行政和刑事审判庭法官临时组成合议庭审理的"深圳南山模式"等。然而，这些知识产权"三审合一"司法审判实践模式缺乏系统化，导致一些知识产权民事、行政和刑事案件一审时统一由知识产权审判庭审理，而二审时仍旧分别由民事、行政和刑事审判庭审理，仍然难以实现真正意义上的"三审合一"。

2014 年我国先后在北京、上海和广州设立了 3 个知识产权法院。但是，从理性的角度来看，知识产权法院的设立除了能在一定程度上统一审判标准外，与专门知识产权法庭相比，其并没有更多的优势。❶ 此后，最高人民法院又批准设立了若干个在全省或者省内特定区域内可以跨区管辖专利案件的知识产权法庭。由此，在借鉴国外模式的基础上，对于专利侵权一审案件，我国形成了专门法院与专门法庭相结合的模式。但目前往往有时在一省之内设立不止一个知识产权法庭，同时在一省之内还存在数个对专利纠纷案件具有管辖权的中级法院。这导致专利纠纷案件的司法管辖更趋于分散，难以达到统一审判标准的初衷。

我国法院缺乏对专利效力的认定权也是导致专利司法效率不高的重要因素。在专利无效行政诉讼中，法院即使认为国务院专利行政部门的行政决定错误，也不能直接在判决中认定专利权的效力。而只能撤销国务院专

---

❶ 刘银良. 我国知识产权法院设置问题论证 [J]. 知识产权，2015（3）：3-22.

利行政部门的行政决定并责令专利复审委员会重新作出行政决定。一旦当事人对国务院专利行政部门重新作出行政决定不服，还可以再次提起行政诉讼，从而导致"循环诉讼"现象。在专利侵权诉讼中也存在类似状况，在受诉法院没有专利效力判断权的情况下，一旦当事人提出专利权无效宣告请求，法院也通常需要中止诉讼，等待国务院专利行政部门的决定或之后发生的行政诉讼的结果。这样一来，既浪费了行政和司法资源，也使得诉讼效率更加低下。有鉴于此，部分法院也努力在专利权效力方面作出改革尝试，在爱吉科公司与专利复审委员会专利无效行政纠纷案❶中，北京市高级人民法院在二审判决中直接认定第98248629.4号"清洁器吸棉管废棉截留装置"实用新型专利权无效。但在该案的再审程序中，最高人民法院认为，对专利复审委员会的行政决定不服提起的诉讼属于行政案件并按照行政诉讼程序审理。根据《行政诉讼法》的规定，即使专利复审委员会的决定错误，法院也不能直接予以变更，只能判决撤销或者一并要求重作决定。在判决主文中直接对涉案专利权的效力作出宣告判决，超出了行政诉讼法及其司法解释有关裁判方式的规定，缺乏充分的法律依据，从而否定了北京市高级人民法院的尝试。

三、对专利纠纷行政与司法衔接机制运行状况的评析

专利纠纷行政解决与司法解决机制通过专利行政诉讼得以衔接。专利行政诉讼主要包括专利无效和侵权裁决行政诉讼。在前述案例分析中，从微观层面看，这两类机制的冲突主要体现在审查范围、证据认定、权利要求的解释、创造性判断、公知常识的举证等方面的不一致。例如，当事人在国务院专利行政部门的无效行政程序结束后，在随后的行政诉讼中提出在行政程序中没有出现的新证据和新理由，法院可能依据此新证据和新理由撤销国务院专利行政部门的行政决定。在某一发明创造是否具有创造性的问题，由于难以避免的主观性因素，国务院专利行政部门和受诉法院也可能各执一词。在权利要求的解释方面，以功能性特征的解释为例，根据

---

❶ 国家知识产权局专利复审委员会第4988号无效宣告请求审查决定书、北京市第一中级人民法院（2003）一中行初字第522号行政判决书、北京市高级人民法院（2004）高行终字第95号行政判决书、最高人民法院（2007）行提字第2号再审行政裁定书。

《专利审查指南 2010》的相关规定，功能性特征应当解释为实现该功能的所有方式。但在侵权判定程序中，根据相关司法解释的规定，应当将功能性特征解释限定为专利说明书中列举的具体实施方式及其等同的实施方式。显然后者对功能性特征保护范围的解释远小于前者，必然影响专利侵权判定的结果。上述微观层面的冲突有些涉及主观判断，例如对创造性的判断，难以避免和消除。有些则可以通过加强国务院专利行政部门与法院的之间协调，统一相关判断标准，达到适用结果大体一致的目的。

从宏观层面看，这两类机制的冲突体现在专利无效行政诉讼循环往复、行政机关在诉讼中地位尴尬以及专利无效和侵权行政裁决与司法判决的不一致等方面。专利无效诉讼循环往复已如前述。行政机关的诉讼地位尴尬则与我国法律将不服国务院专利行政部门的无效宣告行政决定和管理专利工作的部门的专利侵权行政决定定性为行政诉讼有关。在专利侵权纠纷行政处理中，纠纷当事人是请求人和被请求人，专利行政机关扮演的是居中者的角色，以中立裁判者的身份作出行政裁决。但一旦当事人不服侵权行政裁决，专利行政机关则沦为案件的被告。与此类似，在专利无效纠纷行政处理中，纠纷当事人是请求人和被请求人，国务院专利行政部门在专利无效宣告请求案件中的角色也是居中的裁判者，但在之后的专利无效行政诉讼中，国务院专利行政部门同样由案件裁判者变成了被告，处境颇为尴尬。"原本应该是中立角色，结果被迫安排在某一方的立场上，既然已经进入司法程序，那么国务院专利行政部门就必须要竭尽全力去搜集证据、费尽心思去应诉，客观上是在为涉案的一方进行免费的辩护。国务院专利行政部门就成了第三人——某专利实际上所属的企业或个人的全责免费代理人，而且别人毫不领情"。❶ 此外，在专利无效纠纷行政程序中，核心问题是专利权是否有效，国务院专利行政部门根据请求人请求的范围、理由及提交的证据对专利权的效力作出裁决。而在无效行政诉讼程序中，核心问题是国务院专利行政部门作出的无效宣告行政决定是否合法，而非原告与第三人之间关于专利权利效力的争议。这种审理焦点的差异也为两者的冲突埋下了隐患。最后，这一制度造成了国务院专利行政部门耗费大量的行政资源用于应诉，必然影响国务院专利行政部门在复审和无效宣告

---

❶ 国家知识产权局条法司. 新专利法详解 [M]. 北京：知识产权出版社，2001：250.

工作中的审查效率。

为避免和减少冲突，有关部门也采取了一定的措施。例如，根据国家知识产权局《专利行政执法办法》的有关规定，涉案专利权人或其利害关系人请求地方专利行政部门处理专利侵权纠纷，应当符合五个条件：（1）请求人是涉案专利权人或其利害关系人（专利实施许可合同的被许可人、专利权的合法继承人）；（2）有明确的被控侵权人（被请求人）；（3）有明确、具体的请求事项及其事实和理由；（4）属于受案的地方知识产权行政部门的管辖范围；（5）没有就同一专利侵权纠纷向法院起诉。❶ 前三个主要是就专利侵权纠纷的行政处理申请书的格式和内容而言的，第四个是就各级地方专利行政机关受案范围而言的，第五个则是就避免同一专利侵权纠纷的行政处理和司法审判之间竞合而言的。但前述福药公司与辽宁省知识产权局专利侵权纠纷案表明，这种局部的调适有时也难以贯彻落实，再考虑到法院和行政机关之间信息沟通存在的问题，在专利侵权案件跨地域跨部门的情况下，这种竞合的情况更加难以避免。

综上所述，专利纠纷的行政和司法解决机制在协调和衔接上仍然存在不少窒碍难行之处，既浪费了行政和司法资源，也损害了行政和司法效率，甚至降低了行政和司法的权威性和公正性。下文将从专利确权纠纷中行政与司法的协调、专利侵权行政裁决与司法审查机制的衔接、专利行政调解与司法确认机制的对接、专利行政机关与司法机关协作机制的构建等方面展开进一步探讨。

---

❶ 《专利行政执法办法》：2001 年版第 5 条第 1 款、2010 年版第 8 条第 1 款、2015 年版第 10 条第 1 款。

第三章　专利确权纠纷中行政与司法的协调机制

第一节　专利确权行政决定与司法审查

一、专利确权行政程序的演变

所谓专利确权，有广义和狭义之分。狭义的专利确权指对授权专利提出无效宣告请求的行政处理程序。广义的专利确权，除了狭义的专利确权概念外，还包括对驳回专利申请不服提出的复审请求、对专利授权前的异议请求、对专利授权后一定期限内的撤销请求的行政处理程序。本书采狭义的专利确权概念。

1984 年颁布的《专利法》将专利授权确权行政程序分为专利申请的复审程序、授权前的专利异议程序和授权后的无效程序。根据该法规定，专利复审程序是指申请人对专利局驳回专利申请的决定不服的，可以在收到通知之日起 3 个月内向专利复审委员会请求复审；专利复审委员会复审后，作出决定，并通知申请人。❶ 专利异议程序是指任何单位或者个人自专利申请公告之日起 3 个月内可以向专利局提出异议；专利局经审查认为异议成立的，应当作出驳回申请的决定，并通知异议人和申请人。❷ 专利无效

---

❶ 1984 年《专利法》第 43 条。
❷ 1984 年《专利法》第 41 条、第 42 条。

程序是指专利权被授予后，任何单位或者个人认为该专利权的授予不符合专利法规定的，都可以请求专利复审委员会宣告该专利权无效；专利复审委员会对宣告专利权无效的请求进行审查，作出决定，并通知请求人和专利权人。❶

1992年修改后的《专利法》取消了专利授权前的异议程序，设立了专利授权后的撤销程序。该法规定："自专利局公告授予专利权之日起六个月内，任何单位或者个人认为该专利权的授予不符合本法有关规定的，都可以请求专利局撤销该专利权；""专利局对撤销专利权的请求进行审查，作出撤销或者维持专利权的决定，并通知请求人和专利权人。"❷ 对申请撤销专利权请求的审查不只限于撤销请求人提出的撤销理由之内。撤销程序一经启动，审查组不仅要考虑撤销请求人提出的理由，而且可以自行引入其他的撤销理由。❸

2000年修改《专利法》时，立法机关又取消了专利授权后的撤销程序。修改的理由是："撤销程序与无效程序都是为了纠正专利行政部门的不当授权而设置的，实践证明，撤销程序的作用完全可以通过无效程序来实现，为了进一步简化程序，取消撤销程序，只保留无效程序。"❹ 至此，我国专利授权确权程序简化为专利复审程序和专利无效宣告程序并沿用至今。

二、专利确权行政决定的性质

专利复审程序是对驳回专利申请不服提出的复审请求的行政处理决定；专利无效宣告程序是对授权专利提出无效宣告请求的行政处理决定。前者是指当事人提出专利申请后，国家专利行政部门按照法律规定进行审查，作出授予专利权或驳回专利申请的决定。当事人对驳回申请不服的，可以向国务院专利行政部门申请复审，由其作出驳回申请是否正确的决

---

❶ 1984年《专利法》第48条、第49条。

❷ 1992年《专利法》第41条、第42条。

❸ 中华人民共和国专利局. 审查指南1993 [M]. 北京：专利文献出版社，1993：8 - 9.

❹ 姜颖. 关于《中华人民共和国专利法修正案（草案）》的说明：2000年4月25日在第九届全国人民代表大会常务委员会第十五次会议上 [J]. 中华人民共和国全国人民代表大会常务委员会公报，2000（5）：502 - 507.

定。后者是指当事人提出专利无效宣告请求，国务院专利行政部门依照法律规定进行审理，作出维持专利有效或宣告专利无效的行政决定。两者的区别在于针对的对象不同：前者的对象是专利申请案，是有权机关对专利申请是否符合授权条件的判断；后者的对象则是已授权的专利，是有权机关对授予的专利权是否有效的裁判。

专利复审和无效宣告行政处理程序均依照当事人的申请而启动，都属于依申请的行政行为。但从性质上看，对驳回专利申请不服提出的复审请求的行政处理决定和对授权专利提出无效宣告请求的行政处理决定具有明显不同的性质，二者不宜混为一谈。专利授权行为是国务院专利行政部门依照专利法规定的授权条件进行审查，根据审查结果作出是否授权的行政决定。此类决定具有行政确认的性质。申请人对驳回授权的决定不服而向国务院专利行政部门申请复审，国务院专利行政部门经审理后作出驳回申请是否正确的复审决定，此类决定具有行政复议的性质。因此，对驳回专利申请不服而提出的复审请求的行政处理决定兼具行政确认和行政复议的性质。

对专利无效宣告行政处理决定的性质，学界观点各异，看法不一。一是行政确认说，即认为该行政行为的性质属于行政确认，行政机关对于专利权有效性的审查并非权利产生的依据，只是使专利权具有较高的公信力而已。❶ 二是准司法行为说，即认为专利确权属于民事司法性行政行为，即准司法行为。由于无效宣告程序中，国务院专利行政部门并非当事人，而是中立的裁判者，坚持程序司法化原则，专利确权按照司法性行政程序来解决，它对纠纷的解决一般不具有终局性，原则上具有可诉性，因此其作出的行政处理决定属于准司法行为。❷

笔者认为：专利确权程序是对授权专利提出无效宣告请求的行政处理处理程序，是国务院专利行政部门对无效宣告请求人和专利权人之间的专利有效性争议进行处理并以居中者的身份对争议作出裁决，其法律地位和功能类似于法庭，其处理程序的运行也遵循不告不理、当事人举证、辩论主义、处分原则等民事诉讼基本规则，因此具有准司法程序的特点；因

---

❶ 孙录见. 行政许可性质探究［J］. 西北大学学报（哲学社会科学版），2006（6）：78 - 81.

❷ 梁志文. 专利授权行为的法律性质［J］. 行政法学研究，2009（2）：35 - 36.

此，专利确权行政处理决定是具有准司法性质的具体行政行为，属于行政裁决行为。

三、专利确权行政决定的效力

1984 年《专利法》第 49 条第 3 款规定："专利复审委员会对宣告实用新型和外观设计专利权无效的请求所作出的决定为终局决定。"在 2000 年修改《专利法》时，为了与 TRIPS 保持一致，废除了有关专利复审委员会对实用新型和外观设计专利权宣告无效决定的终局裁判权，规定发明、实用新型和外观设计专利权的效力均由司法终审；同时补充规定：人民法院在行政诉讼中，应通知无效宣告请求审查程序中的对方当事人作为第三人参加诉讼。

由于国务院专利行政部门的确权行政决定不具有终局效力，因此在实践中出现了多次此类决定被法院撤销的尴尬状况。例如，在"无汞纽扣电池"专利无效案❶中，新利达电池实业有限公司于 2002 年获得"无水银碱性钮形电池"实用新型专利授权后，对国内多家电池企业提起侵权诉讼，10 余家电池企业及个人先后数次向专利复审委员会提起无效宣告请求。专利复审委员会于 2004 年、2007 年、2009 年先后 3 次作出无效宣告请求审查决定，以涉案专利不具备创造性为由宣告专利权无效，但 3 轮审查决定均被北京市高级人民法院二审撤销。直到 2012 年，最高人民法院提审该案，最终认定专利复审委员会审查结果正确，维持了专利复审委员会宣告该专利权无效的决定。

有鉴于此，国家知识产权局在 2013 年公开的《专利法》第四次修改征求意见稿中，建议将 2008 年《专利法》第 46 条中"宣告专利权无效的决定，由国务院专利行政部门登记和公告"的规定修改为"宣告专利权无效或者维持专利权的决定作出后，国务院专利行政部门应当及时予以登记和公告。该决定自公告之日起生效"，即增加了关于无效宣告请求审查决定生效时间的规定。国家知识产权局对此的解释如下。首先，专利复审委员会作出的无效宣告请求审查决定属于具体行政行为。依照行政法的一般

原理，该决定作出并送达当事人即可生效。其次，统计数据显示，2009—2011年，当事人就无效宣告请求审查决定的起诉率仅约为20%，而经司法审查最终被撤销的仅占其中的8%，故仅有约1.6%的无效宣告请求审查决定被最终撤销。因此，实践中无效宣告请求审查决定的可靠性强，适于即时生效。最后，在专利复审委无效宣告请求审查决定对外公告生效后，人民法院应当根据该决定及时审理专利侵权纠纷。由此，可以有效解决专利侵权案件因无效宣告程序而拖延、专利维权周期长的问题。❶ 可见，此项修改意在赋予无效宣告请求审查决定即时生效的法律效力，避免之前无效宣告请求审查决定效力悬而未决产生的弊端。

对于此项修改动议，最高人民法院认为：目前理论界对无效宣告请求审查决定生效时间问题的争论较大，尚无定论，因此宜对其持谨慎的保留态度。并且最高人民法院认为其已提出了相关的司法政策予以应对，即："民事裁判作出前，专利复审委员会作出宣告涉案专利无效的决定的，可以根据案件具体情况裁定驳回专利权人的起诉。宣告专利权无效的决定在随后的行政诉讼程序中被判决撤销的，专利权人可以在判决生效后重新起诉。"❷ 在此背景下，国家知识产权局在2015年7月报请国务院的《专利法》修改草案中删除了2013年征求意见稿中"该决定自公告之日起生效"的内容。因此，专利复审委员会无效宣告请求审查决定的生效时间取决于当事人是否提起行政诉讼。如果当事人不提起行政诉讼，则确权行政决定自当事人收到无效宣告请求审查决定书之日起3个月届满后生效。如果当事人提起行政诉讼，则确权行政决定自法院终审判决维持该决定时生效。

四、专利确权行政决定的司法审查

如上文所述，2000年修改《专利法》，规定无效宣告请求人对发明、实用新型和外观设计专利的无效宣告行政决定不服的，均可向人民法院起诉。由此确立了全面的专利确权行政决定的司法终审原则，自此三种类型

---

❶ 《国家知识产权局关于〈中华人民共和国专利法修订草案（送审稿）〉的说明》（2013年）。

❷ 最高人民法院知识产权审判庭2013年4月在江苏苏州公布的《中国法院知识产权司法保护政策（讨论稿）》第8页。

专利的确权行政决定均需接受法院的司法审查。

（一）专利确权诉讼的管辖

在我国 1984 年《专利法》施行之初，专利确权纠纷（又称专利无效纠纷）案件由北京市中级人民法院和北京市高级人民法院经济审判庭依照《民事诉讼法》和《专利法》规定的诉讼程序进行审理。随着 1990 年《行政诉讼法》的施行，人民法院开始设立行政审判庭审理行政诉讼案件。1993 年，北京市高级人民法院和中级人民法院率先成立知识产权庭，专利确权诉讼案件在法院内部的分工出现由知识产权庭和行政审判庭共同审理的局面。对此，北京市高级人民法院出台的关于专利案件审理分工的意见中指出："如果当事人在提起专利无效诉讼之前双方有民事争议，则与该民事纠纷有关的专利无效诉讼由民事审判庭即知识产权庭负责审理；如果无民事争议，则专利无效诉讼由行政审判庭审理。"❶ 但该规定并没有对判断专利纠纷存在民事争议作出具体认定标准，实践中多是根据原告是否提出当事人之间存在民事争议的主张来判断，这就导致案件在法院内部分工上出现了混乱。随着我国知识产权审判工作的推进，最高人民法院 2009 年出台了关于知识产权案件管辖的新通知，将专利确权的行政案件的一审集中到北京市第一中级人民法院的知识产权庭。❷

2014 年 8 月 31 日，第十二届全国人民代表大会常务委员会决定在北京、上海和广州三地率先成立知识产权法院。随后全国人大常委会发布了管辖规定。根据该规定，此后的专利、商标等案件的确权纠纷都由北京知识产权法院管辖。❸

---

　　❶ 详见：北京市高级人民法院《关于执行〈最高人民法院关于专利法、商标法修改后专利、商标相关案件分工问题的批复〉及国际贸易行政案件分工的意见（试行）》（2002 年 8 月 13 日生效）第 4—6 条。

　　❷ 《最高人民法院关于专利、商标等授权确权类知识产权行政案件审理分工的规定》（法发〔2009〕39 号）。

　　❸ 2014 年 10 月 27 日最高人民法院审判委员会第 1628 次会议通过的《最高人民法院关于北京、上海、广州知识产权法院案件管辖的规定》（法释〔2014〕12 号）第 5 条第 1 项规定了由北京知识产权法院管辖的案件有：不服国务院部门作出的有关专利、商标、植物新品种、集成电路布图设计等知识产权的授权确权裁定或者决定的。

（二）专利确权诉讼的性质

对专利确权行政决定提起的诉讼通常也称为专利无效诉讼。根据《专利法》的规定，自国务院专利行政部门公告授予专利权之日起，任何单位或者个人认为该专利权的授予不符合专利法有关规定的，可以请求国务院专利行政部门宣告该专利权无效。国务院专利行政部门对宣告专利权无效的请求应当及时审查和作出决定，并通知请求人和专利权人。宣告专利权无效的决定由国务院专利行政部门登记和公告。对国务院专利行政部门宣告专利权无效或者维持专利权的决定不服的，可以自收到通知之日起 3 个月内向人民法院起诉。人民法院应当通知无效宣告请求程序的对方当事人作为第三人参加诉讼。❶ 上述规定虽未明确指出对无效宣告请求审查决定不服提起的诉讼是行政诉讼，但条文规定无效宣告请求程序的对方当事人的诉讼地位是第三人——这意味着国务院专利行政部门是该诉讼的被告，由此可以推断出立法者将专利无效诉讼定性为行政诉讼。

对此，学界有不同的看法。不少学者认为：专利无效诉讼程序本质上应当是一种民事诉讼程序，或者说主要应当适用民事诉讼程序的相关规定进行审理；不应以国务院专利行政部门为被告，而应以请求人和专利权人为诉讼当事人。❷ 实务部门也有观点指出：TRIPS 将包括专利权在内的知识产权定性为私权，专利权无效纠纷是专利权人与其利害关系人之间产生的纠纷，国务院专利行政部门作出的无效宣告请求审查决定明显不具有管理公共事务或者进行行政处罚的性质，而是带有居间解决纠纷的性质，因此将专利无效诉讼定性为民事诉讼更为合理。❸

不过也有学者持相反见解，认为专利权有效性争议虽然常常与专利侵权纠纷相伴而来，是被控侵权人针对侵权指控而提出的反诉，但是仅仅因为这种因果关系就认为专利权有效性纠纷具有民事纠纷的性质，也是片面

---

❶ 《专利法》第 45 条、第 46 条。

❷ 李隽，程强，王颖，等. 专利无效宣告请求诉讼程序的性质 [G] //国家知识产权局条法司.《专利法》及《专利法实施细则》第三次修改专题研究报告. 北京：知识产权出版社，2006：782；张耕. 知识产权无效程序的反思与重构：以诉讼效益为视野 [J]. 学术论坛，2005（11）：126 – 129.

❸ 最高人民法院民事审判第三庭《对国务院法制办关注的〈《专利法》修订草案（送审稿）涉及专利审判工作的若干重点问题的交换意见》。

和肤浅的——专利权是由国务院专利行政部门代表国家经过审查后授予的权利，当事人提出无效宣告请求，针对的是国务院专利行政部门授予专利权的行为，向法院提起诉讼针对的是国务院专利行政部门作出的维持或者部分维持专利权有效的决定，两者都不仅仅是请求人与专利权人之间的纠纷。❶

笔者认为：专利权本质上属于民事权利，专利无效纠纷属于当事人之间的民事纠纷，行政机关对专利权效力作出的行政决定仅是以中立者身份作出的行政裁决——这显然不同于以行政机关为一方当事人的普通行政纠纷，故专利无效诉讼的性质应属于民事诉讼；现行立法将不服行政机关无效宣告行政决定而提起的专利无效诉讼定性为行政诉讼，不但偏离了专利无效纠纷的民事本质，而且在实践中使得专利纠纷行政与司法解决机制的协调更加困难。

第二节　专利确权纠纷行政与诉讼程序的交叉与冲突

根据 2020 年第四次修改前的《专利法》的规定，国务院专利行政部门依法享有对专利申请进行审查并授予专利权的职权；专利复审委员会享有对专利权无效宣告请求进行审查并作出行政决定的职权；人民法院享有依据权利人或利害关系人的请求，对被控侵权物是否落入专利保护范围进行判断并作出相应救济性保护的职权。即授予专利权、宣告专利权无效及作出专利侵权判定的权力分别属于国家知识产权局、专利复审委员会和人民法院。2020 年《专利法》第四次修改后，授予专利权、宣告专利权无效及专利侵权判定的权力分别属于国务院专利行政部门和人民法院。

可见，我国奉行的是专利行政无效程序与民事侵权程序的二元分立体制，即侵犯专利权纠纷由民事诉讼程序审理，而专利有效性争议必须由行政诉讼程序解决，两者的边界不容逾越。这种二元分立体制的理论基础在于：其一，公法、私法的二元界分。专利权属于私权，权利人对被诉侵权人提起的民事诉讼是私人间的纠纷，应由民事法庭审理；而专利权有效性

---

❶ 尹新天. 中国专利法详解［M］. 北京：知识产权出版社，2011：483 – 485.

争议的核心是国家专利行政部门授权行为的合法性和正当性，属于公法范畴，只能经由行政救济程序解决。其二，行政行为的公定力。行政行为一经作出，在被有权机关撤销之前，即使不具有合法性和正当性，任何人亦不得以自己之判断而否认其拘束力。❶ 其三，司法权与行政权的分立以及由此决定的专利管理行政部门与法院的职责分工。对专利权效力的判断需要专门知识——尤其是相关领域的技术知识，专利行政机关在此方面具有专业技术优势，故对专利权效力的判断应由其行使。

但在实践中，专利无效行政程序与诉讼程序往往联结在一起，专利无效程序与侵权诉讼往往交错进行，导致二元分立体制在实践中暴露出诸多不可忽视的缺陷，主要体现在以下方面。

一、专利无效纠纷行政与诉讼程序的内在冲突

专利无效宣告行政程序在很多方面体现出与民事诉讼程序相似的特征。其一，在程序启动和审理范围上，专利无效宣告程序依据当事人的申请而提起，其审查内容通常限于当事人的请求内容和提交的证据。这与民事诉讼程序"不告不理"类似。虽然《专利审查指南 2010》中也规定了审查机关依据职权审查的情形，但在审理实践中，这样的情况极少出现。❷ 其二，在程序规则上，无效宣告程序适用辩论原则、处分原则等民事诉讼原则。例如，专利无效宣告案件通常都要经过口头审理，以保证当事人辩论原则的行使。在无效宣告程序启动后，当事人可以撤回申请、变更请求内容和理由，专利权人也可以修改权利要求书，放弃或缩减专利权的保护范围。❸ 其三，在法律适用上，行政机关作出无效宣告请求审查决定的依据是《专利法》、《专利法实施细则》、相关司法解释以及《专利审查指南》的规定。这与法院审理专利纠纷所适用的法律依据也基本相同。因此，我们可以得出这样的判断：行政机关对专利无效宣告案件的审理程序

---

❶ 王天华. 行政行为公定力概念的源流：兼议我国公定力理论的发展进路 [J]. 当代法学，2010（3）：1.

❷ 李隽，程强，王颖，等. 专利无效宣告请求程序的性质 [G] //国家知识产权局条法司.《专利法》及《专利法实施细则》第三次修改专题研究报告. 北京：知识产权出版社，2006：749.

❸ 《专利法实施细则》第 65—72 条。

是按照民事纠纷解决模式进行的。

然而，专利无效宣告案件进入专利无效诉讼程序后，即转入行政诉讼程序，适用的法律除了专利相关法律规范外，还包括《行政诉讼法》及相关规则。这体现出与民事诉讼迥异的特点。一是被告主体恒定。在行政诉讼中，被告固定为作出具体行政行为的行政主体，因此行政机关成为专利无效诉讼的当然被告，成为无效诉讼的一方当事人，这与其在无效宣告程序中居中裁决者的地位完全不同。二是不适用处分原则。基于行政行为的公定力，行政主体不能在行政诉讼中主动撤销原先作出的行政行为，法院也不得对行政争议进行调解，只能依法作出判决。三是法院无权变更行政决定。在行政诉讼中，法院经审理认为行政行为违法，为尊重行政权的行使，只能撤销具体行政行为，责令行政主体重新作出行政决定，而不能直接变更行政决定。

上述差异体现出专利无效纠纷行政与诉讼程序存在内在结构性矛盾和冲突，也令人反思将专利无效诉讼归入行政诉讼是否合理。

二、争议解决周期冗长

从专利无效纠纷案件的审理的主体看，至少涉及无效审查行政机关和两级法院。同时，根据我国《行政诉讼法》及其司法解释的规定，在法院作出二审判决之后，当事人还可以申请再审。与普通民事案件二审终审加申请再审相比，专利无效纠纷案件的审级更多，程序也更加复杂冗长，大大延长了专利权利状态的确定时间，客观上增加了当事人和相关机关的纠纷解决成本。加之专利无效案件按照行政诉讼来审理，对无效审查机关的错误决定，法院无权直接变更，只能判决撤销或一并要求重新作出行政决定，导致纠纷循环往复，久拖不决。

此外，在专利侵权纠纷中，被控侵权人往往会向国务院专利行政部门提出无效宣告请求以对抗专利权人的侵权主张。如果涉案专利被宣告无效，那么专利权人的侵权主张就成为无源之水、无本之木，从而达到对侵权诉讼釜底抽薪的目的。即使涉案专利被宣告部分无效，或者在无效宣告程序中，权利人为了维持专利权的有效而被迫修改权利要求，缩小保护范围，这对于被控侵权人也是颇为有利的局面。因此很容易产生专利无效程序与侵权诉讼程序的交织和纠缠。为避免两者裁判的冲突，一旦被告或第三人在专利侵权诉讼中提出无效宣告请求，法院通常会中止侵权诉讼，等待专利无效宣告行政程序的处理结果；如果当事人对无效宣告请求审查决定提起行政诉讼，则须待专利无效诉讼判决作出后再继续对侵权案件的审理。这一处理方式在实践中导致专利侵权案件的审理周期拖沓冗长。以南京市中级人民法院知识产权庭审理的案件为例，2012 年有 13 起案件在审理过程中涉案专利被请求宣告无效，专利复审委员会最快作出决定的案件耗时一年半，最慢的直至 2015 年涉案专利效力才被确定下来。该庭 2012—2015 年审理的超长期案件中，有近一半的案件是因为在等待专利复审委员会的无效宣告请求审查决定。❶

为提高案件审判效率，最高人民法院早在 1993 年发布的《最高人民法院关于审理专利纠纷案件若干问题的解答》第 3 条中即专门就专利侵权诉讼中的中止诉讼问题作出规定：如果被告在答辩期间内对实用新型或外观设计专利向专利复审委员会提起无效宣告请求的，法院应当中止诉讼；对发明专利，即使被告在答辩期间提出无效宣告请求的，法院也可以不中止诉讼。最高人民法院 2001 年颁布的《最高人民法院关于审理专利纠纷案件适用法律若干问题的规定》作了更为灵活和细致的规定，其第 8—11 条进一步规定，如果是在答辩期间请求宣告实用新型、外观设计专利无效的，那么人民法院一般应当中止诉讼，但是具备下列情形之一的可以不中止诉讼：（1）原告出具的检索报告未发现导致实用新型专利丧失新颖性、创造性的技术文献的；（2）被告提供的证据足以证明其使用的技术已经公知的；（3）被告请求宣告该项专利权无效所提供的证据或者依据的理由明显不充分的；（4）人民法院认为不应当中止诉讼的其他情形。人民法院受理的侵犯实用新型、外观设计专利权纠纷案件中，被告在答辩期间届满后请求宣告该项专利权无效的，人民法院不应当中止诉讼，但经审查认为有必要中止诉讼的除外。经专利复审委员会审查维持专利权的侵犯实用新型、外观设计专利权纠纷案件，被告在答辩期间内请求宣告该项专利权无效的，人民法院可以不中止诉讼。

尽管如此，专利无效纠纷审理周期冗长的痼疾仍无明显改观。据统

---

❶ 姚志坚，柯胥宁. 专利效力认定二元分立构造的调整［J］. 人民司法，2017（4）：81－82.

计，对专利无效宣告请求的审查周期平均约为 200 天，而一审法院审查周期平均为 195 天，二审法院审查周期平均为 137 天，考虑到文书送达、起诉期、上诉期等其他程序性因素，一个专利无效纠纷案件走完完整的程序一般要耗费几年的时间。●

三、行政机关作为专利无效诉讼被告的角色错位

根据法律规定，国务院专利行政部门是专利无效诉讼的被告，但案件的审理结果与其并无实质上的利益关系，真正与案件审理结果有利益关系的另一方则沦为第三人。实践中，真正的利害关系人受限于第三人的身份，其诉讼权利的行使受到一定限制，这显然不利于充分维护自身在诉讼中的利益。值得一提的是，在 2000 年《专利法》第二次修改前，由于法律没有明确规定，因此在专利无效诉讼审判实践中，法院也往往不将无效宣告程序的对方当事人列为第三人参加诉讼，从而使得利害关系人无法出庭陈述，对当事人利益的维护更为不利。直到 2000 年《专利法》第二次修改时才规定：当事人对专利复审委员会的决定不服向法院起诉的，法院应当通知无效宣告请求程序的对方当事人作为第三人参加诉讼。

国务院专利行政部门本已有包括专利复审和无效宣告审查在内的很多繁重行政工作，在其作出无效宣告请求审查决定后还可能成为行政诉讼中的被告出庭应诉，这就使本来可以全部应用在专利审查中的资源浪费在专利无效行政诉讼中。专利无效纠纷案件中所涉专利权与行政机关本无直接利益关系，但是行政机关在专利无效诉讼中必须举证证明其作出专利权有效或者无效决定的合法性，这在事实上起了为一方当事人辩护的作用，显然与其之前在专利无效宣告程序中的中立地位相悖。此外，行政机关依据职权对专利无效宣告请求进行审查，作出专利权有效或者无效的决定后，被当事人诉至法院，一旦败诉，根据《行政诉讼法》的规定，还要承担相应的诉讼费用。可见，以行政机关为专利无效诉讼被告的做法，其合理性值得深入思考。

● 罗东川. 《专利法》第三次修改未能解决的专利无效程序简化问题 [J]. 电子知识产权，2009 (5)：17；陈锦川. 从司法角度看专利法实施中存在的若干问题 [J]. 知识产权，2015 (4)：14–15.

四、引发循环诉讼

在专利无效行政诉讼中，由于法院没有对无效宣告请求审查决定的变更权，即使认为行政机关的无效宣告请求审查决定是错误的，也不能直接判决认定专利有效或者无效，而只能撤销原无效宣告请求审查决定。如果法院作出的撤销无效宣告请求审查决定的判决生效后，被控侵权人又以新的事实或理由向国务院专利行政部门提出无效宣告请求，该部门又以该新的事实或理由再次作出决定时，专利权人或无效宣告请求人可以再次就该决定起诉到法院。这样就会形成无效宣告、行政诉讼一审、行政诉讼二审的循环。

实践中已经发生了不少"循环诉讼"的案例，例如历时 9 年之久的安增基诉专利复审委员会专利无效行政纠纷案，新利达电池实业有限公司诉专利复审委员会专利无效行政纠纷案，历时 5 年的江门健威家具装饰有限公司诉专利复审委员会专利无效行政纠纷案，都经历了漫长的专利确权程序才予以结案。其中，新利达电池实业有限公司诉专利复审委员会专利无效行政纠纷案，从 2004 年 5 月至 2010 年 12 月，针对同一个专利权，专利复审委员会和相关法院一共作出 8 次行政决定和司法判决，包括专利复审委员会 3 次、北京市第一中级人民法院 3 次、北京市高级人民法院 2 次。❶

漫长的"循环诉讼"使得双方当事人的权利义务长期处于不确定的状态。一方面，对于专利权人而言，拥有的专利权不能得到有效保护，损害了专利权人应得的利益，即使最后专利权被认定有效，也因为侵权诉讼持续时间太长，等到胜诉之时，专利权的有效期可能也所剩无几了。这种状况显然不利于社会的进步和科技的创新，也违背了专利制度设立的初衷。另一方面，对于被控侵权人而言，即使专利权最后被宣告无效，认定其没有侵犯专利权，但由于争议解决的时间漫长，被控侵权人原本合法的经营行为由于长期处于诉讼状态而大受影响，甚至可能无法继续正常经营，导致市场竞争的正常秩序受到破坏。

---

❶　国家知识产权局专利复审委员会第 6121 号、第 9684 号、第 13560 号无效宣告请求审查决定书，北京市高级人民法院（2005）高行终字第 120 号行政判决书、（2008）高行终字第 78 号行政判决书。

为了遏制循环诉讼问题，减轻当事人讼累，司法机关在专利纠纷案件审理实践中进行了直接宣告专利权无效的探索性尝试。在 2012 年"防电磁污染服"案中，最高人民法院认为："根据涉案专利说明书以及柏万清提供的有关证据，本领域技术人员难以确定权利要求 1 中技术特征'导磁率高'的具体范围或者具体含义，不能准确确定权利要求 1 的保护范围，无法将被诉侵权产品与之进行有意义的侵权对比。"❶ 这一表述虽然没有直接宣告涉案专利权无效，但最高人民法院实际上对涉案专利权的有效性进行了审查，只是在陈述理由时通过"保护范围过于宽泛"这一表述回避了对专利权效力问题的直接表态。最高人民法院在其 2012 年知识产权案件年度报告中针对该案指出：法院要对专利侵权与否进行认定，首先要将案件所涉及的专利说明书与现有技术以及该领域公知常识相结合，准确界定涉案专利权利要求保护范围；若无法准确界定，则不能认定被告侵权。这实质上就是对涉案专利效力进行审查，只是所得无效结论只能以"不构成侵权"的方式委婉表述而已。此做法虽然可以缩短诉讼进程、提高审判效率效果，但这种迂回曲折的方式在适用上显然有很大的局限，而且也如批评者所言——"保护范围过于宽泛"与"不构成侵权"是否存在因果关系存在疑问，最终会动摇专利侵权构成要件的稳定性。❷

北京市高级人民法院则做了直接宣告专利权无效的尝试。在"梳妆台"外观设计专利纠纷案中，1999 年 7 月 29 日，深圳大豪兴利家具实业有限公司申请名称为"梳妆台"的外观设计专利（成套），并于 2000 年 7 月 5 日被公告授权。针对该专利权，温州市宏福家具制造有限公司于 2001 年 8 月 17 日向专利复审委员会提出无效宣告请求，其理由是：该专利产品在申请日之前，已于 1999 年 5 月 10 日公开销售，因而丧失新颖性，不符合授权条件。专利复审委员会于 2002 年 3 月 22 日作出第 4318 号无效宣告请求审查决定，维持 99312772. X 号"梳妆台"外观设计专利权有效。温州市宏福家具制造有限公司不服专利复审委员会的决定，向北京市第一中级人民法院提起行政诉讼。北京市第一中级人民法院经审理后认定：根据温州市宏福家具制造有限公司提交的证据，其关于涉案专利产品已于其申

❶ 最高人民法院（2012）民申字第 1544 号民事裁定书。

❷ 唐仪萱，聂亚平. 专利无效宣告请求中止侵权诉讼的问题与对策：基于 2946 份民事裁判文书的实证分析 [J]. 四川师范大学学报（社会科学版），2018（2）：51.

请日前公开销售、涉案专利丧失新颖性的主张能够成立，专利复审委员会作出的无效宣告请求审查决定主要证据不足，应予撤销。一审法院判令专利复审委员会重新作出无效宣告请求审查决定。深圳大豪兴利家具实业有限公司不服一审判决，向北京市高级人民法院提出上诉。二审法院认为：一审判决认定事实清楚、程序合法，但是，在根据现有证据认定涉案外观设计专利已丧失新颖性的前提下，判令专利复审委员会重新作出无效宣告请求审查决定，程序上已无必要。于是，二审法院直接作出判决：专利权人为深圳大豪兴利家具实业有限公司、名称为"梳妆台"的第99312772. X号外观设计专利权无效。❶

然而，法院直接宣告专利权无效的合法性在"清洁器吸棉管废棉截留装置"实用新型专利纠纷案中被最高人民法院否定。在该案中，申请人王某某于1998年11月9日提出"清洁器吸棉管废棉截留装置"实用新型专利申请；1999年10月13日该专利申请获得授权，取得专利号为98248629. 4的实用新型专利权。爱吉科公司以该专利权的授予不符合"新颖性"为由，于2001年4月4日向专利复审委员会提出无效宣告请求。专利复审委员会于2003年3月26日作出第4988号无效宣告请求审查决定，宣告该实用新型专利权的权利要求1—9无效，维持权利要求10有效。爱吉科公司不服专利复审委员会的审查决定，在法定期限内向北京市第一中级人民法院提起诉讼。北京市第一中级人民法院经审理认为：专利复审委员会作出的第4988号无效宣告请求审查决定证据充分，适用法律正确，程序合法，应予维持；爱吉科公司的起诉理由均不能成立，对其诉讼请求不予支持。爱吉科公司不服一审判决，在法定期限内向北京市高级人民法院提出上诉。北京市高级人民法院经审理认为：一审判决和专利复审委员会作出的第4988号无效宣告请求审查决定，认定事实有误，应予以撤销，并同时判决专利号为98248629. 4的"清洁器吸棉管废棉截留装置"实用新型专利权无效。专利复审委员会不服二审判决，向最高人民法院提出再审申请，并称二审判决认定事实和适用法律均有错误，请求依法撤销该案二审判决，维持一审判决。最高人民法院经审理认为：根据《专利法》第46条的规定，人

---

❶ 耿博. 争议之判：法院直接宣告专利权无效案：接受司法审查后的行政权能否被司法权所取代［J］. 知识产权，2005（6）：46–47.

民法院对当事人不服专利复审委员会无效宣告请求审查决定提起诉讼的案件作为行政案件受理并依据行政诉讼程序进行审理；根据《行政诉讼法》的规定，即使专利复审委员会的决定错误，法院也不能直接予以变更，只能判决撤销或者一并要求重作决定；在判决主文中直接对涉案专利权的效力作出宣告判决，超出了行政诉讼法及其司法解释有关裁判方式的规定，缺乏充分的法律依据。❶

2008年《专利法》第三次修改时增加了现有技术抗辩制度，这一制度在一定程度上赋予了法院判断专利权效力的权力。现有技术抗辩为不侵权抗辩。根据现有技术抗辩制度，在侵权诉讼中，被控侵权人可直接向法院主张被控侵权技术属于现有技术并提供相应证据加以证明；法院可基于被控侵权技术属于现有技术，直接认定被控侵权人的行为不构成侵权。从现有技术抗辩适用上看，存在明显的扩张趋势，从而使得在专利侵权司法判断中更易得出非侵权结论。第一，在比较对象上，法院往往以属于专利权利要求范围内的被控侵权产品的技术特征与一份现有技术进行对比，相比于依据《专利法》第62条的对比，即以被控侵权产品的所有技术特征与一份现有技术进行对比，这种对比方式使得现有技术抗辩更加易于成立。第二，在现有技术范围上，存在使用多份现有技术的组合以及一份现有技术与技术常识的组合来论证现有技术抗辩成立的实践，这样可能导致法院介入创造性的判断。第三，在比较标准上，由于被控侵权产品与现有技术在对比上采用"近似""等同""明显无创造性"等标准，扩大了现有技术抗辩的适用。上述做法使得法官可以通过现有技术抗辩的运用将明显无效的专利权排斥在司法保护之外，但其在实践中矛盾重重，在学说上更是众说纷纭、莫衷一是。❷ 而且，现有技术抗辩制度的引入仅是有助于法院加快专利侵权诉讼的审理进程，无法从根本上解决专利无效诉讼的循环诉讼问题。

---

❶ 卢海霞，王新光. 论专利无效司法审查的原则和范围 [J]. 北京工商大学学报（社会科学版），2012（4）：100–101.

❷ 张鹏. 我国专利无效判断上"双轨制构造"的弊端及其克服：以专利侵权诉讼中无效抗辩制度的继承为中心 [J]. 政治与法律，2014（12）：129.

第三节 域外专利确权纠纷的行政与司法协调模式

一、美 国

美国自专利制度建立以来,法院一直在判断专利有效性方面处于主导地位。美国专利法第 282 条明确规定:"在专利侵权诉讼或专利权无效诉讼中,任何一方都可以提出专利权无效,理由可以是专利权不符合专利法中对专利性要求的任何一款。法院可以应诉讼一方的要求审理专利权无效请求。"

与此形成对比的是,美国专利商标局虽然负责专利的审查授权,但对授权专利的有效性争议长期无权过问。直到 1980 年美国专利法修改,设立了"单方复审"行政程序,美国专利商标局才开始享有对专利有效性的行政决定权。根据单方复审程序的规定,任何人(包括专利权人、美国专利商标局局长)均可以引证公开出版物,并以书面方式向美国专利商标局提出单方复审请求。请求人可以匿名提出请求。单方复审请求立案之后,请求人不再有机会参与到审查程序之中,由美国专利商标局根据申请人提交的证据材料进行审查并作出决定。对于美国专利商标局作出的单方复审审查决定,仅有专利权人可以上诉到美国专利商标局内设的专利上诉及抵触委员会(Board of Patent Appeal and Interference,BPAI)。对专利上诉及抵触委员会裁决不服的,专利权人可起诉至美国联邦巡回上诉法院。单方复审程序至今仍在运行,平均每年受理案件约 370 件,平均审理周期为 25.7 个月。❶

之后,美国专利法在 1999 年的修改中,又引入了"双方复审"行政程序。该程序旨在提高双方当事人的参与程度和程序的对抗性,与单方复审程序相比,最明显的区别是请求人可以在每一次专利权人作出答辩时发

---

❶ Ex Parte Reexamination Filing Data:September 30, 2020 [EB/OL]. [2023 - 06 - 25]. https://www.uspto.gov/sites/default/files/documents/ex_parte_historical_stats_roll_up_21Q1.pdf.

表意见，并且请求人也拥有向专利上诉及抵触委员会上诉的权利。2002年，美国专利商标局对双方复审程序进行改革，明确了请求人对专利上诉及抵触委员会的裁决也有权上诉到CAFC，并且请求人和被请求人双方均可以加入对方与美国专利商标局的司法诉讼之中。不过，从实际运行看，"双方复审"程序的效果不尽如人意。有关数据显示，在双方复审程序运行的近13年的时间里（1999年11月29日至2012年9月16日），一共仅受理案件1919件，平均每年不足150件，平均审理周期为44.2个月。❶

　　2011年，美国国会通过美国发明法案，对美国专利制度作出了重要改革，其中在专利确权行政程序方面引入了"补充审查"（supplemental examination）程序和"授权后复审"程序，同时将原有的双方再审程序修改为"双方复审"程序，并于2012年9月16日起开始实施。"补充审查"程序赋予专利权人主动请求补充审查的权利，避免审查阶段未及核查的资料导致专利权日后无法行使的事态发生。该程序规定：专利权人在补充审查程序中提交的资料不得作为禁止权利行使的理由而使用；自补充审查程序请求之日起3个月内，美国专利商标局局长应就该资料是否与专利授权要件实质相关给予证明书，如果认为与专利授权要件实质相关，应命令进入再审查程序对该专利授权重新进行审查。❷双方复审程序具有以下特点：第一，提起程序的标准是具有合理的成功可能性。第二，所有的专利都可以纳入双方复审的范围，由第三方对其有效性提出挑战。第三，"双方复审"的请求从专利授权9个月后才能提出。被控侵权人应当在受到侵权警告的12个月之内提起双方复审程序。同时，如果申请人已在法院提起了宣告专利权无效的程序，则不得再提起双方复审程序。第四，双方复审案件由合议庭审理，自申请提起之日起12个月内结案，特殊情况下可以延长6个月。对于合议庭作出的决定，当事人如果不服，可以向美国联邦巡回上诉法院提起上诉。"双方复审"请求的理由限于新颖性和非显而易见性。根据"授权后复审"程序的要求，专利授权或者重新授权后的12个月之内，任何人都可以提起授权后的审查程序，质疑相关专利权的有效性。利害关系人如果已经向法院提起了专利权无效诉讼，则不得提起"授权后复审"

---

　　❶ Inter Partes Reexamination Filing Data：September 30，2017［EB/OL］. ［2023 - 06 - 25］. https：//www.uspto.gov/sites/default/files/documents/inter_parte_historical_stats_roll_up.pdf.

　　❷ 35 U. S. C. § 257（a）（b）（c）。

程序。以任何影响可专利性的理由都可以提起"授权后复审",诸如新颖性、非显而易见性、说明书公开不充分等。

与此同时,根据美国发明法案,在美国专利商标局内设立的原机构改称为"专利审判与上诉委员会",由该委员会负责"双方复审"和"授权后复审"等专利确权行政程序。

美国发明法案带来的变革重塑了美国专利商标局的行政确权程序,激发了行政程序的活力,使专利确权行政程序的重要性迅速提升,受到业界的欢迎,并获得美国联邦司法系统的信任——这从 2016 年的 Cuozzo 案即可见一斑。● 专利权人 Cuozzo 公司于 2004 年取得 No. 6,778,074 美国专利权。针对该专利权,无效请求人 Garmin 公司于 2012 年 9 月向美国专利商标局专利审判与上诉委员会提起"双方复审"程序。该案的一个主要争议焦点是:美国专利商标局是否可以在专利行政确权程序中采用不同于美国联邦地区法院司法程序的权利要求解释规则?对此,Cuozzo 公司主张:"双方复审"程序应被视为一种司法替代程序,因此其理应适用司法程序中的权利要求解释规则。美国专利商标局则明确表示:权利要求解释规则的实施具有权威性,其是否应当改动,应由美国国会作出决定而非由联邦法院。美国专利商标局专利审判与上诉委员会由国会立法而成立,其所适用的标准也应由立法机关确认或改动。美国联邦巡回上诉法院(CAFC)维持了美国专利商标局专利审判与上诉委员会的决定。Cuozzo 公司不服 CAFC 判决,向美国联邦最高法院申请调卷令(writ of certiorari)审理此案。美国联邦最高法院接受申请审理了该案,并在判决中以 8:0 的一致意见支持了美国专利商标局专利审判与上诉委员会的做法。判决指出:"双方复审不像是一种司法程序,而更像是一种专门化的行政程序。设立双方复审的目的不仅是要解决当事人之间与专利相关的争议,也要保护重要的公众利益:专利权的垄断应当限制在合法范围内。""对于权利要求的解释,专利制度一直以来就在美国专利商标局再审查程序和司法裁判程序中存在不同的方式。"该案所涉及的权利要求解释规则之争,其深层次原因是对美国发明法案下美国专利商标局行政确权程序的属性认识之争,即美

● *Cuozzo Speed Technologies, LLC v. Lee*(No. 15 – 446).

国专利商标局的确权程序是否属于类似于美国联邦地区法院的司法程序。❶对此，美国联邦最高法院明确认为美国专利商标局的程序并不是司法程序的替代品，而是具备独立的、特定公益属性的行政程序。

值得一提的是，在 Cuozzo 案判决作出后，2018 年 11 月，美国专利商标局将其长期使用的权利要求解释规则主动修改为 CAFC 使用的解释规则，❷其目的在于"增进与联邦地区法院间的协调和一致，以实现专利体系内更高的确定性和可预见性"。❸这一做法显示出美国专利商标局努力与美国联邦法院在专利有效性判断标准上协调的态度，以提高法律适用的一致性和可预见性，更好地维护当事人合法利益。美国专利商标局的上述调整并不违背 Cuozzo 案的判决，因为这正是美国联邦最高法院在 Cuozzo 案中所认可的美国专利商标局选择规则的权力。

根据美国专利法的规定，对于美国专利商标局专利审判与上诉委员会作出的专利确权行政决定，由原行政程序的双方当事人参加诉讼进行对抗。❹但其同时也规定：针对美国专利商标局专利审判与上诉委员会作出的"双方复审"和"授权后复审"的审查决定所提起的上诉，美国专利商标局局长有权介入（shall have the right to intervene）该诉讼之中。美国联邦巡回上诉法院（CAFC）应在审理上诉案件前，将审理的地点、时间通知美国专利商标局局长与各方当事人。❺不过，需要指出的是，美国专利商标局局长并非以诉讼当事人的身份介入，其诉讼地位类似于证人，并且对于是否介入案件审理享有选择权。

在美国联邦巡回上诉法院作出判决后，如果当事人不服，则只能向美国联邦最高法院申请调卷令，由美国联邦最高法院的大法官们通过不公开投票来决定是否审理该案（9 票中须 4 票通过方可受理）。因此，美国绝大

---

❶ 刘洋，刘铭. 判例视野下美国专利确权程序的性质研究：兼议我国专利无效程序的改革 [J]. 知识产权，2019（5）：97.

❷ USPTO. Changes to the Claim Construction Standard for Interpreting Claims in Trail Proceedings Before the Patent Trail and Appeal Board [EB/OL]. [2023 – 07 – 10]. https：//www. govinfo. gov/content/pkg/FR – 2018 – 10 – 11/pdf/2018 – 22006. pdf.

❸ USPTO. PTAB Issues Claim Construction Final Rule [EB/OL]. [2023 – 07 – 10]. https：//www. uspto. gov/patents – application – process/patent – trial – and – appeal – board/procedures/ptab – issues – claim – construction.

❹ 35 U. S. C. § 319。

❺ 35 U. S. C. § 143。

多数的专利确权纠纷案件在美国联邦巡回上诉法院审理终结，是事实上的"一审终审"。

总体而言，美国专利确权行政程序与无效诉讼程序的衔接主要体现在以下三个方面。

第一，争点效力。美国法院的判决具有第三方效力，也称为争点效力，指在法院在专利侵权诉讼中对专利有效性作出判断后，该判决对专利效力的判断在其他案件中也产生法律效力。从美国民事诉讼法的角度来说，该判决具有既判力（claim preclusion）。在其他案件中，如果当事人就同一诉讼标的作为诉讼请求，就会产生"争点效力"。❶ 其他诉讼当事人可以在今后的案件中援引该案的判决。这样可以有效防止重复诉讼，避免司法资源的浪费。

第二，防止程序重复利用。为了防止专利授权后的重复审理，美国发明法案规定：在双方复审程序中，复审的请求从专利授权9个月后才能提出。因为根据美国法律的规定，启动侵权诉讼程序需要先向被告提出警告，在警告函发出6个月后才能提起诉讼，规定9个月的限制期可以防止在此期间内当事人重复利用行政复议和诉讼程序。

第三，明确双方再审、授权后再审程序与诉讼程序的关系。美国发明法案增加了双方复审、授权后复审程序与诉讼程序之间关系的规定，即双方复审、授权后复审程序提出之前，请求人已经就专利有效性提起诉讼的，不能再利用双方复审、授权后复审程序。❷ 如果请求人先提出双方复审、授权后复审程序然后又提出诉讼的，诉讼自动停止。双方复审、授权后复审程序对专利权效力作出决定以后，适用"禁反言"原则，当事人不能再对专利有效性提出诉讼，以避免复审程序与判决之间可能产生冲突的问题。❸

二、日 本

日本长期采用专利权效力判定的行政一元制模式，即专利的有效性问

---

❶ 纪格非. "争点"法律效力的西方样本与中国路径 [J]. 中国法学, 2013 (3): 109.

❷ 35 U. S. C. § 325(a)(1)。

❸ 35 U. S. C. § 324(a)(b)。

题由日本特许厅审决，法院无权对专利有效性作出判定。不过，在 2000 年的"Kilby"案的判决中，日本最高法院作出了突破，肯定了法院对专利有效性进行判定的权力。2004 年日本增订其专利法第 104 条之 3："在侵犯专利权或专用实施权诉讼中，如果该专利属于理应被专利无效审判宣告无效，或该专利权的存续期间延长登记属于理应被延长登记无效审判宣告无效，不得向对方当事人行使其权利。""根据前款的规定所提出的攻击或防御方法，如果是出于使审理被不当地延缓之目的而提出，则法院得依申请或依职权作出驳回决定。"由此创设了专利权效力判定行政与司法的二元制。该规定与"Kilby"案裁判要旨最显著的区别在于未采纳"Kilby"案判决所提出的将法院认定专利权无效的情形限制在专利权明显无效的情形的裁定。新增订的日本专利法未附加"明显性"要件的限制，赋予了法院在专利无效判定上更大的灵活性。

为尽量减少法院与日本特许厅在判定专利无效时出现结果不一致的情形，日本专利法新增第 168 条第 5 款、第 6 款，建立法院与日本特许厅之间的信息联络沟通机制，尽可能使日本特许厅与法院的判定结果能够协调一致，进而提高法院对专利有效性问题的判断水平。根据日本专利法第 168 条第 05 款规定，当法院收到日本特许厅通知的有关专利无效审理请求后，在该诉讼中，记载有依据第 104 条之 3 第 1 款规定的攻击或者抗辩方法的书面文件在该通知前提出或者在该通知后第一次提出的，法院应将该情况通知日本特许厅长官；第 168 条第 6 款规定，日本特许厅长官接到法院通知后，可以要求法院提供在该诉讼的诉讼记录中审判员认为审判所需要的书面文件复印本。

2005 年日本成立知识产权高等法院，隶属东京高等法院。相较于普通高等法院的支部，日本知识产权高等法院具有更高的独立性。知识产权高等法院下设事务部门和裁判部门，管辖范围主要有：（1）全国所有的技术型知识产权民事案件的二审；（2）东京高等法院管辖内非技术型知识产权民事案件的二审；（3）针对日本特许厅的审决提起的审决取消诉讼案件的一审。由此可见，日本知识产权高等法院被定位为"上诉法院"；日本特许厅的审理程序被认定为准司法程序，虽然其作出的决定带有行政处分的性质，但是对于其审决不服的，不需要经过地方法院，而是由东京高等法院专属管辖。因此，作为东京高等法院特别支部的知识产权高等法院实现了专利确权与侵权案件上诉管辖权的统一。

2004 年日本专利法修改的目的是提高诉讼效率，化解程序冗长问题，使得在专利侵权诉讼中能够快速解决专利有效性之争议。从这个意义上讲，对于专利侵权诉讼中所确定的专利无效事由，如果允许再审，那么不但会使专利侵权诉讼判决处于不稳定状态，而且被控侵权人必然会在专利侵权诉讼过程中同时启动无效行政审查程序。这必然与 2004 年修订专利法所追求诉讼经济与效率的宗旨相悖。为此，日本于 2011 年再次修法，增订了其专利法第 104 条第 4 款，明确法院的专利民事侵权判决生效后，日本特许厅确定的无效审决或订正审决均不得作为专利侵权诉讼再审之理由，不能产生返还损害赔偿的效力。对日本特许厅无效决定的溯及力进行限制的理由是：无效程序是任何人任何时间都能够提起的救济程序，如果允许再审，一方面会导致权利人一方即使在诉讼中获胜，权利也处于极其不稳定的状态。而另一方面，对于被告来说，有可能会找出不同的理由反复利用无效程序。这一规定出台后，由于专利侵权诉讼的判决确定以后，对于诉讼当事人来说，再提起日本特许厅的专利无效宣告程序就没有什么意义了，因此日本特许厅受理的专利无效案件数量急剧减少。❶

2015 年日本再次修订专利法，设置了新的专利权异议申请制度。相对于专利无效程序，日本此次修法设置的新的异议制度更为简便快捷。依据新的异议申请制度，对于日本特许厅审判部的审查结果，如果是撤销专利权，专利权人可以向知识产权高等法院提起行政诉讼；如果是维持专利权或异议申请被驳回，异议申请人只能接受，没有申请复审和提起诉讼的权利。❷

三、德　　国

与我国不同，德国专利确权程序除了专利无效程序外，还包括异议（einspruch）和申诉程序（beschwerdeverfahren）。根据德国专利法第 59 条第 1 款的规定，任何人在专利授权公布后 9 个月内均可针对该专利提起异

---

❶ 范晓宇. 宣告专利权无效决定的本质及其效力限定：兼评我国专利复审制度的改革［J］. 中外法学，2016（3）：696.

❷ 管育鹰. 专利授权确权程序优化问题探讨［J］. 知识产权，2017（11）：22.

议。异议程序一般由德国专利商标局的专利部进行审理，特定情况下德国联邦专利法院的申诉庭对异议程序也享有管辖权。❶ 针对德国专利商标局审查部或者专利部的裁定，可以提起申诉程序，❷ 由德国联邦专利法院管辖，具体由其申诉庭审理。据此，异议程序和申诉程序虽然在一般情况下分属德国专利商标局和德国联邦专利法院管辖，但二者之间没有排斥关系，针对德国专利商标局的任何裁定，当事人在理论上都可以越过异议程序，直接进入德国联邦专利法院的申诉程序。从法律定性上看，申诉程序本质上是行政诉讼，即被视为"按照行政法院撤销之诉的形式的法律救济"，但受理机关并不是德国相应的行政法院，而是归属于德国普通法院体系的德国联邦专利法院，且也不适用德国行政诉讼法，而是适用民事诉讼法。❸

根据德国专利法第 65 条第 1 款、第 66 条第 1 款第 2 项和第 81 条第 1 款的规定，德国联邦专利法院还有权审理对已经生效的专利提起的无效宣告诉讼，具体由其无效庭（Nichtigkeitssenate）进行审理。因任何人都可以提起无效程序，故其也被称为公众之诉，其本质是维护不应因不正当授予的专利而受到损害的公共利益。

申诉程序和无效程序统归德国联邦专利法院管辖。对于申诉程序，德国法理论上认为，德国专利商标局在专利授权或专利异议程序中所作出的决定虽然性质上属于行政行为，但是其决定的直接效力在本质上是私法性质。而且德国联邦专利法院的审判活动主要在私法领域产生效果，由此应将裁决的上诉审或者说法律抗告的审理交由德国联邦普通法院而非德国联邦行政法院负责。对于无效程序，德国法一般认为其属于民事诉讼程序。无效程序针对的是在登记簿中作为专利持有人的登记人，是对专利持有人通过专利授权而获得排他性权利进行质疑的司法程序，本质上并非行政诉讼而是民事诉讼。❹

从历史上看，早在 1892 年德国专利法中就首次规定了专利无效请求应

---

❶ 德国专利法第 61 条第 2 款。
❷ 德国专利法第 65 条第 1 款、第 66 条第 1 款第 1 项和第 73 条第 1 款。
❸ 于馨淼. 德国专利确权制度体系化研究 [J]. 德国研究, 2021 (4)：88 – 89.
❹ 于馨淼. 德国专利确权制度体系化研究 [J]. 德国研究, 2021 (4)：100.

在专利授权登记之日其 5 年内向专利局提出，❶ 从而确定了专利侵权诉讼和无效程序职权分离的二元制。至 1941 年，德国又废除了无效请求的 5 年除斥期间限制，允许在专利权存续期间以及专利权终止后的任意时间均可向专利局提出无效请求。德国专利商标局内设有无效委员会和上诉委员会，分别负责受理有关专利商标的无效决定和驳回、撤销等其他行政决定的复审。由于某些专利纠纷上诉不被受理，德国联邦行政法院曾认定德国专利商标局上诉委员会所作出的决定属于行政机构的决定，行政法院可撤销其决定。但是由于专利无效诉讼的终审法院是联邦最高行政法院，而负责专利侵权诉讼的终审法院是联邦最高普通法院，两个程序的分离造成了法律见解的不一致，也客观上增加了专利纠纷案件的审理时间和复杂程度。

1961 年，这一状况发生了改变：德国根据其专利法创建了德国联邦专利法院，取消了德国专利商标局的专利无效宣告职能。德国联邦专利法院由 3 名司法法官和 2 名技术法官组成合议庭，负责对无效案件以及其他知识产权行政上诉案件进行审理。由司法法官和技术法官共同审理专利无效案件，有利于解决专利权无效案件的法律问题和技术问题。德国联邦专利法院设在德国专利商标局所在地慕尼黑，可以充分利用后者的人员、资料和设备资源。德国专利法第 65 条规定，德国联邦专利法院是独立自治的联邦法院，受理不服德国专利商标局审查部和专利部决定的诉讼请求以及专利无效、强制许可诉讼请求，享有对专利无效案件的唯一司法管辖权。至此，专利无效程序由德国联邦专利法院负责，上诉的终审法院为德国联邦最高法院；专利侵权诉讼在普通法院体系内，上诉的终审法院亦为德国联邦最高法院。从这点上看，德国联邦专利法院在德国法院体系上可归属于普通法院体系，是州高等法院一级的专业法院。

为提高德国联邦专利法院对无效案件的审理效率，对其审理无效程序的时间比照其他普通法院审理专利侵权案件的时间进行压缩，从而使专利侵权案件的审理不再因等待无效程序的结果而被迟延，2021 年修改的德国专利法对专利法院审理专利无效程序的相关期限作了如下规定：在决定是否开庭审理之前或者庭审准备阶段，联邦专利法院在收到起诉书后，"不

---

❶ 1892 年德国专利法第 28 条。

迟延地"将起诉书送达给被告，并要求后者在 1 个月之内作出答辩；如果被告没有在此期间答辩，那么联邦专利法院可以不经开庭（即不经过口头审理）就作出判决，认可原告所主张的任何事实；如果被告对起诉书提出异议，那么法院将异议通知原告，而此时再为被告增加 1 个月的时间对异议说明理由，并且被告可以在此基础上基于可信的重大理由再申请延长 1 个月用于准备异议的具体论证。❶ 即通常情况下，被告有 2 个月的时间，而特殊情况下有 3 个月的时间准备异议的答辩。此后，德国联邦专利法院通常情况下有 4 个月的时间，在特殊情况下有 3 个月的时间准备"特别提示"；❷ "特别提示"制作完成后，德国联邦专利法院除了将其发送给当事人以外，还应依职权发送给审理专利侵权纠纷的普通法院。这样，自德国联邦专利法院收到原告有关专利无效的起诉书之日起 6 个月内，审理专利侵权诉讼等专利争议案件的普通法院可以收到德国联邦专利法院有关专利效力的初步意见或者说特别提示，因而可以对无效程序的结果作出快速判断。

四、法　　国

法国不存在类似德国联邦专利法院的专门法院，也不存在与我国专利复审委员会类似的专利权审查行政机构。法国的专利无效诉讼完全属于民事诉讼，由享有管辖权的基层法院、上诉法院负责审理。法院依据民事诉讼程序对专利无效案件进行审理，法院经审理认为无效请求人的请求理由充分的，可以宣告专利权无效。无效请求人的请求不能成立的，驳回其请求。法院的决定具有绝对效力。已生效的宣告专利权无效的判决应通知法国工业产权局局长，并在全国专利注册簿上登记。❸

在司法管辖上，专利纠纷案件由特定法院专属管辖，这与普通民事纠

---

❶　德国专利法第 82 条、第 83 条。

❷　2009 年德国专利法修改后，其第 83 条第 1 款增加了德国联邦专利法院给予诉讼当事人"特别提示"的内容，即德国联邦专利法院应尽早给诉讼当事人指明那些对裁定可能具有特殊意义或对审理案件所聚焦的重要问题有用的要点。"特别提示"表明德国联邦专利法院对案件事实和法律情况的初步判断，诉讼当事人可以此为依据进行进一步的说明。

❸　张献勇，闫文峰. 专利复审委员会的诉讼地位：复审委是否该站在专利无效诉讼被告席上？[J]. 知识产权，2005（5）：51.

纷案件的管辖原则截然不同。2009 年之前，法国专利确权和侵权案件的一审由位于巴黎、马赛等七个地区的大审法院管辖，二审由相应的上诉法院管辖。2009 年新的法规生效之后，改由巴黎的民事一审法院和上诉法院统一管辖。

在法国，专利纠纷案件的管辖权由"审判前提原则"决定。凡涉及行政行为合法性判断的民事诉讼与行政诉讼交叉的案件，行政行为的合法性判断均必须作为民事诉讼的前提问题由行政法院先行裁决。审判前提问题的法律结果是受诉法院必须停止诉讼的进行，由利害关系人就前提问题向有管辖权的法院起诉。原受诉法院根据其他法院对前提问题的判决作出案件本身的判决。❶

从法国 200 多年的专利制度发展史来看，其专利确权制度呈现出自身独特的特点：一是专利司法确权制度的特殊性和唯一性。法院作为专利确权的主管机关，200 多年来基本不变，这在世界上是非常少见的。在法院内部审判组织上，没有设立专门的知识产权庭，而是由民事法庭来审理，这在各国法院体系中也是比较少见的。二是法院关于专利无效的判决具有对世效力。这与日本、我国台湾地区的司法确权判决仅在个案中发生法律效力的做法不同。三是实行专利侵权和确权集中管辖的制度。这有利于提高审理效率，也符合专利确权制度的国际发展趋势。

从上述各国专利确权与侵权纠纷协调机制的发展和变革可以看出，在专利纠纷案件居高不下的情况下，美国和日本曾经作为司法确权和行政确权的典型代表，开始努力整合行政和司法资源，探索行政与司法协同解决专利纠纷的机制，向司法和行政解决途径两者并重的方向发展，以求提高专利纠纷的解决效率，降低专利纠纷的解决成本。德国和法国则将改革重点放在专利纠纷的集中管辖和统一审理上，通过特定法院的专属管辖和加强不同法院间的沟通联络，以实现裁判标准的统一和协调，在维护司法权威的同时实现公正合理地解决专利纠纷。

---

❶ 张红. 专利权无效行政诉讼中行政、民事关系的交叉与处理 [J]. 法商研究, 2008 (6): 24.

第四节　专利确权纠纷行政与司法协调机制的重构

一、专利无效诉讼性质的重新定位

如前所述，目前我国法律将专利无效诉讼定性为行政诉讼。然而，这一定性是否妥当值得商榷。

第一，在专利授权复审程序中，国务院专利行政部门作为作出驳回专利申请行政决定的复议机关，需要对行政决定的合法性进行审查。因此将对国务院专利行政部门复审决定提起的诉讼定位为行政诉讼无可厚非。与此不同，在专利无效宣告程序中，申请人可以是任何人，被申请人是专利权人，国务院专利行政部门是居中裁判者。而在随后的专利无效诉讼中，由于定性为行政诉讼，使得本无利害关系的国务院专利行政部门成为诉讼被告，与案件有直接利害关系的请求人或专利权人则成为案件的第三人，其颇不合情理。在实践当中，国务院专利行政部门作为行政诉讼被告出席法院审理程序，在很多时候只是充当了第三人的辩护人角色。

第二，在具体诉讼规则方面，民事诉讼和行政诉讼也有明显差异，直接影响诉讼结果。其差异主要体现在以下方面：一是审理范围不同。民事诉讼程序遵循"不告不理"的原则，审理范围限于原告的诉讼请求，对超出请求范围的事项无权审理。而行政诉讼程序则遵循全面审理原则，要对具体行政行为进行全面审查，并不局限于请求的范围。二是证据规则不同。在对待新证据上，在行政诉讼程序中，合议庭一般不采纳被告行政机关提出的新证据。而在民事诉讼程序中，合议组采用新证据的自由裁量权要更大。三是可否调解不同。在民事诉讼程序中，由于涉及的是当事人可以自由处分的权益，法庭可以进行调解并允许当事人之间和解。在行政诉讼程序中，由于国务院专利行政部门作为行政主体的特殊性质，其行为是代表国家机关的职权行为，对方当事人是不能与其达成和解的，法院也不能主持调解。这样一来，就可能出现如下的尴尬状况：专利无效宣告请求往往是被告对抗侵权诉讼而提起，如果双方当事人在侵权诉讼中达成了和解而撤回了诉讼请求，但在专利无效行政诉讼中，被控侵权人却无法撤回请求，只能跟国务院专利行政部门继续对簿公堂。这样将会出现两种结果：一是双方共同对抗国务院专利行政部门，希望法院撤销国务院专利行政部门的决定；二是双方的和解协议搁浅，在司法审查中进行对抗。这两种结果无论是对专利权人还是被控侵权人都是不利的，同时也与专利确权司法审查的目的相违背，浪费了大量的诉讼资源。

第三，从专利无效宣告程序的运作实践看，该程序具有民事司法的性质，专利无效宣告程序依请求人的请求而启动。在专利无效宣告程序中，国务院专利行政部门根据无效请求人和专利权人的意见陈述和证据，对专利权的有效性作出判断。因而在很大程度上，对专利权有效性的判断立足当事人提交的理由和证据，而不是国务院专利行政部门依职权的单方决定。因此专利无效审查是裁判行为，具有中立性（不偏袒原被告任何一方）、被动性（不告不理）、独立性等特点。将随后的专利无效诉讼定性为民事诉讼，显然更为合理。

第四，从专利无效宣告程序的运作结果看，历年来专利复审委员会所作的专利无效宣告请求审查决定的被诉率与败诉率均不高，被司法程序撤销的专利无效宣告请求审查决定在确权案件总数占比很低。❶ 可见，专利无效行政决定具有较高的稳定性。但是，囿于行政诉讼两审终审的既有模式，专利无效行政决定仍然至少需要经过两个司法审查阶段，甚至可能还有再审阶段，使得整个专利确权程序有三个审级，最多有四个审级。如此繁复的程序下，无法很好地兼顾纠纷处理的公平与效率，浪费了大量行政和司法资源，由于专利无效行政诉讼费用低廉，甚至存在着被当事人滥用的趋势。

第五，从比较法上看，与我国现行规定不同，国际上大多将专利无效诉讼的性质界定为民事诉讼。日本专利法规定，在针对日本特许厅审判部作出的无效审查决定所提起的司法诉讼程序中，日本特许厅审判部不作为被告，由无效程序中的双方当事人进行直接对抗。❷ 依据美国专利法第319条和第329条，在美国专利商标局专利审判与上诉委员会对有双方当事人

❶ 郭建强. 专利确权机制研究［J］. 科技与法律，2015（5）：962.
❷ 日本专利法（2015 年修订）第 179 条。

参与的关于专利权效力争议的授权后复审和双方复审程序作出裁决后，任何一方不服的均可依据第 141—144 条的规定向美国联邦巡回上诉法院起诉；美国专利商标局局长收到通知后须向法院提供所需的材料，必要时可参与诉讼，但并非作为被告。依据德国专利法第 81 条，对专利权有效性有争议之人，应直接以专利权人为被告，向联邦专利法院提起专利无效诉讼。专利商标局并不参与诉讼。但曾在专利商标局或者专利法院参加过与该专利的授权或者异议有关的程序的法官应当回避。❶ 可见，将专利无效纠纷定性为民事诉讼是国际上的普遍做法，更符合专利无效诉讼的实质。

因此，专利无效诉讼有必要回归民事诉讼的本质，通过民事诉讼程序解决专利有效性争议。与此同时，有必要将具有准司法性质的专利无效宣告程序作为一级审级，专利无效行政决定作出后，直接进入二审程序。这样首先有利于专利无效行政程序与司法审查程序的衔接，保证两个程序的平稳过渡，避免程序之间的内在冲突，符合国际通行做法。其次，可以将国务院专利行政部门从无效案件行政诉讼被告的尴尬角色中解放出来，使其可以投入更多的资源用于专利质量的监督工作。最后，将专利无效行政程序视为民事诉讼的一个审级，有利于缩短案件审理周期，缓解案件久拖不决的难题；有利于维护国务院专利行政部门的专业性和权威性，更好发挥国务院专利行政部门在专利有效性纠纷解决中的作用。

二、赋予法院专利有效性判断权

（一）中止诉讼的不确定性困扰

专利侵权案件中，大多数被诉侵权人会以原告专利权无效为由进行抗辩。在此情形下，由于专利侵权案件的结果需要依赖对专利有效性的判断，法院通常会中止案件审理，等待国务院专利行政部门对专利权效力作出决定后再继续审理侵权纠纷。而一旦国务院专利行政部门作出的无效宣告请求审查决定不被一方当事人认可，会再向法院提起专利无效诉讼。基于诉讼策略的考虑，即使没有多少胜诉的机会，一部分专利侵权案件中的

---

❶ 德国专利法第 86 条第 2 款之 2。

被控侵权人也会提起无效宣告请求和无效诉讼，从而拖延案件审理时间，迫使专利权人因不堪重负而作出让步。为了减少这种情况的出现，最高人民法院出台的司法解释规定，在涉及实用新型和外观设计的专利侵权案件中，被告在答辩期内向专利复审委员会提起专利无效宣告请求的，法院应中止诉讼；答辩期内未提出的，法院可以不中止侵权诉讼；若在发明专利侵权案件或者经专利复审委员会审查维持专利权的实用新型专利侵权案件中被告提起专利无效的，法院可以不中止侵权诉讼。● 2001 年最高人民法院为适应实践需要，对专利纠纷案件审理的规定再次作出了更为灵活的调整，其中司法解释第 8—11 条进一步明确了可以不中止侵权诉讼的情形，目的在于尽量避免侵权案件的诉讼中止。❷ 此外，2003 年《最高人民法院关于对江苏省高级人民法院〈关于当宣告专利权无效或者维持专利权的决定已被提起行政诉讼时相关的专利侵权案件是否应当中止审理问题的请示〉的批复》中指出，人民法院在审理专利民事侵权案件的过程中，当事人不服专利复审委员会有关宣告专利权无效或者维持专利权的决定，在法定期间内依法向人民法院提起行政诉讼的，该专利民事侵权案件可以不中止诉讼。

但令人遗憾的是，以上司法解释和批复对是否中止侵权诉讼并没有给出一个明确的标准，更多交由法院根据案件的具体情况自由裁量是否中止诉讼，这在司法实践中造成了一定的混乱。例如，在"深圳万虹"案❸中，专利复审委员会作出宣告专利无效宣告请求审查决定，请求人不服提出行政诉讼，民事侵权二审程序没有中止诉讼，径行作出判决。最高人民法院在再审裁定中认为，法律规定不服专利复审委员会无效宣告请求审查决定可以提起行政诉讼，只有在行政诉讼判决维持其合法有效后才能发生法律效力；二审法院以无效宣告请求审查决定宣告专利无效为由直接判决驳回再审申请人全部诉讼请求，属于适用法律错误。在"山东无棣"案❹中，对于专利复审委员会作出的宣告专利无效宣告请求审查决定，一审被告申

● 《最高人民法院关于审理专利纠纷案件若干问题的解答》（1992 年 12 月 31 日发布）第 3 条。
❷ 《最高人民法院关于审理专利纠纷案件适用法律问题的若干规定》（2001 年 7 月 1 日生效）。
❸ 最高人民法院（2009）民申字第 1573 号民事裁定书。
❹ 最高人民法院（2013）民申字第 1922 号民事裁定书。同类案件还有"福建国能"案，参见最高人民法院（2013）民申字第 1144 号民事裁定书。

请再审。最高人民法院认为，行政诉讼尚未审结，因该案的审查以该决定是否发生法律效力为前提，故该案应中止诉讼，并中止原判决的执行。

正是法院中止诉讼权行使的不确定性，导致上述规定效果不彰。对此，2016 年最高人民法院发布的《最高人民法院关于审理侵犯专利权纠纷案件应用法律若干问题的解释（二）》第 2 条进一步规定，在专利复审委员会作出宣告专利权无效的决定后，审理专利侵权纠纷案件的法院可以裁定驳回起诉，无须等待行政诉讼的最终结果。同时，对于错误的无效宣告请求审查决定，通过另行起诉的方式给权利人以司法救济途径。尽管该司法解释完善了对错误专利权无效宣告行政决定的救济措施，但法院对于是否中止诉讼仍然具有较大的自由裁量权，难以从根本上解决中止诉讼所带来的诉讼拖延不决问题。

（二）赋予法院专利有效性判断权的必要性和意义

一方面，根据现行法律规定，法院不具有专利有效性的判断权，被告如质疑专利权的效力，需要单独启动行政无效宣告程序。为了保证民事侵权案件的公正性，避免与专利无效宣告行政决定的冲突，法院经常不得不等待行政无效宣告程序的结果。行政机关就专利权效力作出决定后，当事人还可以启动行政诉讼程序，民事侵权程序不得不在漫长等待中被迫拖延。即使前述司法解释允许在作出宣告专利权无效的行政决定后即可驳回起诉，但一旦行政决定被行政诉讼程序撤销，仍然会增加当事人讼累。而且，如果行政机关作出维持专利权有效的决定，法院通常还是需要等待行政诉讼的最终结果。纠纷解决进程冗长的问题还是难以解决。同时，由于法院无权判断专利的有效性，即使认为专利无效行政决定错误也无法变更，只能撤销或一并责令国务院专利行政部门重新作出决定。最高人民法院的有关批复也强调了行政诉讼只能就具体行政行为的合法性进行审查，即使有效性判断错误也不能直接改判。❶ 这就是导致循环诉讼的重要原因。

另一方面，法院不具有专利有效性判断权还会导致个案不公正，损害司法的权威性。对于不符合法定授权条件而仅具有形式合法性的专利权，若审理侵权案件的法院对其效力问题不加过问而径行保护，实际上是赋予

---

❶ 最高人民法院（2007）行提字第 3 号。

权利人不应有的利益，同时也损害了公共利益。在当事人因各种原因未启动行政无效宣告程序的情况下，即使审理侵权案件的法院发现专利权存在严重的效力问题，基于二元分立体制仍然不能对专利权有效与否作出判断，实际上是迫使法院"明知不应为而为之"。

近年来，我国在专利数量迅速增长的同时，专利质量状况不容乐观。在专利申请量不断攀升的情况下，由于受到专利审查员数量和素质、审查时间、对比文献有限性等诸多因素的制约，一些质量不高的发明专利申请得以通过审查。由于实用新型专利和外观设计专利不经过实质审查即可获得授权，这两种类型的专利在我国授权专利中所占比例很大，相应地，由于权利稳定性差，因此无效比例较高。从专利无效请求审查实践来看，在发生效力争议的实用新型和外观设计专利中，存在效力问题的比例均接近或者超过 50%。❶ 在这种情况下，法院如果缺乏专利有效性判断权，则可能对不少问题专利给予不应有的保护，这将会抑制社会的创新活力，阻碍社会技术进步。

从法院审理专利纠纷的司法实践看，早在 1984 年《专利法》就已赋予法院对发明专利无效宣告请求审查决定的司法审查权，2000 年《专利法》第二次修改后，法院对实用新型和外观设计专利的无效宣告请求审查决定也有权进行司法审查。虽然法院在专利无效行政诉讼中无权变更被诉决定，但法院就涉案专利权的效力问题作出准确认定是审查被诉行政决定是否合法的必要前提，法院已经事实上参与了专利权效力问题的判断。多年来的专利无效审判实践使法院积累了审查专利权效力问题的丰富经验和能力，法院审理专利案件的队伍日益庞大和专业化。随着北京、上海、广州三家知识产权法院的设立，以及全国各地知识产权法庭的建设，我国审理专利纠纷案件的审判力量与专业性都已经大大提高。不仅如此，我国在最高人民法院建立了统一受理专利上诉案件的知识产权法庭，全国范围内裁判标准不统一的问题得到有效改善，人民法院在专利侵权诉讼中审查涉案专利权效力的时机也已经成熟。

从域外发展经验看，曾经奉行专利民事侵权与行政无效二元分立体制

❶ 朱理. 专利民事侵权程序与行政无效程序二元分立体制的修正 [J]. 知识产权，2014(3)：41.

的国家和地区也不再坚守二者界限的不可逾越，法院在民事审判中开始审查专利权的有效性。例如，日本2004年修改的专利法设置了专利无效抗辩规则，其第104条之3规定："在侵犯专利权或专用实施权诉讼中，如果该专利属于理应被专利无效审判无效，或该专利权的存续期间延长登记属于理应被延长登记无效审判无效，不得向对方当事人行使其权利。""根据前款的规定所提出的攻击或防御方法，如果是出于使审理被不当地延缓之目的而提出，则法院得依申请或依职权作出驳回决定。"

需要注意的是，在日本的相关改革中，法院在侵权案件中对专利权效力作出认定，不会直接宣告无效，而是认定专利无效后，以此作为基础，作出驳回当事人诉讼请求的判决。审理侵权案件的法院对专利有效性问题的判断仅在该案当事人之间产生相对效力，并不能产生该专利权对世性无效的效果。欲使该专利权的效力发生对世性无效的效果，仍需要经由专利无效行政程序解决。

（三）法院专利有效性判断权的行使路径

"法律的生命并不仅是逻辑或经验。法律的生命是根据经验和逻辑重生，使法律适应新的社会现实。"❶ 赋予法院专利有效性判断权，在一定程度上克服原有体制所带来的司法效率低下和结果不公平的同时，也可能造成新的问题和风险。这种风险主要来自三个方面：一是在专利民事侵权案件中法院认为专利权存在无效理由而不予保护，在行政无效程序中该专利权的效力却得以维持，因而出现效力判断的民行冲突；二是审理专利民事侵权案件的不同法院对同一专利的效力问题认定不一，造成民事裁判结果的相互冲突；三是被诉侵权人在民事侵权案件中滥用专利无效抗辩，随意提出各类无效主张和证据，将民事侵权程序演化为行政无效程序的预演或重演，拖延诉讼，耗费司法审判资源，阻碍效率目标的实现。

为避免和减少上述风险，首先，可以适当借鉴民事诉讼理论中的"争点排除原则"。❷ 目前《专利法》规定的现有技术抗辩制度仅具有个案效力，即使法院认定涉案专利权属于不当授权而判定侵权不成立，但涉案专

---

❶ 巴拉克. 民主国家的法官［M］. 毕洪海，译. 北京：法律出版社，2011：16.
❷ 该原则在日本被称为"争点效"原则，在美国被称为"争点排除"原则或者"间接禁止反言"原则。

利权在被专利行政部门宣告无效之前，仍属有效。因此，在由同一专利权引发的其他侵权诉讼中，被控侵权人仍需主张无效抗辩并提供证据，这既不符合经济效率原则，也造成司法资源的浪费。引入"争点排除原则"后，如果在先的生效判决已经对涉案专利权的效力作出实质性判断，且当事人在该案中被给予了充分的诉讼权利对专利权效力问题进行辩论，在涉及同一专利权的后续案件中，原则上应不允许同一当事人或者利害关系人就该专利权效力问题作出违反在先判决判断内容的主张或者抗辩。但法院根据具体情况认为在先判决可能存在错误、出现足以影响判断结论的新证据等情形除外。即法院有关专利权无效宣告的效力，应当及于以后的专利侵权案件，除非有证据表明宣告专利权无效的判决具有明显错误。

其次，对于专利权的有效性及其权利范围，法院允许被诉侵权人运用专利无效抗辩，同时也应借鉴专利行政部门允许专利权人通过修改权利要求书缩小权利保护范围的审理规则，允许专利权人在诉讼中缩小权利保护范围进行反驳，给予双方当事人充分的主张举证质证的机会与权利。以利于法院对专利有效性争议作出准确判断，避免专利无效抗辩权的滥用。

最后，在赋予法院有效性判断权的同时，应当禁止被控侵权人在专利侵权诉讼中另行向专利行政部门提出宣告涉案专利权无效的请求。其理由在于：既然受理专利侵权纠纷的法院有权就涉案专利权的效力问题作出判决，那么被控侵权人另行向专利行政部门提出无效宣告请求的行为应当被视为其有意拖延诉讼。与此同时，专利行政部门在受理当事人提交的无效宣告请求时，应当询问当事人被请求宣告无效的专利权是否正处于专利侵权诉讼中，并应当拒绝受理诉讼中的专利权无效宣告请求。❶

三、将专利确权决定视为准司法裁决，减少诉讼层级

据统计，对专利复审委员会审结的无效纠纷案件，向北京市第一中级人民法院起诉的，约占总数的20%，对一审判决不服提起上诉的约占总数的16%。换言之，由专利复审委员会审结的无效纠纷又提起司法诉讼的案

---

❶　徐棣枫，张迩瀚．论我国专利确权制度的改革路径：从"行政一元制"到"行政与司法二元制"［J］．重庆大学学报（社会科学版），2022（2）：192.

件中，96%都必须经过北京第一中级人民法院和北京市高级人民法院审理方能终结，4%的专利无效纠纷一审解决率相对于一审投入的巨大司法资源来说，代价相当昂贵。❶ 有鉴于此，就专利无效宣告请求审查程序而言，有必要将国务院专利行政部门视为准司法机构，将其对无效宣告请求的审理作为一个审级，专利无效行政决定作出后，当事人不服可以直接上诉至二审法院。这样通过减少一审审级，可以明显加快案件的审理效率。这一做法也符合国际潮流。例如，在美国，不服美国专利商标局专利审判与上诉委员会裁决的案件起诉到 CAFC；在日本，不服特许厅审判部裁决的起诉到知识产权高等法院；在德国，不服专利商标局审查部和专利部关于专利授权或无效与否决定的可起诉到德国联邦专利法院。❷

在 2019 年之前，我国专利授权确权案件行政诉讼二审由北京高级人民法院管辖，而专利侵权案件的二审却由各省的高级人民法院管辖。这样导致两种案件的终审管辖权没有得到统一，难以避免案件裁判标准不一致的问题。即使成立了北京、上海、广东知识产权法院，也只是在各自行政区域内统一了专利侵权案件的一审管辖权，二审管辖权仍归属于所在省和直辖市的高级人民法院。可见，我国的知识产权法院只是知识产权案件管辖的专门法院，集中管辖本辖区内的一审知识产权民事以及行政案件，既未协调专利侵权与确权诉讼之间的关系，也没有解决司法裁判标准不一致的问题。实践中，这种专利确权和侵权分离的管辖制度造成专利无效和侵权程序的判决结果的矛盾和冲突。例如，在 02146236.4 号专利纠纷案中，相比现有技术和专利技术方案，被控侵权产品使用的技术方案介于两者之间，北京市第二中级人民法院判决现有技术抗辩不成立，被控产品构成等同侵权，随后北京市高级人民法院维持了上述判决。在针对该专利的确权程序中，专利复审委员会认定涉案专利技术相对于现有技术不具有创造性，宣告专利权无效。在随后的司法审查中，北京市高级人民法院也维持了该审查决定。❸ 在同一法院之内尚存在如此矛盾的判决，在不同法院之

---

❶ 何伦健. 专利无效诉讼程序性质的法理分析 [J]. 知识产权，2006 (4)：77.

❷ 德国专利法第 65 条和第六章的相关规定。

❸ 北京市第二中级人民法院 (2007) 二中民初字第 5431 号民事判决书，北京市高级人民法院 (2007) 高民终字第 1597 号民事判决书。参见国家知识产权局专利复审委员会第 10954 号无效宣告请求审查决定书，北京市高级人民法院 (2009) 高行终字第 520 号行政判决书。

间这种状况自然屡见不鲜。

根据《全国人民代表大会常务委员会关于专利等知识产权案件诉讼程序若干问题的决定》，2019 年 1 月 1 日起，当事人对发明专利、实用新型专利、植物新品种、集成电路布图设计、技术秘密、计算机软件、垄断等专业技术性较强的知识产权民事案件一审判决、裁定不服，提起上诉的，由最高人民法院审理；当事人对专利、植物新品种、集成电路布图设计、技术秘密、计算机软件、垄断等专业技术性较强的知识产权行政案件第一审判决、裁定不服，提起上诉的，由最高人民法院审理；对已经发生法律效力的上述案件一审判决、裁定、调解书，依法申请再审、抗诉等，适用审判监督程序的，由最高人民法院审理。最高人民法院也可以依法指令下级人民法院再审。至此，专利授权确权案件和侵权案件的管辖权在二审层面上得到统一，这一改革有利于消除专利授权行政诉讼程序与侵权诉讼程序的冲突以及不同法院对同一专利侵权案件裁判的冲突。有利于缩短专利纠纷案件的审理周期，提高审判效率，节约司法资源，对于及时解决专利纠纷，维护当事人合法权益无疑具有重要意义。

然而，目前对专利纠纷案件的审级设置仍然不乏改进之处。成立国家层面专利上诉法院的目的是统一审判标准，既包括民事二审案件标准的统一，也包括专利侵权与专利确权案件之间标准的衔接。但是，目前的侵权与确权案件在审级设置上却存在"审级差"：侵权民事案件经一个审级即进入最高人民法院知识产权法庭，而确权行政案件必须经历两个审级（一次行政确权以及一次司法一审）才能进入最高人民法院知识产权法庭。专利权的侵权与确权纠纷往往是同时启动，"审级差"将导致二者进入最高人民法院知识产权法庭终审产生"时间差"，这仍然会产生裁判标准和结果不一致的情况。因此，无论是从前述减少专利无效诉讼一审资源耗费的角度出发，还是从减少诉讼进程"时间差"考量，均有必要将国务院专利行政部门的无效程序作为一级审级，专利无效决定作出后，当事人不服提起诉讼及直接进入最高人民法院知识产权审判庭审理，以避免上述情况的产生。

不过，最高人民法院作为专利行政和民事案件的二审法院和再审法院，集审判职能和监督职能于一身，也容易产生弱化审判监督职能的弊端。此外，北京市高级人民法院长期从事专利无效诉讼案件的终审工作，在长期的司法实践中积累了丰富的审判经验。此次改革使北京市高级人民法院丧失对专利无效诉讼案件的管辖权，也有导致司法资源浪费之嫌。因此，以北京市高级人民法院知识产权庭为基础，整合各地高级人民法院知识产权庭的审判资源，设立知识产权上诉法院作为专利纠纷二审法院可能是更为适宜的选择。如此既可以充分利用现有资源司法，缩短案件审理周期，实现专利纠纷裁判标准的统一，又有利于发挥最高人民法院的审判监督职能，避免陷入繁重的案件审理工作，更好地做好审判指导工作。

四、建立相对统一的权利解释规则

根据《专利法》的规定，专利权的保护范围以权利要求书为准。权利要求书以文字形式界定专利权的范围，当文字含义模糊不清或有歧义产生时，就需要对权利要求书的表述进行解释，以准确界定专利权的保护范围。无论是专利确权纠纷还是侵权纠纷案件，往往都需要对权利要求书用语的具体含义进行解释。2009 年最高人民法院发布的《最高人民法院关于审理侵犯专利权纠纷案件应用法律若干问题的解释》对专利侵权案件的权利解释规则作出了规定。❶ 2020 年最高人民法院公布的《最高人民法院关于审理专利授权确权行政案件适用法律若干问题的规定（一）》则对专利确权案件权利要求解释规则作出规定。❷ 从这两个司法解释的内容看，法院在专利确权和专利侵权案件中权利要求解释趋于相同。具体体现在：（1）以本领域普通技术人员为解释主体，在阅读说明书及附图后对权利要求的理解采用的不是最宽合理解释标准，而是以本领域普通技术人员的通常理解为标准；（2）以内部证据为优先的解释原则，在进行解释时首先依据说明书、附图、权利要求书的词语和审查档案，仍不能确定含义的，才会参考工具书、教科书等作为外部证据的公知技术文献；（3）对权利要求书、说明书及附图的文字、符号、数字等有明显错误或歧义的，但本领域的普通技术人员阅读之后能得出唯一理解的，人民法院以该唯一理解为标准；（4）在专利确权行政案件中，人民法院可以参考专利侵权民事案件生

---

❶ 《最高人民法院关于审理侵犯专利权纠纷案件应用法律若干问题的解释》（法释〔2009〕21 号）第 2 条、第 3 条、第 4 条。

❷ 《最高人民法院关于审理专利授权确权行政案件适用法律若干问题的规定（一）》（法释〔2020〕8 号）第 3 条、第 4 条、第 9 条。

效裁判采纳的专利权人相关陈述。上述规定使得专利确权行政诉讼和专利侵权民事诉讼案件的权利要求解释标准趋于一致。

　　然而，专利行政部门对专利权利要求的解释却与司法机关不尽相同。这在涉及功能性技术特征的解释上体现得尤为明显。例如，国家知识产权局发布的《专利审查指南 2010》中明确表示："对于权利要求中所包含的功能性限定的技术特征，应当理解为覆盖了所有能够实现所述功能的实施方式。"❶ 与这种对于功能性技术特征的宽泛解释不同，2009 年最高人民法院颁布的《最高人民法院关于审理侵犯专利权纠纷案件应用法律若干问题的解释》第 4 条则规定："对于权利要求中以功能或者效果表述的技术特征，人民法院应当结合说明书和附图描述的该功能或者效果的具体实施方式及其等同的实施方式，确定该技术特征的内容。"可见，与《专利审查指南 2010》相比，该司法解释对于"功能性技术特征"作了明显的限缩解释。即将"功能性技术特征"限制在说明书和附图描述的具体实施方式及其等同实施方式的范围内。例如，在"除臭吸汗鞋垫"案❷中，二审法院认为，对于采用功能性限定特征的权利要求，不应当按照其字面含义解释为涵盖了能够实现该功能的所有方式，而是应当受到专利说明书中记载的实现该功能的具体方式的限制。具体而言，在侵权判断中应当对功能性限定特征解释为仅仅涵盖了说明书中记载的具体实现方式及其等同方式。从该案专利权利要求 1 的必要技术特征看，均采用功能性限定特征，因此，对该权利要求进行解释时，应当考虑说明书中记载的具体实现方式。涉案专利说明书中对单向渗透层明确指明"为一种具有漏斗状孔隙的布面"，而涉案被控侵权产品单向渗透层采用的是非织造布，并非与具有漏斗状孔隙的布面相同或相等同的技术特征，因此，被控侵权产品没有落入涉案专利权的保护范围。

　　从理论上讲，专利行政部门和司法部门对于功能性特征的不同解释规则均有其合理之处。对专利行政部门而言，其应对的是专利申请以及专利授权后无效请求的审查工作，在对"功能性技术特征"进行审查时并无明确的比对对象，因此对"功能性技术特征"的解释较少受到束缚和限制。

---

❶ 《专利审查指南 2010》第二部分第二章第 3.2.1 节。
❷ 北京市高级人民法院（2006）高民终字第 367 号民事判决书。

对司法机关而言，对于"功能性技术特征"的认定多发生于侵权案件，一般会有明确的比对对象，并且对"功能性技术特征"范围的认定对于当事人双方利益影响甚大，因此需要更细致严谨。但两种不同的解释标准带来的不利后果是显而易见的。其一，行政授予的专利权与司法确定的专利权的保护范围不同，社会公众难以把握专利权的保护范围，不但容易产生侵权纠纷，而且会对发明创新和技术进步造成负面影响；其二，法院审理以司法解释为准，按照专利说明书的具体实施方式以及等同方式重新解释权利要求保护范围，行政审查阶段确定的权利要求的保护范围不仅失去意义，同时给各方当事人带来资源消耗以及多重诉累。❶

从域外法制发展看，与我国类似，美国专利商标局和美国法院对功能性技术特征也曾经持不同的解释规则。美国专利商标局在行政确权中采"覆盖所有"解释，法院则在司法审判中采"具体加等同实施方式"解释。1994 年"In re Donaldson"案❷后，美国联邦巡回上诉法院认为应依照专利说明书中公开的具体及等同实施方式对功能性技术特征进行限制，明确指出此前美国专利商标局提出的"覆盖所有"解释方法是错误的，不应予以适用。该案判决后，美国统一了审查程序与司法程序对功能性技术特征的解释规则，统一适用"具体加等同实施方式"解释规则。尤其值得注意的是，美国专利商标局专利审判与上诉委员会于 2018 年 11 月 13 日起，在双方复审程序、授权后复审程序、涵盖商业方法专利复审程序（Covered Business Method Patent Review，CBM）中解释权利要求时，不再采用"最大合理化"规则（BRI），而采用与联邦法院和美国国际贸易委员会相同的解释规则，以期在确定保护范围时与联邦法院和美国国际贸易委员会取得一致，提高权利解释的统一性和确定性。

有鉴于此，从司法终审原则和减少行政和司法程序对权利要求解释的冲突出发，应建立以司法为主导解释权利要求的模式，从而最大程度地维护专利权的稳定性，真正体现权利要求的公示效能。行政程序作为前审，应充分建立权利边界意识，新颖性、创造性判断是划定权利边界的必要非充分条件，关于不支持、清楚等条款的审查也应给予足够重视。❸ 就功能

---

❶ 邓文. 功能性技术特征解释规则研究 [J]. 科技与法律, 2019 (3)：20–21.

❷ In re Donaldson Co., Inc., 16 F. 3d 1189 (1994)。

❸ 黄丽君. 二元体制下的权利要求保护范围 [J]. 法学杂志, 2019 (1)：137–138.

性特征而言，一方面，专利行政部门在专利申请和确权审查中应从严把握功能性技术特征的表述方式，只有某一技术特征确实无法使用结构性特征对某项权利要求加以表述的情况下，才允许使用功能性技术特征。这样就会尽量避免在权利要求中出现功能性技术特征的表述，减少权利人通过功能性特征不当扩大专利权保护范围的机会。另一方面，司法部门在诉讼中对功能性技术特征进行审查时，也不应仅仅局限于对说明书中记载的具体实施方式，对于与具体实施方式等同的其他方式也应予以充分考虑，应将显而易见的、不需要本领域技术人员创造性思维即可想到的等同实施方式纳入保护范围，不因权利人使用了功能性技术特征而不当缩小专利权保护范围。这样通过两部门的协作配合，逐步在实践中实现功能性技术特征解释规则的统一。

第四章　专利侵权纠纷行政裁决与司法审查的衔接机制

第一节　专利侵权纠纷行政裁决与司法救济

一、专利纠纷行政裁决的概念和范围

对于行政裁决的概念和范围，行政法学界存在不同的见解。

第一种观点认为，行政裁决是行政机关依照某种特定程序，对特定人的权利、义务作出具有法律效力的决定的活动。据此可将行政行为分为三类。第一类为行政制裁性裁决，指行政机关依照裁决程序对违反行政法义务的作为和不作为行为实施惩罚或强制执行的活动。此类行政行为包括行政处罚、行政强制等形式。第二类为行政救济性裁决。行政机关利用裁决形式依申请或主动采取有利于相对人的措施即属之。此类行政行为包括行政机关给予金钱、帮助、豁免、优惠、承认请求权利，发放许可证等行为。第三类为解决纠纷性裁决，指行政机关依照法定裁决程序解决公民之间、公民与行政机关之间的民事、行政纠纷，确定其权利义务的裁判行为。这类裁决中，行政机关作为第三方公断人调解、仲裁、解决各类纠纷，类似法院的司法裁决行为。❶

---

❶ 马怀德. 行政裁决辨析 [J]. 法学研究, 1990 (6)：14－17.

第二种观点认为，行政裁决是行政机关依法运用行政权处理特定民事纠纷以及不动产（土地、山林、水域、矿产资源）行政纠纷的单方行政行为。❶

第三种观点认为，行政裁决是行政主体作为第三方解决民事、行政争议的活动——包括对行政争议进行处理的行政复议行为和对特定的民事纠纷进行处理的行政行为。

第四种观点认为，行政裁决是指行政主体依照法律授权，对平等主体之间发生的、与行政管理活动密切相关的、特定的民事纠纷进行审查并作出裁决的具体行政行为。❷

上述各种观点中，第一种观点对行政裁决的理解最为宽泛，即从某种意义上可以说，"除制定规范以外的所有行政行为均可称为'行政裁决'"。❸其他观点所界定的行政裁决则相对狭窄，将行政处罚、行政强制等行政管理行为排除在行政裁决之外。其区别主要在于行政裁决范围是否包括行政争议以及行政争议的范围。第二种和第三种观点均认为行政裁决的范围应该包括民事争议和行政争议，但对行政争议的理解有所不同。前者认为行政争议是行政相对人对下级行政机关的行政决定不服而向上级行政机关提起的行政复议。后者认为行政争议是行政机关与自然人、法人或其他组织之间的争议。第四种观点则将行政裁决的范围限于民事争议，是对行政裁决范围的最狭义理解，也为不少行政法学者所赞同。❹

不过，从有关行政裁决的行政规范性文件和案例来看，通过行政裁决处理的纠纷不仅有民事纠纷还有行政纠纷。而且从数量上看，这类行政裁决文书和案例所占的比例位居前列。❺例如，1998年《土地管理法实施条例》第25条第3款规定："对补偿标准有争议的，由县级以上地方人民政府协调；协调不成的，由批准征收土地的人民政府裁决。"征地补偿纠纷

---

❶ 叶必丰，徐键，虞青松，等. 行政裁决研究 [J]. 政府法制研究，2010 (10)：24.

❷ 夏淑萍. 专利侵权纠纷行政裁决的程序协调及相关问题之解构：以苹果公司诉北京知识产权局及其关联案件为例 [J]. 知识产权，2017 (5)：53.

❸ 马怀德. 行政裁决辨析 [J]. 法学研究，1990 (6)：15.

❹ 周佑勇. 行政法原论 [M]. 北京：中国方正出版社，2000：249；熊文钊. 现代行政法原理 [M]. 北京：法律出版社，2000：359；方世荣. 行政法与行政诉讼法学 [M]. 北京：人民法院出版社，2003：249.

❺ 叶必丰，徐键，虞青松，等. 行政裁决研究 [J]. 政府法制研究，2010 (10)：21.

其实是一种征收征用纠纷，即以行政机关为一方当事人的行政纠纷。由此可见，在实务中，行政裁决处理的范围不限于民事争议也包括征地补偿等行政争议。

从《专利法》及相关法律规范看，专利纠纷行政裁决主要适用于以下两种情况：一是在专利侵权纠纷发生后，专利权人请求地方专利行政机关作出侵权行政处理决定；二是地方专利行政机关主动依职权查处假冒专利行为。❶ 第一种情况下，行政裁决的对象是平等主体之间的民事纠纷。第二种情况下，行政裁决的对象是专利违法行为，是危害专利行政管理秩序的行为。此种行政裁决具有行政处罚的性质。因此，本书所指的专利纠纷行政裁决采取广义的概念，是指专利行政机关❷依照法定程序，对被控侵权行为人、假冒专利行为人作出具有法律效力的决定的行政行为，在范围上既包括专利行政机关处理专利侵权民事纠纷的活动，也包括处理假冒专利行为的活动。

二、专利侵权纠纷行政裁决司法救济的性质

按照行政裁决的司法救济原则，当事人对行政裁决不服的，可以寻求司法救济。对于假冒专利纠纷行政裁决而言，其性质属于行政处罚，如果被处罚人不服裁决提起诉讼，此诉讼的性质应当属于行政诉讼，对此并无争议。但对于专利侵权纠纷行政裁决而言，如果当事人不服提起诉讼，从理论上讲，此类诉讼就有民事诉讼和行政诉讼两种可能性选择。如果以行政裁决的对象为选择标准，由于行政裁决针对的是当事人之间的民事纠纷，此类诉讼应该属于民事诉讼；如果以行政裁决行为本身的性质为选择标准，由于行政裁决本身属于具体行政行为，此类诉讼就应归入行政诉讼。

在司法实务界，对专利侵权纠纷行政裁决性质的理解几经反复。1985年2月发布的《最高人民法院关于开展专利审判工作的几个问题的通知》

---

❶ 《专利法》第 60 条、第 64 条。

❷ 《专利法》称之为"管理专利工作的部门"。2020 年《专利法》第四次修改前，国家知识产权局（国务院专利行政部门）只负责专利的审查授权和无效宣告等专利事务，不具有处理专利侵权纠纷、查处假冒专利行为的职权；2020 年修法后，国家知识产权局有权处理在全国有重大影响的专利侵权纠纷。

中规定：当事人不服专利管理机关所作的处理决定向人民法院起诉的案件，仍应以在专利管理机关处理时的争议双方为诉讼当事人。根据这一规定，在《专利法》实施之初，管理专利工作的部门作出专利侵权行政处理决定之后，当事人不服的，所提起的诉讼被定位为民事诉讼而非行政诉讼。1990 年 10 月《行政诉讼法》生效后，情况发生了变化：许多地方法院将当事人不服专利管理机关作出的侵权行政裁决而起诉到人民法院的案件作为行政案件审理。在案件诉讼管辖上，有的地方归属于中级人民法院，有的归属于基层人民法院，出现了较为混乱的局面。❶

在 2000 年《专利法》第二次修改后，明确了专利侵权纠纷当事人对管理专利工作的部门的行政处理决定不服而提起的诉讼属于行政诉讼。2001 年 6 月发布《最高人民法院关于审理专利纠纷案件适用法律问题的若干规定》，明确了不服管理专利工作的部门的行政决定的案件属于人民法院受理的专利纠纷案件，专利纠纷第一审案件由各省、自治区、直辖市人民政府所在地的中级人民法院和最高人民法院指定的中级人民法院管辖。❷该司法解释明确了专利侵权纠纷案件的性质及诉讼管辖，

在司法审判实践中，北京市高级人民法院曾经就专利行政诉讼与民事诉讼交叉案件在法院内部的具体分工问题，专门发布《关于执行〈最高人民法院关于专利法、商标法修改后专利、商标相关案件分工问题的批复〉及国际贸易行政案件分工的意见（试行）》，主要内容包括：（1）当事人向北京市第一中级人民法院以专利复审委员会为被告提起行政诉讼时，如果之前当事人之间已就同一专利发生侵权等民事诉讼，该专利行政纠纷则由民事审判庭审理；（2）当事人向北京市第一中级人民法院以专利复审委员会为被告提起行政诉讼之前，只要围绕涉案的专利权已发生过侵权等民事纠纷并已审结的，该专利行政纠纷由民事审判庭审理；（3）当事人在向北京市第一中级人民法院提起以专利复审委员会为被告的专利行政诉讼之前，已在地方管理专利工作的部门申请解决侵权等争议，对此地方管理专利工作的部门作出的行政决定，其中一方当事人不服并向有关人民法院以地方管理专利工作的部门为被告提起的行政诉讼由行政审判庭管理，而以

❶ 程永顺. 专利行政案件的种类及诉讼管辖［J］. 电子知识产权，2003（9）：34.
❷ 《最高人民法院关于审理专利纠纷案件适用法律问题的若干规定》第 1 条、第 2 条。

专利复审委员会为被告的专利行政诉讼则由民事审判庭审理。❶

　　将专利侵权纠纷行政裁决司法救济的性质界定为行政诉讼，其理由有三。第一，行政裁决在法律性质上是一种具体行政行为。按照我国《行政诉讼法》的规定，公民、法人或者其他组织认为侵犯其人身权、财产权的具体行政行为属于行政诉讼受案范围。行政裁决属于具体行政行为，一经作出即确立了民事纠纷双方当事人的权利和义务。相对人认为行政裁决侵犯自身的合法权益，自然应提起行政诉讼。第二，法院单纯按民事诉讼争议审理，就会产生置行政裁决确定力于不顾的状况，从而出现行政裁决与司法裁决两种裁决并存的尴尬局面：如果法院判决结果与行政裁决结果不同，则实际隐含着民事判决否定了行政裁决。如果法院判决与行政裁决结果相同，也有民事审判审理具体行政行为之嫌。❷ 第三，将不服行政裁决的案件纳入行政诉讼，是监督行政裁决机关依法行政的必然要求。将行政裁决纳入行政诉讼的受案范围，就意味着行政裁决须接受司法审查，接受法律的监督。如果行政裁决机关得不到行政诉讼的监督，将容易引起对行政权力的滥用，不利于依法行政。

　　尽管目前《专利法》及相关司法解释均已明确将专利侵权纠纷行政裁决司法救济的性质界定为行政诉讼，但难掩专利侵权纠纷行政裁决司法救济与一般行政裁决司法救济的巨大差异，也违背专利侵权纠纷为民事纠纷的本质，进而为行政裁决与司法审查的冲突埋下伏笔。后文对此将予以详细分析。

第二节　专利侵权纠纷行政裁决与司法审查的冲突与原因

一、专利侵权纠纷行政裁决与司法审查的冲突与表现

　　根据法律规定，当事人对专利侵权行为可以采取行政和司法的"双轨

---

❶　北京市高级人民法院《关于执行〈最高人民法院关于专利法、商标法修改后专利、商标相关案件分工问题的批复〉及国际贸易行政案件分工的意见（试行）》第3—5条。

❷　陆平辉. 行政裁决诉讼的不确定性及其解决［J］. 现代法学，2005（6）：100－108.

制"救济途径——既可以向行政机关申请处理，也可以向人民法院提起诉讼。然而，"双轨制"在给当事人带来选择自由的同时，在实践运作中也产生了一系列问题。

（一）当事人先向行政机关请求处理，然后向法院提起诉讼

即在专利侵权纠纷发生后，专利权人先向行政机关请求处理，在行政机关受理之后但尚未作出处理决定前，又向法院提起侵权民事诉讼。例如，专利权人甲公司就乙公司的侵权行为向专利行政机关请求处理，在行政裁决作出之前，甲公司考虑到行政裁决不涉及侵权赔偿数额，❶ 于是又以乙公司为被告，就确认乙公司侵权及赔偿数额向法院提起民事诉讼，对此情形，行政机关是否应该终止行政处理程序？还是应该等待法院的处理结果，暂时中止行政处理程序？又如，专利权人甲公司就乙公司的侵权行为向专利行政机关请求处理，在行政裁决作出之前，乙公司以甲公司为被告，向法院提起确认不侵权之诉，请求法院确认其不存在侵权行为，专利行政机关对此应该如何处理？对于上述问题，现行法律缺乏明确规定。

（二）当事人对侵权行政裁决不服，分别提起行政诉讼和民事诉讼

根据《专利法》的规定，当事人对专利行政机关侵权裁决不服的，可以提起行政诉讼。例如，2014 年 12 月，佰利公司针对苹果公司及中复电讯公司向北京市知识产权局提出涉案专利侵权的行政处理请求。北京市知识产权局于 2016 年 5 月 10 日作出决定，认定被控侵权产品 iPhone6、iPhone6 Plus 落入涉案专利的权利要求保护范围，责令苹果公司停止销售、中复电讯公司停止许诺销售和销售被控侵权产品。苹果公司不服该决定，向北京知识产权法院提起行政诉讼。2017 年 3 月 24 日，北京知识产权法院作出（2016）京 73 行初 2648 号判决书，判决撤销北京市知识产权局作出的苹果公司侵权处理决定，并判定苹果公司和中复电讯公司未侵犯佰利公司的外观设计专利。

---

❶ 根据《专利法》第 65 条的规定，管理专利工作的部门在处理侵权纠纷时，对赔偿数额有调解权而无裁决权。

但在实践中，当事人除了针对该侵权行政裁决提起行政诉讼之外，还可能针对同一侵权纠纷另行提起侵权民事诉讼或提起确认不侵权民事诉讼。例如，2015 年 9 月，苹果公司不服北京市知识产权局的侵权行政裁决，在提起行政诉讼后，又向上海知识产权法院针对佰利公司的专利提出确认不侵权诉讼。又如，专利权人甲公司向专利行政机关请求处理乙公司的侵权行为，行政裁决作出后，乙公司不服，提起行政诉讼和确认不侵权之诉，而甲公司又就侵权赔偿问题提起民事诉讼。上述情形都会产生行政诉讼与民事诉讼的交叉和协调问题。

按照诉讼的通说进行分类，诉讼分为确认之诉、给付之诉和变更之诉。侵权之诉中，原告通常不仅要求法院认定被告的行为构成侵权，更主要是为了请求法院判令被告承担停止侵权、损害赔偿等民事责任。由此可见，侵权之诉为给付之诉。确认不侵权之诉的目的主要在于原告确认自己的行为在法律上不构成侵权，而不是主张被告的行为侵权并追究其侵权责任。因此，确认不侵权之诉属于确认之诉。由此可见，同为民事诉讼，侵权之诉与确认之诉在程序上也存在差异，如果由不同法院审理，可能出现不同的裁判结果。如果就同一专利侵权纠纷同时提起行政诉讼、侵权诉讼、确认不侵权诉讼，行政和民事诉讼程序交叉进行，再加上诉讼程序中地域管辖和级别管辖等管辖因素的介入，法院判决结果不一致的可能性将大为增加，从而产生判决之间的效力冲突。

（三）当事人先向法院提起诉讼，又向行政机关请求处理

为了避免专利侵权行政裁决与司法审判的冲突，尊重司法终审原则，原中国专利局早在 1989 年发布的《专利管理机关处理专利纠纷办法》❶ 第 12 条就规定：纠纷当事人任何一方均未向人民法院起诉是行政裁决立案要件之一。这一规定确立了两种程序产生冲突时诉讼程序优先的基本规则，以后相关规定历次修改均坚持这一规则。❷

但在司法实践中，由于行政程序与司法程序之间缺少立案信息的交流机制，当事人提起行政处理请求的地方专利行政机关和提起民事诉讼的地

---

❶ 国专发法字〔1989〕第 226 号。

❷ 《专利行政执法办法》（2010 年局令第 60 号）第 8 条，《专利行政执法办法》（2015 年局令第 71 号）第 10 条。

方法院可能分属于不同的地域，这时就存在专利侵权纠纷民事诉讼程序在先立案、行政裁决程序在后又予立案的情形。如江苏省微生物公司与福药公司、辽宁省知识产权局等专利侵权纠纷处理决定案❶中，在海口中院已经在先受理了实质性争议相同的专利侵权诉讼的情况下，辽宁省知识产权局其后立案受理该专利侵权纠纷的行政处理请求并作出行政裁决，导致行政裁决与法院判决的冲突。

（四）当事人同时提出侵权行政处理请求和侵权诉讼

专利权保护"双轨制"设立的本意在于赋予专利权人选择权利救济的途径，充分发挥不同救济途径的优势，以实现对专利权更为周全的保护。但在实践中，这也为当事人同时利用两种救济途径提供了可能。在实务中已经出现此类案例。例如，2017 年 3 月，深圳市吟云科技有限公司在同一天向专利行政机关和法院对北京摩拜科技有限公司提起了行政处理请求和专利侵权诉讼。针对这一情况，受理该行政处理请求的专利行政机关能否认为专利权人已经向法院起诉？行政机关如果受理该案，是否不符合"当事人没有就该专利侵权纠纷向人民法院起诉"的立案条件？已经受理该案的北京市知识产权局在得知专利权人已经在同一天向法院起诉的情况下，是否应当驳回该请求？上述问题难以在现行法律中获得答案。

二、专利侵权纠纷行政裁决与司法审查冲突的原因分析

（一）专利侵权纠纷行政裁决司法救济的性质界定不当

根据行政法通说，行政行为可以分为抽象行政行为和具体行政行为。专利行政机关对专利侵权纠纷所作的裁决针对的是特定的专利侵权纠纷，因而属于具体行政行为。然而，与典型的具体行政行为相比，专利侵权行政裁决与其存在明显的差异，表现在以下五个方面。其一，专利侵权纠纷行政裁决须由当事人申请方可启动，实行"不告不理"的原则，专利行政

---

❶ 申请再审人江苏省微生物研究所有限责任公司与被申请人福州海王福药制药有限公司、一审被告辽宁省知识产权局、一审第三人辽宁民生中一药业有限公司、常州方圆制药有限公司专利侵权纠纷处理决定案［最高人民法院（2011）知行字第 99 号］。

机关不能主动介入处理。这与大多数行政行为由行政机关依职权主动为之显然不同。其二，专利侵权纠纷行政裁决程序中，行政机关的法律地位类似于仲裁程序中的仲裁人，实质上是行政机关以居中者的身份对当事人之间的民事争议进行裁判。裁决的对象是当事人之间的侵权纠纷，而非行政机关与当事人之间的行政争议。这与一般行政行为的处理对象大相径庭。其三，专利侵权行政裁决的内容是在认定专利侵权行为成立的前提下，责令行为人停止侵权行为。其法律效力范围由专利权的效力范围而定，而不局限于作出该裁决的专利行政机关管辖的地域范围。换言之，专利侵权行政裁决在全国范围内发生法律效力。这也有别于一般行政行为具有的地域性特点。

正是由于上述明显差异，有学者认为专利行政机关处理侵权纠纷的行为不属于具体行政行为。❶ 笔者认为：具体行政行为是与抽象行政行为相对应的概念，其划分的标准是行为针对的对象是否特定。以此标准，行政机关对专利侵权纠纷的处理决定显然是具体行政行为。至于它所表现出的与典型具体行政行为不同的特点，恰恰反映出此行政行为是一种特殊的具体行政行为——行政裁决。

行政机关对专利侵权纠纷的处理行为属于行政裁决，那么当事人针对专利侵权纠纷行政裁决提起的诉讼属于行政救济似乎也就顺理成章。此结论表面上看似乎无懈可击，但实则不然，因为"行政救济是国家有权机关为排除行政行为对公民、法人和其他组织合法权益的侵害，而采取的各种法律补救制度的总称。具体说，行政救济包括对违法或不当的行政行为加以纠正，以及对于因行政行为而遭受的财产损失给予弥补等多项内容"❷。由此观之，行政救济的前提是必须存在侵害公民、法人和其他组织合法权益的违法或不当行政行为；没有违法或不当行政行为，就无所谓行政救济。反观《专利法》第60条的规定，专利权人或利害关系人请求专利行政机关处理侵权纠纷，只是借助行政手段解决民事侵权纠纷的一种方式或途径，并不以存在任何违法或不当行政行为为前提，因此，针对专利侵权纠纷行政裁决提起的诉讼显然不应属于行政救济的范畴。

---

❶ 张玲. 关于专利行政执法问题的探讨 [J]. 南开学报, 2000 (5): 28.
❷ 毕可志. 论行政救济 [M]. 北京：北京大学出版社, 2005: 23.

将专利侵权纠纷行政裁决司法救济的性质定性为行政救济，在理论和实践上都是不妥当的。具体而言，有如下三个方面的原因。

首先，从表面上看，不服行政裁决提起的行政诉讼，是由于原告不服行政主体的裁决，但从实质上看，则是由于原告不服行政主体对其与另一方平等主体间的民事权利义务关系的调整所引发的。因此，解决行政裁决的合法性并非当事人的最终目的，其最终目的在于解决平等主体之间原来的民事纠纷。因此，将专利侵权纠纷行政裁决司法救济的性质定性为行政诉讼，难掩其与一般行政行为司法救济的巨大差异，也不符合专利侵权纠纷的民事争议本质。

其次，在实践中，这一定性将对该争议本无利害关系的专利行政机关置于被告的尴尬境地，导致对该争议本无利害关系的行政机关不得不与专利纠纷中的另一方当事人紧密地"捆绑"在一起，在事实上形成了行政机关与一方当事人共同抗衡另一方当事人的不合理局面，破坏了民事纠纷中各主体之间的平等和平衡关系，将当事人之间的民事争议异化为当事人与行政机关的行政争议，混淆了两类争议的性质，扭曲了专利行政机关客观公正的公断人的职能定位，加剧了专利侵权行政裁决与司法审查的冲突。

最后，行政诉讼虽然能对行政行为的合法与否作出裁判，却无法使当事人之间的民事纠纷得以最终解决。根据现行《行政诉讼法》第 70 条的规定❶，法院对违法的具体行政行为只能作出撤销、部分撤销及判决被告重新作出行政行为的判决，而不能直接作出变更原行政行为的判决。而行政裁决撤销后，行政机关可能会重新作出与原行政裁决大致相同的新的行政裁决，或者基于新的事实和理由作出与原行政裁决不同的新裁决，从而引发当事人不服，又开始新一轮的行政诉讼。

例如，在华亚公司与绍兴市科学技术局专利侵权行政处理纠纷案❷中，

---

❶ 《行政诉讼法》第 70 条："行政行为有下列情形之一的，人民法院判决撤销或者部分撤销，并可以判决被告重新作出行政行为：（一）主要证据不足的；（二）适用法律、法规错误的；（三）违反法定程序的；（四）超越职权的；（五）滥用职权的；（六）明显不当的。"

❷ 绍兴市科学技术局绍科知案（2011）第 6 号专利侵权纠纷行政处理决定书，绍兴市中级人民法院（2012）浙绍行初字第 5 号行政判决书，绍兴市科学技术局绍科知案（2012）第 2 号专利侵权纠纷行政处理决定书，绍兴市中级人民法院（2012）浙绍行初字第 9 号行政判决书，绍兴市科学技术局绍科知案（2013）第 1 号专利侵权纠纷行政处理决定书，浙江省科学技术厅浙科专复（2013）第 1 号行政复议决定书，绍兴市中级人民法院（2013）浙绍行初字第 17 号行政判决书。

请求人浙江中亚电气有限公司认为被请求人华亚公司侵犯其实用新型专利权，因此于 2011 年 9 月 16 日向绍兴市科学技术局提出专利侵权纠纷处理请求。绍兴市科学技术局与 12 月 30 日作出行政处理决定，认定被请求人华亚公司侵权成立，责令其停止侵权行为。华亚公司不服该行政处理决定，向绍兴市中级人民法院提起行政诉讼。绍兴市中级人民法院以绍兴市科学技术局行政处理决定主要证据不足、程序不当为由判决撤销该行政处理决定，并责令绍兴市科学技术局在判决生效之日起 3 个月内重新作出行政处理决定。2012 年 6 月 21 日，绍兴市科学技术局再次作出认定华亚公司侵权的行政处理决定。华亚公司不服，再次向绍兴市中级人民法院提起行政诉讼。绍兴市中级人民法院以绍兴市科学技术局在未重新进行调查取证并听取当事人意见的情况下作出与原具体行政行为相同的处理决定为由，判决撤销该行政处理决定，并责令绍兴市科学技术局在判决生效之日起 3 个月内重新作出行政处理决定。绍兴市科学技术局 2013 年 4 月 13 日重新作出认定华亚公司侵权的行政处理决定。华亚公司不服，向浙江省科技厅申请行政复议；浙江省科技厅作出维持绍兴市科学技术局行政处理决定的行政复议决定。华亚公司不服，第三次向绍兴市中级人民法院提起行政诉讼，请求撤销绍兴市科学技术局第三次作出的行政处理决定；绍兴市中级人民法院判决维持绍兴市科学技术局第三次作出的行政处理决定。华亚公司不服，向浙江省高级人民法院提起上诉；浙江省高级人民法院判决维持了一审判决。从该案中可以看出，由于专利侵权行政裁决司法救济定位为行政诉讼，法院没有对行政裁决的司法变更权，即使认为行政裁决不当也无法直接改判，只能由行政机关重新裁决，导致对同一专利侵权行为反复经历行政裁决和行政诉讼，极大地影响了对专利侵权纠纷的处理效率，浪费大量行政和司法资源。

（二）专利行政机关与司法机关的信息沟通和交流存在障碍

近年来，不少地方政府积极推进政府信息共享工作，并通过制定地方性法规或政府规章来予以规范。❶ 然而，目前我国有关政府信息共享的法

---

❶ 例如，2008 年《广东省政务信息资源共享管理试行办法》、2010 年《福建省政务信息共享管理办法》、2015 年《河北省政务信息资源共享管理规定》、2016 年《上海市政务数据资源共享管理办法》等。

律规范均是在同一行政区域内上下级行政机关之间或同级行政机关的不同行政部门之间来规定信息共享，对于不同行政区域内各地方政府之间的信息共享则并没有相应的法律规定。❶ 在这种状况下，不同行政区域的专利行政机关间就执法信息缺乏沟通和共享，难以避免出现专利行政机关重复受理和立案的情况。

在专利行政机关与司法机关的信息共享方面，一些地方知识产权局与检察院、公安机关建立了行政执法与刑事司法信息共享平台，对专利行政执法与刑事司法的合作与交流起到了积极推动作用。但"两法衔接信息共享平台"中的信息共享集中于刑事领域，而专利侵权属于民事纠纷，不适用刑事处罚，专利侵权纠纷行政执法和裁决信息是否属于共享范围颇有疑问。此外，此类信息共享平台目前大多尚未建立起信息共享的统一标准和范围，信息共享机制的建立和健全还处于摸索阶段。

为避免对同一专利侵权纠纷案件重复审理，尊重诉讼优先原则，《专利行政执法办法》第 10 条将"当事人没有就该专利侵权纠纷向人民法院起诉"作为专利行政机关受理专利侵权纠纷申请的前提条件，期望从制度设计上减少行政资源的浪费。然而，实践中，由于不同地域的专利行政机关之间以及专利行政机关与司法机关之间案件信息交流机制不健全（尤其在跨域案件的处理上，这一问题显得更为突出），在专利行政机关之间、司法机关之间、专利行政机关与司法机关之间普遍存在信息交流不畅的问题，形成了信息孤岛和信息壁垒，造成专利侵权纠纷处理过程中行政和司法资源的浪费以及行政裁决与司法判决的冲突。

（三）"双轨制"背景下司法终审原则对行政权力的制约

我国专利制度从创建伊始就确立了专利行政保护与司法救济并存的"双轨制"模式。该制度设立之初衷在于为当事人提供两种可以独立解决纠纷的途径，以实现两种争端解决方式的优势互补。"双轨制"模式运作的理想状态本应是遵循"或裁或审"的原则，即无论行政裁决还是司法判决均具有终局效力，当事人只需要选择一种途径即可解决争端。然而，根据世界贸易组织的 TRIPS 规定，知识产权纠纷的行政裁决不具有终局效

---

❶ 谈萧. 论区域府际信息共享的法治化 [J]. 学习与实践, 2016（12）: 27.

力，司法裁判才具有终局和确定的法律效力，由此确立了知识产权纠纷的司法终审原则。我国在加入世界贸易组织之后，作为其成员必须遵守TRIPS 的上述规定，因此，《专利法》于 2000 年进行了第二次修改后，专利侵权纠纷裁决不再具有终局性——这就导致行政裁决与司法程序的协调问题，也为当事人在两种途径之间寻租提供了便利。

从国际上看，大多数国家规定：司法途径是专利侵权救济的唯一途径，行政机关不享有对专利侵权纠纷的行政处理权。例如美国专利商标局、德国专利商标局、日本特许厅只负责专利申请的审查、授权以及处理专利权有效性争议，专利侵权纠纷由法院处理。虽然美国国际贸易委员会具有处理进口货物是否侵犯美国知识产权的职权，但该职权仅限于外国企业和个人与美国知识产权人的侵权纠纷，其并不负责通过行政措施处理美国国内的专利等知识产权侵权纠纷，因此其对国内专利侵权纠纷亦无行政执法权。因此，大多数国家并不存在与我国类似的专利纠纷行政裁决与司法救济的协调难题。❶

第三节　专利侵权纠纷行政裁决与司法审查的协调

一、专利侵权纠纷行政裁决司法救济性质的重新界定

TRIPS 在其序言中明确规定"知识产权为私权"。因此，专利侵权纠纷本质上属于平等主体之间的民事争议。针对当前专利侵权纠纷由当事人之间的民事争议异化为当事人与专利行政机关的行政争议的弊端，以及专利侵权纠纷行政裁决无法解决专利权人侵权赔偿诉求的困境，笔者认为可以有以下两种解决方案。

方案一：行政附带民事诉讼。所谓行政附带民事诉讼，即将关联性较强的行政诉讼与民事诉讼合并审理，由同一法庭同时解决行政和民事争

---

❶ 谢黎伟. 专利侵权行政裁决与司法审查的冲突与协调 [J]. 太原理工大学学报（社会科学版），2019（6）：64.

议。这种主张的法律依据是《行政诉讼法》第 61 条："在涉及行政许可、登记、征收、征用和行政机关对民事争议所作的裁决的行政诉讼中，当事人申请一并解决相关民事争议的，人民法院可以一并审理。"❶

方案二：民事诉讼途径。按照此方案，对行政机关的专利侵权处理决定不服的，当事人不是以行政机关为被告提起行政诉讼，而是要求当事人以对方当事人为被告提起民事诉讼。根据日本行政事件诉讼法第 4 条规定，当事人诉讼是指关于确认或者形成当事人之间的法律关系的处分或者裁决、根据法令规定以该法律关系的一方当事人为被告的诉讼、关于公法上的法律关系的确认诉讼及其他关于公法上的法律关系的诉讼。当事人诉讼理论认为："对特定的民事纠纷，特定行政机关可以根据法律授权作出行政裁决；但行政裁决的相对人可以根据个别法的规定直接就该民事纠纷以另外一个当事人为被告起诉，而不必先以行政诉讼排除行政裁决的公定力。"❷ 我国在 2000 年《专利法》第二次修改前，司法实务界对不服专利侵权纠纷行政裁决提起的诉讼在性质上认定为民事诉讼，其实采取的即是类似于日本模式的当事人诉讼途径。

对于方案一而言，其优势如下。其一，以行政附带民事诉讼方式处理行政案件，可以在一案中同时解决行政争议和民事争议，避免了不同法院或同一法院对行政案件和民事案件作出不同裁判，产生相互矛盾的审判结果。其二，实现诉讼经济。在行政附带民事诉讼中，当事人在身份上有重叠，即行政诉讼的原告是民事诉讼的原告。将两种争议一并解决，对法院来说，减少了如送达诉讼通知、传唤当事人等程序上的重复，能够提高法院的审判效率。对当事人来说，附带审理有利于争议案件的迅速解决，尽快实现自己的权益，避免以多方奔波换取迟来的正义。其三，可推动知识产权"三合一"审判深层次实质推进。利用专利侵权行民并审制度改造庭审程序，可以打破办案人员的固化思维，灵活适用行政、民事证据规则，促进行民判断标准的统一等实质性"三合一"审判改革。❸

---

❶　也有观点认为此条规定的是行政和民事诉讼的并案审理制度。参见：汪自成. 浅议行政诉讼中对民事争议的附带与并案审理 [J]. 人民司法，2003（8）：48-51.

❷　王天华. 日本的"公法上的当事人诉讼"：脱离传统行政诉讼模式的一个路径 [J]. 比较法研究，2008（3）：16.

❸　来小鹏，汪凌雪. 论我国专利侵权纠纷行民并审制度 [J]. 电子知识产权，2022（8）：49-50.

但此解决方案也存在不少固有缺陷。

第一，从理论上看，行政裁决诉讼中并不存在两个并列的不同性质的诉。行政裁决诉讼仅仅是在行政诉讼中包含了一个民事诉求，而民事诉求的解决首先要依赖于行政诉讼对行政裁决行为审查的结果，只有对行政裁决行为的合法与否作出判断后，才谈得上解决民事诉求的问题。第二，一方面，在专利侵权纠纷中，专利权人受到的损害并非源自专利管理部门的行政行为，而是被告的专利侵权行为，因此，上述《行政诉讼法》第61条是否可以适用于专利侵权纠纷，不无疑问，有待于在《专利法》《专利法实施细则》等特别法及相关法规或司法解释中予以明确。另一方面，上述规定虽然赋予当事人行政附带民事诉讼的请求权，但并未规定人民法院接到请求之后"必须"或"应当"一并审理民事诉讼。因此，能否启动行政附带民事诉讼，取决于审理法庭的自由裁量，仍然具有较大的不确定性。第三，行政附带民事诉讼增加了诉讼的复杂性。附带民事诉讼是诉的合并的一种特殊形式。诉的合并主要是为了节约时间，提高效率，并避免人民法院解决同一种类案件时因审理人员不同而导致判决结果的不一致。但如果在行政裁决诉讼案件中将民事诉讼和行政诉讼一并审理，则既要适用行政诉讼规则，也须适用民事诉讼规则。由于行政诉讼与附带的民事诉讼在规则上存在着诸多差异，尤其在审理原则、证明对象、时效、举证责任和证明标准、执行等方面存在难以协调的问题，❶ 这样极易使法庭调查和审理变得不易控制，以致影响诉讼效率。另外，实践中的行政附带民事诉讼案件往往因为涉及面广、案情复杂，需要对行政案件部分提前作出裁判，而当该行政裁判因一方当事人提出上诉未能生效时，附带的民事诉讼如果不中止审理，一审法院就有可能作出与二审法院行政裁判相抵触的民事判决。更为关键的是，在现行法的框架下，当专利行政机关作出责令被申请人停止侵权行为的裁决后，如果被申请人未提起行政诉讼，专利权人若要获得侵权赔偿，仍然需要就侵权赔偿问题另行提起民事诉讼。因此，行政附带民事诉讼的解决途径无法从根本上一揽子解决专利侵权纠纷，具有很大的局限性。

---

❶ 何文燕，姜霞. 行政诉讼附带民事诉讼质疑 [J]. 河南省政法管理干部学院学报，2002(2)：72.

比较而言，采用民事诉讼途径符合专利侵权纠纷的本质，可以避免行政机关成为民事争议的一方当事人的尴尬地位，摆脱将民事争议异化为行政争议的思维局限，有利于彻底解决民事纠纷。其实，民事诉讼途径在其他法律领域已有其例，例如，在劳动争议仲裁案件中，当事人不服仲裁裁决提起的诉讼中，被告是对方当事人而非作出裁决的劳动争议仲裁委员会。因此，当事人诉讼途径不但使得诉讼性质回归本原，也减少了当事人的诉累。是解决此类纠纷的合理途径。

二、扩大司法变更权的范围

根据《行政诉讼法》及相关司法解释，行政诉讼的判决分为维持判决、撤销判决、履行判决、变更判决、驳回诉讼请求判决和确认判决。在处理专利侵权纠纷行政裁决诉讼时，我国法院适用的判决种类只有维持和撤销判决两种。虽然在作出撤销判决的同时可以责令行政机关重新作出行政裁决，但是由于未能从根本上对双方当事人的民事法律关系作最终的确定，双方的民事权利义务状态仍处于不稳定状况。法院判决行政主体重新作出行政裁决后，如不符合当事人的意愿和法律规定时，当事人又要重新起诉，法院可能又要重新判决撤销，如此一来循环重复，使得案件久拖不决，同时造成社会资源的浪费。

原《行政诉讼法》第 54 条规定："行政处罚显失公正的，可以判决变更。" 2014 年修正后的《行政诉讼法》第 77 条规定："行政处罚明显不当，或者其他行政行为涉及对款额的确定、认定确有错误的，人民法院可以判决变更。"虽然新法与旧法相比，扩大了变更判决的适用范围，但是法院对行政裁决的司法变更权仍然非常狭窄，严格局限于行政处罚显失公正和行政行为中数额认定错误这两种情形。专利侵权纠纷行政裁决不属于行政处罚的范畴，法院显然无法作出变更判决。这一状况不但不利于体现司法最终干预原则，也不利于专利侵权民事纠纷的最终解决。司法变更权之所以有存在必要，"不是因为法院可以代替行政主体做最理想的事，而是因为法院可以促使行政主体尽可能不做不理想的事"❶。司法变更权是人

---

❶ 夏锦文，刘志锋. 行政诉讼司法变更的理论基础［J］. 法制与社会发展，2004（6）：73.

民法院对行政机关进行有效监督的一种法律手段，是协调行民诉讼关系的一种方式，是避免循环诉讼、克服诉讼障碍的重要途径。因此，在以下情形下应当赋予法院司法变更权：一是行政裁决适用法律、法规错误；二是行政裁决认定事实错误；三是行政裁决程序违法，但法院主动调取证据，可以认定事实的。通过扩大变更判决的范围，赋予法院司法适当的变更权，既可实现司法对行政的有效监督，也有利于民事争议的彻底解决。当然，这是在将专利侵权行政裁决定位为行政诉讼下的改进措施，如果将其界定为民事诉讼，这一问题即可迎刃而解。

三、专利侵权纠纷案件的分类与分流

在现行的"双轨制"背景下，为节约行政与司法资源，有必要对专利侵权纠纷案件进行分类与分流，实现专利侵权行政裁决与司法程序的有效衔接。专利侵权纠纷案件，本质上是民事纠纷，行政机关以居中者身份作出裁决，有利于提高争端的解决效率，应尊重当事人意愿，由其自主选择主管机关。对于纯民事性质的专利纠纷案件，如专利权转让合同纠纷、专利许可使用权纠纷，专利行政机关可以进行调解，但不宜作出行政裁决，适宜由法院按民事诉讼法规定进行审理。

对于专利侵权纠纷案件，专利行政机关应在充分了解当事人申请目的的基础上，根据案件具体情况进行分类处理。（1）对于那些侵权行为明显，侵权判断相对简单，且申请人的目的主要是为了及时制止侵权行为，避免市场占有份额受到侵权行为侵蚀的案件，依照行政执法程序处理。（2）对于那些侵权判断相对复杂，且申请人的目的不仅是为了制止侵权行为，还要求获得经济损失赔偿的案件，可根据情况进行调解，对于调解不成或调解难度较大的案件，应建议申请人撤回行政处理申请，向人民法院提起诉讼，依照司法程序解决专利侵权纠纷。以此实现专利行政处理程序向司法程序的引导，避免司法与行政执法资源的重复投入和浪费。（3）对于接受专利执法机关建议，撤回专利行政处理申请的案件，人民法院应建立快速立案通道，优先进行立案材料接收，缩短立案审查周期，使纠纷尽

快进入司法程序审理。❶

在此方面，英国的做法可供借鉴。英国专利法第61条规定了专利侵权救济的法律程序。专利权人发现他人侵犯其专利权后，可至法院提起诉讼，向法院诉求的事项可包括：认定其专利权有效且受到侵犯；发布禁令；判决侵权人赔偿其损失或把侵权人的侵权利润判归于他（二者只能取其一）；命令被告交出或销毁侵权产品。在此一般性规定的基础上，如果专利权人与被控侵权人达成协议，同意其纠纷由英国知识产权局（局长）处理，则双方可请求知识产权局处理其纠纷，但请求事项仅包括认定专利权是否有效、被控人是否构成侵权以及裁定侵权赔偿数额。如果知识产权局认为该案件更适于法院判决处理，就可拒绝受理，此时则需由法院审理该专利侵权纠纷。

四、探索专利侵权纠纷行政裁决与司法审查协调的新机制

在现行立法体制下，有必要在两者的协调机制上进行必要的调整和优化，以减少专利纠纷行政裁决与司法审查的冲突。

（一）行政在审案件与司法在审案件的协调

当事人就同一专利侵权行为提起行政处理申请后，又向人民法院提起诉讼的；或者当事人先向人民法院提起侵权诉讼，再向行政机关提起行政处理申请，对于这两种情况，无论当事人提起的先后顺序如何，行政机关都应终止对专利侵权纠纷的行政处理，案件由人民法院按照司法程序处理。其理由在于：在当事人已分别向两机关请求处理的情况下，依照司法终审原则，司法机关裁判决定案件的最终结果。因此，在此情形下，为避免社会资源浪费，裁判结果不一，只宜由司法机关处理。在具体操作中，一旦出现上述情形，专利行政机关应向申请人予以释明，建议其撤回行政处理申请。如果当事人不予撤回，专利行政机关应作出终止行政处理决定书。

如果行政在审案件和司法在审案件虽然由同一申请人提出，但并非针对同一侵权行为，行政机关应予受理并依照行政程序处理。倘若两个案件

---

❶ 周晓冰，樊晓东. 专利行政执法与司法程序的衔接［J］. 人民司法，2010（15）：47.

相互之间存在关联，一案必须以另一案的审理结果为依据，而另一案尚未审结的，专利行政机关应中止案件的处理，等待另一案件处理结束后再恢复行政处理程序。

（二）行政处理程序结束后再请求司法保护的协调

对于同一专利侵权纠纷，经专利行政裁决程序处理后，权利人再次请求司法保护的，按照现行法律规定的司法终审原则，无论专利行政裁决程序是否确认侵权行为成立，人民法院均应受理。人民法院在审理此类专利侵权纠纷时，应从以下三个方面处理。

第一，独立进行侵权司法判定。人民法院在处理此类专利侵权纠纷时，不将行政执法处理中的侵权认定结果作为依据，而是根据具体情况，结合双方当事人的证据全面审查，独立认定。

第二，不重复判令停止侵权。同一专利侵权纠纷，经专利行政裁决程序处理后，行政机关认定被申请人的侵权行为成立，作出责令被申请人立即停止侵权行为的处理决定，并且该行政决定已经生效的，人民法院在司法程序中经过独立侵权判定，亦认为侵权成立的，对于原告要求侵权人承担停止侵权的民事责任的主张，按照"一事不再理"原则，人民法院不予处理，即不再重复判令侵权人停止侵犯专利权的行为。如果责令被申请人立即停止侵权行为的处理决定尚未生效，当事人提起诉讼的，人民法院认定侵权行为成立的，则应作出责令停止侵权行为的判决。

第三，依法处理民事赔偿问题。对经过专利管理机关行政处理后，当事人就赔偿问题提起民事侵权诉讼的，人民法院应当依法予以受理。请求人单独提起的侵权赔偿之诉是基于被请求人放弃诉权而生效的行政裁决，对于此类诉讼，法院应当在行政裁决效力的基础上仅就侵权赔偿进行裁判，不应再就是否侵权做全面审理。在被请求人已经放弃诉权、行政裁决已经生效的情形下，法院要尊重行政主体的行政部门作出的裁决，将裁决结果作为事实性证据对侵权直接作出认定，仅就侵权损害赔偿额作出审理和判决。❶

---

❶ 张飞虎. 专利侵权纠纷救济"双轨制"下行政裁决与司法裁判程序衔接相关问题的探讨[J]. 电子知识产权，2020（12）：84.

（三）司法程序结束后再追究行政责任的协调

对于同一专利侵权纠纷，经司法程序审理后，人民法院认定不构成侵犯专利权的，当事人就同一事实、同一行为再次向专利行政机关申请行政处理，要求侵权行为人承担行政责任的，依照"一事不再理"和司法终审原则，专利行政机关应不予受理；对于同一专利侵权纠纷，经司法程序审理后，人民法院认定构成侵犯专利权，并责令侵权人承担了相应的民事责任的，当事人就同一事实、同一行为再次申请行政处理，要求行为人承担行政责任的，依据《专利法》规定，专利行政机关对专利侵权行为只能作出责令侵权人立即停止侵权行为的处理。鉴于人民法院在处理专利侵权纠纷案件时，认定侵犯专利权成立的，会同时判令侵权人承担停止侵害的民事责任，因此，专利行政执法部门无需重复作出侵权认定，不应受理权利人的处理申请。

对属于《专利法实施细则》第84条所规定的假冒专利行为，从理论上讲，在司法程序结束后，当事人还可以向行政机关提出申请，请求行政机关责令其承担相应的行政责任。不过，在司法程序中已经责令侵权人承担停止侵权的民事责任的情况下，专利行政机关是否还可责令改正并予公告？应该说，责令改正的主要目的和主要方式就是停止假冒专利行为，因此，在司法机关已经作出责令停止侵权行为的裁判时，行政机关不宜就同一假冒专利行为再次要求侵权人停止假冒专利行为。

（四）专利侵权行政裁决、侵权诉讼和确认不侵权诉讼之间的协调

按照目前的法律规定，专利权人认为其专利权受到侵害，可以向行政机关请求处理或者向人民法院提起侵权诉讼。此外，被控侵权人如果认为自己不存在侵权行为，也可以向人民法院提起确认不侵权诉讼。按照立案时间顺序，专利侵权行政裁决、侵权诉讼和确认不侵权诉讼之间存在如下三种程序交叉的情形。

1. 行政裁决在先，确认不侵权诉讼在后

专利权人向行政机关举报涉嫌侵权行为，行政机关对侵权行为进行了处理，而被控侵权人不服该行政决定，提起行政诉讼，后又以自己的行为

不构成侵权为由向法院提起了确认不侵权之诉。对此情形应如何处理？司法实务中，"彼得兔"商标侵权案是此种情形的典型案例，❶ 可以为后续包括专利侵权在内的此类案件的审理提供借鉴。在该案中，北京市第一中级人民法院认为，由于有关行政机关已就原告的行为是否侵犯被告对该商标享有的专用权进行了认定，且原告已提起了行政诉讼，请求对行政裁决的合法性进行审查，对于其行为是否构成侵权，原告已经获得了相应的司法救济途径，根据"一事不再理"原则，原告不应通过提起确认不侵权之诉的方式再次请求人民法院对此问题予以认定。

由该案的裁判可以推出，对于专利被控侵权人而言，如果对行政处理决定不服，可以提起行政诉讼，但不得再提起确认不侵权诉讼。这样做不仅可以避免司法资源的浪费，也可以避免不同法院裁判结果的冲突。

2. 侵权诉讼在先，确认不侵权诉讼在后

专利权人向法院提出侵权诉讼，法院已就该侵权诉讼予以立案受理，而被控侵权人又向同一或不同法院提起确认不侵权诉讼。对此情形应如何处理？这种情况下确认不侵权诉讼可以被在先的侵权诉讼所吸收，在后的确认不侵权诉讼应不予受理或驳回起诉。北京数字天堂信息科技有限责任公司与南京烽火星空通信发展有限公司确认不侵犯著作权纠纷管辖权异议案为此类案件的处理提供了借鉴。❷ 该案中，最高人民法院还进一步明确，应以当事人提起诉讼或者行政处理请求的时间进行比较，而不应以法院批准立案或行政机关受理请求的时间为判断基准。

3. 确认不侵权诉讼在先，侵权诉讼在后

被控侵权人向法院提出确认不侵权诉讼，法院已就该确认不侵权诉讼予以立案受理，而专利权人又向同一或不同法院就同一侵权关系提起侵权诉讼。例如，石家庄双环汽车股份有限公司（以下简称"双环股份公司"）诉本田技研工业株式会社（以下简称"本田株式会社"）确认不侵犯外观设计专利权及损害赔偿案即属于这种情形。2003 年，双环股份公司首先在

---

❶ 中国社会科学出版社诉费德里克·沃恩有限责任公司确认不侵犯注册商标专用权案，参见北京市第一中级人民法院（2003）一中民初字第 6356 号民事判决书、北京市高级人民法院（2005）高民终字第 00513 号民事裁定书。

❷ 申请再审人北京数字天堂信息科技有限责任公司与被申请人南京烽火星空通信发展有限公司确认不侵犯著作权纠纷管辖权异议案最高人民法院〔（2011）民提字第 48 号〕。

石家庄市中级人民法院起诉本田株式会社确认不侵犯其外观设计专利权，而后本田株式会社在北京市高级人民法院起诉双环股份公司侵犯其外观设计专利权。最高人民法院就此批示，就同一专利权的侵权诉讼和确认不侵权诉讼应移送至先立案法院合并审理。❶

综上所述，虽然确认不侵权诉讼是当事人可以提出的独立诉讼，但确认不侵权诉讼与专利侵权纠纷的行政裁决、侵权诉讼两种程序之间具有紧密的法律关联，因此，当一方当事人已经提出专利侵权行政处理或者侵权诉讼的救济时，另一方当事人在侵权诉讼程序中可以提出不侵权抗辩，以对抗专利权人的主张。如果允许被控侵权人另行单独提出确认不侵权诉讼，将造成司法资源的浪费，亦不符合"一事不再理"原则。但当一方当事人在先提出独立的确认不侵权诉讼时，由于确认不侵权诉讼具有不同于不侵权抗辩的独立诉讼利益，不能被在后的侵权救济所吸收，但为避免裁判结果的不一致，应当合并审理。

（五）非诉行政强制执行案件的协调

在专利侵权纠纷案件的行政裁决生效后，如果当事人拒不履行行政裁决，专利行政机关可申请法院强制执行。部分法院在行政执行案件审查与强制执行模式上，采取由行政审判庭审查后，对准予强制执行的案件交付执行局执行的方式。行政机关在法院一般需立案两次：一次是立非诉行政执行审查案件，一次是立非诉行政执行强制执行案件，各案件有不同的编号，分属不同单位办理。❷ 对此，有研究者建议，对于一般专利非诉行政执行案件审查与强制执行可采取审查、执行合二为一的模式，由行政审判庭统一办理。此种模式下，案件为一个类型即非诉行政执行案件，一个案件只编一个案号。减少案件移转环节，提高审查、执行效率。❸ 不过，这种合二为一的思路与目前审执分立的体制难以契合，不具有可行性。为解决行政机关两次立案的问题，关键在于法院内部应理顺案件流程，在行政

❶ 双环股份公司诉本田株式会社确认不侵犯外观设计专利权及损害赔偿案，最高人民法院（2014）民三终字第7号。
❷ 周继军. 关于加强人民法院非诉行政执行案件审查的思考 [J]. 政府法制，2008（19）：50－51.
❸ 周晓冰，樊晓东. 专利行政执法与司法程序的衔接 [J]. 人民司法，2010（15）：49.

审判庭审查通过后，移交给执行局执行即可，不需要行政机关进行两次立案。这样不但可以提高执行效率，也可以避免同一行政执行案件给予两个编号的尴尬局面。

类似地，对于人民法院受理的同时涉及辖区内被执行人和异地被执行人的专利非诉行政执行案件，行政审判庭经审查后，应及时移交执行局执行。案件移交程序在法院内部进行，这样就不需专利行政机关再次申请、再次立案，以节约时间成本，提高执行效率。为妥善解决异地执行难问题，行政机关所在地人民法院与被执行人所在地人民法院应进行沟通协调，解决执行问题。

此外，如前所述，由于专利行政与司法保护的双轨制，专利权人有权通过行政和司法途径获得救济。实践中容易发生专利权人就同一专利纠纷分别向行政机关和司法机关寻求救济，在当事人未告知而两机关又不知情的情况下，加之专利纠纷案件的复杂性，容易出现同案不同判的情况，尤其对于跨地域的专利侵权行为更是如此。为避免上述状况的发生，有必要采取以下措施。

（1）建立当事人声明制度。专利行政机关受理专利侵权纠纷案件时，可以要求当事人提交声明书，声明其仅就一种途径提起救济，未同时就同一案件寻求其他救济途径。如当事人拒绝签署声明，则不予立案。

（2）建立两机关的定期联络机制。专利行政机关与司法机关应加强专利侵权纠纷案件信息的交流，两机关确定专门的联络员，定期交换案件信息，遇到复杂疑难的案件，由相关领导召开联席会议协商解决。

（3）加快信息化建设，实现跨地域专利行政机关与司法机关案件信息的联网。应尽快建立全覆盖和一体化的信息共享平台，统一信息共享的标准和范围，明确各机关信息共享的权责，提升信息共享的及时性和有效性。这不但有利于提高案件信息交流的效率和便捷，尤其对于跨地域专利侵权纠纷案件的协调处理具有重要意义，也是落实上述协调措施，避免行政和司法资源重复投入的根本途径。

第五章　专利纠纷行政调解与司法程序的对接机制

第一节　专利纠纷行政调解概述

一、行政调解的概念、性质和范围

对于行政调解的概念和性质，学界未形成统一见解，可以分为行政行为说和非行政行为说。行政行为说认为，行政调解是指由行政主体出面主持的，以国家法律、法规和政策为依据，以自愿为原则，以平等主体之间的民事争议为对象，通过说服教育等方法，促使双方当事人平等协商、互谅互让、达成协议、消除纠纷的一种具体行政行为。[1] 还有观点认为，行政调解属于行政事实行为。具而言之，行政调解属于行政事实行为中的行政指导行为。[2] 非行政行为说则认为，行政调解不是行政行为，因为行政调解行为既不具有强制性，也不具有可诉性，仅是一种与行政管理职能相关的行为。[3]

上述观点的歧异实际上反映了对行政行为的不同理解。对于何谓行政

---

[1]　湛中乐. 行政调解、和解制度研究 [M]. 北京：法律出版社，2009：35.
[2]　黄学贤，孟强龙. 行政调解几个主要问题的学术梳理与思考：基于我国理论研究与实践发展的考察 [J]. 法治研究，2014（2）：82.
[3]　胡建淼. 行政法学 [M]. 北京：法律出版社，2003：368.

行为，学界主要有行政主体说、行政权说、公法行为说。❶ 按照行政主体说，行政行为是行政主体的一切行为。以此观之，行政调解在行政主体的主持下进行，自应属于行政行为无疑。根据行政权说，只有行使行政权的行为才是行政行为，行政行为不包括行政机关没有行使行政权所为的私法的行为。行政调解过程中，行政主体不能利用行政权力迫使当事人达成协议，行政调解也就不能称之为行政行为。依照公法行为说，行政行为是具有行政法（公法）意义或效果的行为，因此私法行为和事实行为被排除在行政行为之外。依据该说，由于行政调解无论是否成功都不会产生行政法上的强制效果，行政调解亦不应属于行政行为。

笔者赞同行政主体说。行政调解作为一种行政行为，不像传统行政行为那样具有"强制性"这一典型的刚性特征，而是像行政指导一样表现出更多的柔性特质。从行政调解的本质看，"专利行政管理部门对专利争议的调解严格说来是一种服务而不是一种权力。调解工作能否开展并有效需要当事人的信任，且取决于专利行政管理部门的执法形象、信誉以及调解的水平和技巧"。❷ 从现代行政法的理念看，行政主体与行政相对人在状态上是一种利益一致关系，在行为上是服务与合作关系，在观念上是相互信任的关系。因此，行政行为被认为是行政主体在行政相对人的合作下所为的公共服务行为。❸ 因此，行政调解行为在性质上应属行政服务行为。

在行政调解的范围上，学界也存在民事争议和民事兼行政争议之争。前者主张行政调解的范围仅限于与行政管理活动有关的民事争议。后者认为行政调解的范围应同时调整民事纠纷和行政争议。❹ 从立法层面看，我国行政调解已突破了民事纠纷的范畴。2006 年，中共中央办公厅和国务院办公厅联合发布的《中共中央办公厅 国务院办公厅关于预防和化解行政争议健全行政争议解决机制的意见》中明确提出行政争议要在"不损害国家利益、公共利益和他人合法权益的前提下，在双方当事人自愿的基础上，争取调解处理"。2007 年施行的《中华人民共和国行政复议法实施条例》

❶ 姜明安. 行政法与行政诉讼法 [M]. 北京：北京大学出版社，2005：173 - 175.
❷ 吴汉东. 中国知识产权制度评价与立法建议 [M]. 北京：知识产权出版社，2008：157.
❸ 狄骥. 宪法论 [M]. 钱克新，译. 北京：商务印书馆，1962：483；陈新民. 公法学札记 [M]. 台北：三民书局，1993：66，116，126.
❹ 刘旺洪. 行政法学 [M]. 南京：南京师范大学出版社，2005：247.

以行政法规的形式正式赋予行政复议机关对于行政纠纷的调解权。该条例将行政调解纳入行政复议中，规定行政复议机关在以下两种情形下可以按照自愿、合法的原则进行调解：一是公民、法人或者其他组织对行政机关行使法律、法规规定的自由裁量权作出的具体行政行为不服，申请行政复议的；二是当事人之间的行政赔偿或者行政补偿纠纷。2010 年《国务院关于加强法治政府建设的意见》中再次强调："要把行政调解作为地方各级人民政府和有关部门的重要职责……发挥行政机关在化解行政争议和民事纠纷中的作用。"可见，相关的行政法规和政策文件已将行政争议列入行政调解的范围。不过需要指出的是，只有法律特别规定的行政争议方可调解。

行政调解与人民调解、司法调解相比，其优势体现在：其一，行政主体具有的权威性带来的外在力量。"在调解者对具体纠纷的解决持有自己的利益时，往往可以看到他为了使当事者达成合意而施加种种压力的情况。这种'强制性的合意'之所以成为可能，是因为调解者对当事者常常持有事实上的影响力。在调解者相对于当事者来说处于社会的上层，或者当事者在经济上对调解者有所依靠的情况下，调解者提出的解决方案对于当事者具有不可忽视的分量。"❶

其二，行政调解的专业性。由于现代分工日趋精细，涉及特定领域的纠纷专业性强（如医疗、海事、专利等领域），而且解决纠纷所依据的规则专业性强（如一些部门规章、行业规则等），这些领域不是普通的人民调解员能进行调解的，甚至普通的法官也难以胜任，但行政部门人员可凭借得天独厚的优势调解这类专业性强的纠纷。❷

其三，行政调解的综合性、广泛性和规范性。行政机关可以在处理行政违法行为的同时，对其所引起的民事纠纷一并处理。行政主体的解纷活动具体方式较民间机制更为规范，受到行政机关权限和公务员行为准则的双重约束，而且受到司法审查的外部监督制约——这些规范和约束机制有

---

❶ 棚濑孝雄. 纠纷的解决与审判制度［M］. 王亚新，译. 北京：中国政法大学出版社，2004：13.

❷ 梁平. "大调解"衔接机制的理论建构与实证探究［J］. 法律科学（西北政法大学学报），2011（5）：158.

利于保障其公正性。❶

其四，解决纠纷快捷、成本低廉。诉讼程序需要经历一审、二审甚至再审的冗长周期，尤其对于技术复杂的专利纠纷案件，诉讼长达数年仍然久拖不决也并不鲜见，导致当事人诉讼成本居高不下。行政调解程序简便快捷，基本不收取费用，避免了当事人的讼累负担。

此外，对于行政主体而言，通过调解或协调寻求社会公众利益与当事人之间以及各方当事人之间的利益平衡，探索合理的规则和标准，不仅可及时进行社会关系的调整，形成快速的反馈和治理机制，而且有助于促进政策、法律和制度的形成，预防同类纠纷的反复发生，维护社会的和谐与稳定。

二、专利纠纷行政调解的本质及范围

2000 年《专利法》第二次修改时，首次在立法上确立了专利纠纷行政调解制度，明确规定对于专利侵权纠纷的赔偿数额，管理工作的部门应当事人的请求可以进行调解。❷ 根据国家知识产权局发布的《专利行政执法办法》的规定，专利行政执法包括三个方面的内容：第一，处理专利侵权纠纷（这种处理其实就是一种行政裁决）；第二，调解专利纠纷；第三，查处假冒专利行为。可见，现行法将行政调解作为一种行政执法来定位，但如上所述，从本质上讲，行政调解是为专利纠纷当事人提供的一种行政服务，将其定位为行政执法并不妥当。

具体而言，专利纠纷行政调解的范围包括：（1）专利申请权和专利权归属纠纷；（2）发明人、设计人资格纠纷；（3）职务发明人的发明人、设计人的奖励及报酬纠纷；（4）在发明申请公布后专利权授予前使用发明而未支付适当费用的纠纷；（5）侵犯专利权的赔偿数额纠纷。❸

有学者认为行政争议的和解或调解不必纠缠于行政权的可处分性，专

---

❶ 范愉. 行政调解问题刍议［J］. 广东社会科学，2008（6）：175.

❷ 2000 年《专利法》第 57 条。

❸ 国家知识产权局《专利行政执法操作指南（试行）》第 4 章第 1 节。

利权授予和有效性行政纠纷也可以适用行政调解。❶ 此观点大有可议之处。其一，涉及专利权的授予和有效性的行政争议不仅涉及相对人利益，而且影响社会公众利益和社会经济发展，因此对于专利申请和权利有效性的审查应严格依照法律的"新颖性、创造性、实用性"等授权条件进行，不属于行使行政自由裁量权的行为，不应随意处分。其二，在专利申请和权利有效性的审查过程中，专利行政机关是具有行政权的一方主体，而非居于中立地位的第三方，适用行政调解从法理上也难以自圆其说。其三，按照TRIPS 的规定，此类争议应由司法终局决定。对此类纠纷适用调解，行政机关可能会出于息事宁人的目的与相对人当成妥协。这不但妨碍行政机关正常行使职权，也会使此类纠纷接受司法终审的目的落空。因此，有关专利的授予和有效性的行政争议不应适用行政调解。

对于行政调解中行政机关与当事人的法律关系，存在三种不同观点。其一，一面关系说。一面关系说认为行政调解属于任意调解，行政调解机关对于调解的双方当事人并没有强制力，因此，法律关系只存在于当事人之间，至于当事人与行政调解机关之间则没有任何法律关系存在。其二，两面关系说。因对行政调解机关提出解决私权纷争的请求而申请调解，申请人与行政调解机关之间即发生一种法律关系——行政调解机关对申请人之申请负调解之义务。又由于该申请调解书送达争议双方之后，双方当事人与行政调解机关间也发生一种调解法律关系——双方当事人有到场进行调解的义务。虽然争议双方当事人之间并没有直接的法律关系，但是行政调解一般具有一定的强制力，可能造成双方当事人在心理上或实际上强制到场调解的义务，即成立两面关系说。其三，三面关系说。由于行政调解具有一定的强制力，除认为就争议双方当事人各与行政机关发生一定法律关系之外，还可以认为争议双方当事人之间也存在调解法上的权利义务关系。因此，行政调解具有私法行为和诉讼调解行为的双重性质，并依法律的特别规定而可以发生诉讼法上特别效果的私法行为，即成立三面关系说。❷ 就专利纠纷的行政调解而言，由于调解的自愿性和非强制性，调解协议仅在当事人之间产生民事合同的效力，因此采一面关系说较为合理。

---

❶ 张炳生，乔宜梦. 专利行政调解：比较优势与实现路径［J］. 宁波大学学报（人文科学版），2014（3）：108.

❷ 倪静. 知识产权争议多元化解决机制研究［M］. 北京：法律出版社，2015：381-382.

值得注意的是，现行法规定专利侵权的赔偿数额可以适用行政调解，但是对专利侵权纠纷能否调解未作明确规定，对于专利权转让合同以及专利许可使用合同纠纷能否调解亦未置一词。从行政法理论和行政诉讼法的规定看，对于行政机关的具体行政行为不适用调解——既然行政机关对专利侵权纠纷的处理决定属于具体行政行为，侵权纠纷似不应适用调解。然而，如前文所述，专利侵权纠纷行政裁决表面上属于具体行政行为，实质上是以中立者的身份对当事人之间的民事争议所作的裁判，与一般行政行为迥异。因此，行政机关处理专利侵权纠纷的过程类似于民事诉讼和仲裁，应当可以适用调解。行政机关调解专利权转让、许可使用合同纠纷，同样是以居中者的地位调停平等主体间的民事争议，因此亦应当将专利侵权纠纷以及专利转让、许可使用合同纠纷明确纳入行政调解的范围。

第二节　专利纠纷行政调解的现状和问题

一、专利纠纷行政调解的立法状况

在法律规范层面上，2000 年修改的《专利法》首次确立了专利纠纷行政调解制度，规定"应当事人的请求，可以就侵犯专利权的赔偿数额进行调解"，由此赋予了行政机关对侵权赔偿额的调解权。2008 年和 2020 年修改的《专利法》维持了原来的内容，规定："进行处理的管理专利工作的部门应当事人的请求，可以就侵犯专利权的赔偿数额进行调解；调解不成的，当事人可以依照《中华人民共和国民事诉讼法》向人民法院起诉。"❶《专利法实施细则》明确了专利纠纷行政调解的管辖，规定："当事人请求处理专利侵权纠纷或者调解专利纠纷的，由被请求人所在地或者侵权行为地的管理专利工作的部门管辖。两个以上管理专利工作的部门都有管辖权的专利纠纷，当事人可以向其中一个管理专利工作的部门提出请求；当事人向两个以上有管辖权的管理专利工作的部门提出请求的，由最先受理的

---

❶ 《专利法》第 65 条。

管理专利工作的部门管辖。管理专利工作的部门对管辖权发生争议的，由其共同的上级人民政府管理专利工作的部门指定管辖；无共同上级人民政府管理专利工作的部门的，由国务院专利行政部门指定管辖。"❶ 国家知识产权局发布的《专利行政执法办法》中设立"专利纠纷的调解"一章，其第22—27条规定了专利纠纷行政调解的基本程序。国内一些地方出台的本区域的行政调解办法或行政调解暂行办法中也对知识产权行政调解作了一些规定；❷ 大多数地方还出台了关于专利纠纷处理的地方性法规，对本区域的专利纠纷行政调解专门予以规范。❸

在司法解释层面上，2002年最高人民法院发布的《最高人民法院关于审理涉及人民调解协议的民事案件的若干规定》明确了人民调解协议的民事合同性质。然而，行政调解协议长期处于对当事人没有法律约束力的尴尬状态。实践中，一些行政主体，尤其是基层人民政府，在进行行政调解时，不得不给其主持达成的调解协议"披上人民调解协议的外衣"，将原本具有独立地位和功能的行政调解委身附属于人民调解。直到2009年，最高人民法院印发的《最高人民法院关于建立健全诉讼与非诉讼相衔接的矛盾纠纷解决机制的若干意见》（法发〔2009〕45号）明确规定："经行政机关、人民调解组织、商事调解组织、行业调解组织或者其他具有调解职能的组织达成的具有民事合同性质的协议，经调解组织和调解员签字盖章后，当事人可以申请有管辖权的人民法院确认其效力。"这一规定赋予行政调解协议与民事调解协议同样的民事合同的性质，专利纠纷行政调解协议的效力由此得以明确。

2016年5月，国家知识产权局根据专利法律法规的相关规定，发布了《专利纠纷行政调解指引（试行）》，对专利纠纷行政调解工作作出了专门规范。2020年7月，国家知识产权局在总结上述文件实施经验的基础上，颁布了《专利纠纷行政调解办案指南》，从行政调解启动条件、申请材料送达和立案的相应期限、证据审查以及当事人的举证责任、调解员的选

---

❶ 《专利法实施细则》第81条。

❷ 北京市在2015年颁布实施了《北京市行政调解办法》，浙江省在2017年也出台了《浙江省行政调解办法》，南昌市在2013年制定实施了《南昌市行政调解办法（试行）》，武汉市在2018年初也制定实施了《武汉市行政调解暂行办法》等。

❸ 例如，《上海市专利纠纷调处暂行办法》（2010）、《山东省专利纠纷处理和调解办法》（2016）、《广州市处理专利纠纷办法》（2012）。

任、调解方式、中止调解的事由、现场调解程序、笔录问题、保密条款、制作调解协议书的内容要求、调解协议书无效的情形、撤销案件的情形、调解时限以及卷宗管理等方面作了具有可操作性的规范。

总体而言，我国专利纠纷行政调解的法治建设仍然薄弱，缺乏系统完整的制度设计，在立法层次上，既没有出台专门的行政调解法，也没有在《行政诉讼法》或其他法律规范中对行政调解制度进行明确认可和统一规范。《最高人民法院关于建立健全诉讼与非诉讼相衔接的矛盾纠纷解决机制的若干意见》虽然明确将行政调解协议定性为民事合同，但从法律位阶上看，该意见属于司法政策性文件，其效力与权威性存在明显不足。在内容规范上，现有的法律、行政法规、地方性法规虽然对专利纠纷行政调解有所涉及，但大多过于原则和简略，缺乏可操作性。部门规章性质的《专利纠纷行政调解办案指南》虽然对专利纠纷调解、对各类专利纠纷如何认定和判断以及行政调解程序作了更为详细的规定，但其程序性规范仍然有所欠缺。可见，专利纠纷行政调解制度从调解理念到规则设计上仍然存在不少问题，阻碍了专利行政调解效能的发挥。

二、专利纠纷行政调解的运作困境

（一）专利纠纷行政调解理念偏差、主体角色重叠

《专利行政执法办法》第 2 条规定："管理专利工作的部门开展专利行政执法，即处理专利侵权纠纷、调解专利纠纷以及查处假冒专利行为，适用本办法。"从该条规定看，调解专利纠纷与处理专利侵权纠纷、查处假冒专利行为一并被看成是一种行政执法行为。而从本质上看，行政调解行为并非是专利行政机关依照职权所为的行为，不是行政执法行为而是行政服务行为。这种理念上的偏差将导致制度设计的偏行政化的倾向，进而影响制度的运行效果。

目前，我国的专利纠纷行政调解工作基本上是由专利行政机关内设的执法部门来承担，行政调解主体与行政执法主体存在竞合。当调解权和执法权融为一体时，这种双重身份使得行政执法主体难以真正把握好自己的

中立者身份。这表现在：首先，行政执法者以"查明事实，分清是非"❶为前提，在调解过程中片面强调合法和是非原则，习惯采取教育方式，其亲专利权人的身份倾向偏重于维护权利人权益，会导致当事人之间难以达成妥协，甚至出现矛盾激化的情形；其次，行政机关手中掌握的的权力和行政资源也容易使纠纷当事人产生敬畏心理，调解员在调解过程中也有可能采用明示或者暗示的方式给当事人施加心理压力，导致其违心接受调解协议。

尽管近年来专利行政机关大力加强行政执法工作，不断强化行政执法力量，但总体而言，专利行政执法队伍的建设并不理想，尤其是基层的行政执法力量更为薄弱。随着近年来专利纠纷案件数量的快速增长，案情日益复杂，现有执法队伍已经难以满足现实需要——在对专利违法行为进行处理时，具备行政执法资格的工作人员尚显不足，更难以有富余的人员、时间和精力来承担日益增加的民事纠纷调解工作。可见，依靠专利行政机关和执法人员来承担纠纷的调解工作，其科学性和可行性均令人质疑。

（二）判断型调解模式难以实现预期效果

由于行政机关依法行政的要求，必然在行政调解中要求"查明事实，分清是非"，强调在合法基础上的纠纷解决，从而具有明显的"判断型调解"特征。所谓判断型调解，即"把发现法律上是正确的解决作为调解应该贯彻的第一目标，同时在与审判比较的意义上把降低发现正确解决所需要的成本作为调解固有的长处"。❷ 然而，这种调解模式的设定在实践中存在难以克服的内在缺陷：一方面，把重点置于发现法律上正确的解决，意味着这个发现的任务主要由调解人承担，调解人不得不展示其对纠纷是非曲直的判断立场，并且调解人只要认为纠纷解决方案是正确的，本质上就具有不管当事者是否愿意接受也要贯彻到底的倾向；另一方面，为了坚持自主解决纠纷的理想，又必须尽可能地排除强制的契机。判断型调解在这里遇到了难以解脱的尖锐矛盾。此外，为了追求法律上的正确解决，必须

---

❶ 《专利行政执法办法》第 3 条第 2 款："管理专利工作的部门调解专利纠纷，应当遵循自愿、合法的原则，在查明事实、分清是非的基础上，促使当事人相互谅解，达成调解协议。"

❷ 棚濑孝雄. 纠纷的解决与审判制度［M］. 王亚新，译. 北京：中国政法大学出版社，2002：54.

高度模拟审判过程，但在现实中，调解人不但缺乏这种模拟所需的能力、条件和资源，而且这种模拟也脱离了调解解决纠纷的成本和效率目标。

（三）调解员素质能力有待提高

目前世界各国出现调解职业化的趋势，但这并不意味着完全由法律人垄断调解。实际上，多数国家的调解员由具有不同社会身份、受过培训而获得调解员资格的人员担任或兼任，以保证其社会经验、专业知识、个人身份地位和调解技能的结合。同时，调解员对调解的认同和道德品行更是必不可少的条件。我国社会志愿者文化和公益调解人相对匮乏，既有的调解主体包括法官、行政人员、社会调解员甚至专职调解员，整体上缺少对调解的价值认同和热情；现有的激励机制和分配机制难以吸引高水准人士进入并保证调解员队伍的稳定；调解培训水准较低，尤其缺少调解原理和技能、调解人的伦理和行为规范以及心理等方面的训练❶。相比之下，国外对调解员的培训工作颇为重视。例如，在保加利亚若想成为一名调解员，必须首先完成调解员培训项目——该项目至少需要 60 个小时，其中实践训练不少于 30 个小时。❷ 调解员素质能力的不足成为制约我国专利纠纷行政调解效果的瓶颈，

（四）专利纠纷行政调解程序有待完善

基于专利权客体的非物质性和专利权侵权判定的复杂性，往往需要设置较为周密的专利纠纷行政调解程序，而我国相关法律法规中并没有具体的规定——目前仅在《专利行政执法办法》第 22—27 条对于专利纠纷行政调解的程序作了简要规定，地方有关专利纠纷调解的程序也往往是笼统地体现在专利纠纷行政执法规定中，缺乏单独的行政调解程序规定。《专利纠纷行政调解办案指南》的出台，对调解程序作出了更为详细具体的规定，使得行政调解工作有了较为完善的程序规范，但也存在一些不足之处。其一，在程序启动方面，《专利行政执法办法》规定"请求管理专利

---

❶ 范愉. 委托调解比较研究：兼论先行调解 [J]. 清华法学，2013（3）：72 - 73.
❷ 齐树洁. 保加利亚调解制度 [J]. 人民调解，2019（8）：59.

工作的部门调解专利纠纷的，应当提交请求书"。《专利纠纷行政调解办案指南》也作了同样的规定。这一书面原则与诉讼程序的发起类似，且请求书要求记载的内容与《民事诉讼法》第 121 条对于起诉状的要求雷同。这种严格的书面原则限制既无必要，也会影响到行政调解程序启动的灵活性。其二，在调解时间和地点上缺乏灵活性。《专利行政执法办法》和《专利纠纷行政调解办案指南》均明确规定由管理专利工作的部门通知当事人相关的时间和地点。行政调解首先坚持的是自愿原则，而自愿原则自然应当包括对于时间地点选择的自愿，因此上述规定明显是将行政主体放置在主导行政调解程序的位置上，与自愿原则相矛盾。其三，在调解员的选任上，《专利行政执法办法》第 25 条规定，管理专利工作的部门调解专利纠纷可以邀请有关单位或者个人协助，被邀请的单位或者个人应当协助进行调解；《专利纠纷行政调解办案指南》则规定由行政机关指定执法人员担任调解员。可见，调解员主要由政府公职人员担任，而非由当事人选择；即使可以邀请其他人员参与调解，其角色也仅是协助而非正式的调解员身份。政府公职人员和其邀请的参与调解人员与当事人自由选任的调解员，显然不能同日而语。调解员的选任一旦由行政主管部门来决定，将意味着当事人主导地位的丧失。其四，调解期限偏长。基于效率的考虑，行政调解期限应当少于诉讼期限。《专利纠纷行政调解办案指南》明确规定，专利纠纷行政调解应当自立案之日起 2 个月内结案，案件复杂的经过批准可以再延长 1 个月。也就是说，一起专利纠纷行政调解的案件往往需要 3 个月才能结案，同民事诉讼二审的审理期限一样，不符合行政调解的效率原则。其五，保密规定不完善。《专利纠纷行政调解办案指南》明确规定执法人员对于在调解过程中所知晓的商业秘密、个人隐私以及其他应当依法不公开的信息负有保密义务。但是，当事人在行政调解的过程中完全有可能接触到某些商业秘密甚至国家机密；如果仅仅要求行政主体予以保密，那么秘密仍然有可能因为当事人的原因而泄露。其六，对于未能达成调解协议的，《专利行政执法办法》第 26 条规定：由管理专利工作的部门以撤销案件的方式结案并通知双方当事人。这一做法从程序上看也不可取——行政调解结案应以制作调解协议书或行政调解终止通知书的方式来结案，而不应采用更具任意性的撤案方式处理。

（五）行政调解协议效力模糊

衡量一种纠纷解决机制处理和解决纠纷的能力，除了考虑纠纷解决机构的权威性、可利用的便利性等因素外，该机制解决纠纷的效力，即处理结果对于当事人双方的约束力和强制性，也是一个重要的评价标准。在行政调解、人民调解、司法调解三大调解制度中，法律明确规定了司法调解书具有直接的司法强制执行效力，人民调解依法所达成的调解协议具有民事合同性质并可以申请司法确认。然而，目前《专利法》及其实施细则对于行政调解协议的效力并没有规定，《专利行政执法办法》中对于调解协议的效力问题也只字未提。虽然 2009 年《最高人民法院关于建立健全诉讼与非诉讼相衔接的矛盾纠纷解决机制的若干意见》规定行政调解协议具有民事合同性质，但从法律效力看，其也不是司法解释，属于司法政策文件，仅具有司法指导意见的性质。这样一种模糊的态度，容易产生两种后果：一是公众误认为行政调解的效力高于人民调解，与行政裁决一样能直接产生法律效果；二是公众误认为行政调解效力不及人民调解协议效力，从而对行政调解持怀疑态度。实践中，为满足相关法律法规关于调解协议的生效要件，甚至出现了将行政调解协议人为地纳入"人民调解"范围进行操作的现象；或者把本来应该由行政机关调解达成的协议转换成人民调解协议，由人民调解组织加盖印章，使行政调解通过人民调解的形式达到自身的合法化;❶ 或者专利行政机关虽然主持调解，但大部分情况是以当事人签署和解协议后撤回处理请求的方式结案，专利行政机关不直接出具行政调解协议书，一般也不在调解协议上签字盖章。❷ 如此一来，不仅混淆了行政调解与其他调解制度的概念，同时也偏离了专利纠纷行政调解专业性与特定权威性的本质特征。

司法实践中，由于缺乏相应的法律法规，对行政调解协议相关案件的处理方式也比较混乱。有的法院认为：我国现行民事诉讼法对行政调解协议的效力没有明确规定，也没有规定法院有权审查行政调解协议的合法性或确认其效力，一方当事人反悔并起诉到法院，法院应当受理并应依原纠

---

❶ 章志远，刘利鹏. 我国行政调解制度的运作现状与发展课题 [J]. 求是学刊，2013 (5)：81.

❷ 何炼红. 论中国知识产权纠纷行政调解 [J]. 法律科学（西北政法大学学报），2014 (1)：158.

纷的事实和证据进行审理和判决。❶ 有的法院认为：有民事权利义务内容并由双方当事人签字或者盖章的行政调解协议具有民事合同性质；法院只审理协议本身的合法性和程序正当性，即双方当事人是否具有完全民事行为能力、意思表示是否真实，调解协议是否违反法律、行政法规的强制性规定或者侵害国家、集体、第三人利益；符合上述要件的调解协议应视为有效合同，法院判决双方按照调解协议履行各自义务。❷ 有的法院则认为：行政调解协议只需经过司法确认程序就可以直接生效并进入强制执行阶段，引导当事人持调解协议向法院申请司法确认，当天立案当天确认，不给予义务人举证期限。❸ 还有的法院认为：人民法院不需要对行政调解协议进行直接确认，可以直接出具与民事司法裁判具有同等强制执行效力的司法调解书。❹

（六）行政调解与司法对接机制有待完善

对于专利纠纷行政调解协议的司法确认问题，国家知识产权局的《专利行政执法办法》和《专利纠纷行政调解办案指南》中规定：协议达成后，双方当事人可以向相关的人民法院申请司法确认，进而赋予调解协议以强制执行力。但从全国首家专利纠纷行政调整协议司法确认试点单位湖南省长沙市岳麓区人民法院2013—2017年的试点实施状况看，其效果不尽人意。据统计，同期湖南省专利行政部门共调解专利纠纷383件，其中26件申请确认，占行政调解案件的6.7%；20件调解协议完成确认，占调解案件的5.2%。❺ 可见专利行政调解协议司法确认程序的利用率偏低。究其原因，一是上位法依据不足。人民调解协议司法确认机制有《中华人民共和国人民调解法》（以下简称《人民调解法》）和《民事诉讼法》作为法

---

❶　王偲. 法院有审查行政调解协议的权利吗［N］. 广西政法报，2003 – 11 – 05（1）.

❷　参见四川省宜宾市翠屏区人民法院（2008）翠屏民初字第 73 号民事判决书。

❸　安海涛，洪秀娟，洪佩兰. 同安：司法与行政调解快速"无缝对接"［N］. 人民法院报，2011 – 12 – 04（7）.

❹　2012 年 4 月，福建省福州市中级人民法院、福州海关、福州市工商行政管理局、福州市文化新闻出版局、福州市知识产权局共同签订的《关于建立知识产权纠纷"大调解"联动机制的若干意见》中规定：行政部门组织诉前调解可以引导当事人自行约定，请求人民法院在行政调解协议的基础上依法出具与民事裁判文书同等具有强制执行效力的司法调解书。

❺　刘友华，朱蕾. 专利纠纷行政调解协议司法确认制度的困境与出路［J］. 湘潭大学学报（哲学社会科学版），2020（6）：87.

律依据；相比之下，关于行政调解协议司法确认机制尚未在法律层面作出规定。虽然在《专利法》第四次修改草案中，对行政调解协议的司法确认问题作了原则性规定，但因各方争议较大，正式公布的法案又将此条文删除。《专利行政执法办法》和《专利纠纷行政调解办案指南》虽然对此作了简单规定，但其性质属于部门规章和内部工作规范，不但法律效力不足，而且有超越立法权限之嫌。因此，这一机制的运行主要依靠行政和司法部门间临时性的政策性举措，缺乏长期性的制度化保障。二是管辖法院存疑。一种观点认为：专利纠纷行政调解协议可以参照《民事诉讼法》关于人民调解协议司法确认程序的规定，由基层人民法院管辖。另一种观点认为：专利纠纷行政调解协议司法确认属于人民法院处理专利纠纷的程序，应按照最高人民法院关于专利纠纷管辖的规定，由中级人民法院受理。还有观点认为：专利纠纷行政调解协议司法确认不能等同于人民调解协议司法确认，也不同于普通专利纠纷案件，此类案件宜由具有知识产权案件管辖权的基层人民法院受理。❶ 另有观点认为：此类案件应由知识产权专门法院或法庭管辖；在尚未设立专门法院、法庭的行政区域，由省、自治区、直辖市所在地中级人民法院集中管辖。❷ 三是审查范围不明。对法院是否应对行政调解协议进行司法审查，以及如何进行审查，也有不同观点。直接确认说认为：法院对行政调解协议不需要进行司法审查，而应直接予以确认并作为执行依据——《专利法》第四次修订草案送审稿第 61 条就体现了此观点。形式审查说认为：行政调解协议司法确认程序不同于诉讼程序，应属于特别程序；法院无须全面审查协议内容，只对行政调解协议是否是当事人的真实意思表示、是否违反法律的强制性规定进行审查即可。实质审查说认为：法院对行政调解协议应当进行全面、深度的实质性审查，只有这样才能保证当事人之间达成的行政调解协议由私人协议效力转变为强制执行效力时的质量，保障司法确认的公信力。

在积极推动多元化纠纷解决机制的背景下，不少地方知识产权局与法院签署了知识产权纠纷诉调对接机制合作协议。此类协议除了有关行政调

---

❶ 陈雅忱，何炼红，陈仲伯. 专利纠纷行政调解协议司法确认问题探讨［J］. 知识产权，2013（9）：41.

❷ 刘友华，朱蕾. 专利纠纷行政调解协议司法确认制度的困境与出路［J］. 湘潭大学学报（哲学社会科学版），2020（6）：90.

解协议司法确认的内容外，另一项重要的内容就是法院在诉前和诉中可以将专利纠纷案件委托给行政机关调解，从而建立起纠纷解决的部门联动机制。但此委托调解机制也存在窒碍难行之处：其一，诉前委托调解与立案登记制的内在冲突。民事诉讼由原来的立案审查制改为立案登记制，这一改革的目的就在于防止法院推诿立案，保障当事人诉权的行使。❶ 诉前委托调解是法院在当事人起诉后、立案前将专利纠纷案件委托行政机关调解，此时法院对起诉至法院的案件只能采取不立案或暂缓立案方式。这一做法不但侵害当事人的诉权，而且与立案登记制的宗旨相矛盾。而且，在委托调解不成功的情况下，则只能采取诉讼的方式解决专利纠纷，虽然合作协议中大多规定对此建立绿色通道，可以更为快速地进入诉讼程序；但这也意味着当事人立案时间被延迟。在进入诉讼程序后，当事人仍然需要重复提交证据或者重复说明案情，不但增加当事人讼累，也容易导致当事人的厌烦与抵触。其二，一些知识产权诉调对接合作协议中规定：在委托调解成功的情况下，法院可以在行政调解协议的基础上出具司法调解书。但这一做法存在一定的法律风险：受限于调解的保密性原则，第三人根本无从知晓纠纷的存在，倘若双方当事人恶意串通损害第三人利益，那么法院在司法审查中也很难发现，一旦出具调解书，就具有与生效裁判同等的效力，不但使第三人很难维护自己的权益，也损害了司法公信力。

案件经过专利纠纷行政调解后，因未能达成调解协议或一方当事人不履行协议导致进入诉讼程序的，若双方的争议焦点专业技术性较强或调查取证困难，法院往往要借助司法鉴定来认定关键事实或者判断关键证据的真实性、证明力，而行政机关在调解过程中同样会对涉及技术性内容的问题进行技术鉴定。这样就有可能出现法院的司法鉴定与专利管理机关的技术鉴定在结论上相互矛盾的情况。究竟以哪种鉴定为准并无定论，而由于鉴定结果的不同，调解和诉讼的结果有可能大相径庭。

---

❶　最高人民法院 2015 年 5 月 1 日发布的《关于人民法院推行立案登记制改革的意见》第 3 条第 1 款规定："对符合法律规定的起诉、自诉和申请，一律接收诉状，当场登记立案。对当场不能判定是否符合法律规定的，应当在法律规定的期限内决定是否立案。"

第三节 域外专利纠纷行政调解的借鉴

一、英国知识产权局专利纠纷调解

英国知识产权局从 2006 年开始正式对外提供调解服务，其案件的受理主要由当事人申请或者由法院移交。英国的专利纠纷调解程序相对合理，其程序简便快捷。在适用范围上，英国知识产权局向公众发布了适合调解的专利案件种类以及不适合调解的专利案件种类，同时还规定：涉及专利有效性争议的不适用调解，除此以外的专利纠纷都可以适用调解解决。

英国知识产权局的调解服务程序具有保密性、中立性和自愿性的特点。英国知识产权局认为：调解是灵活的、更广泛的讨论建设性的解决方案，可以保留当事人的商业合作机会，并且没有多余的时间耽搁和花费，成功率高，保密性强，这些对商业活动是十分有利的。[1] 英国知识产权局有权判断某一案件是否适合进行调解，并将协助所有适合调解的案件当事人进行调解。[2] 英国知识产权局保持中立，并不为当事人推荐合适的调解员，也不强制当事人必须在该局提供的调解员名单中选任调解员，当事人对于调解员的选择享有完全自主的决定权。在实践中，英国知识产权局虽然对当事人选任调解员无强制介入的空间，但是会在官方网站上列出该局调解员以外的名单供当事人选择时参考。

在调解员的选任方面，调解员是否具有律师身份、专业背景等特质并不是调解的主要因素。英国知识产权局建议：当事人应注重于该调解员能否为当事人所信赖、能否把控调解现场的紧张僵持状态、能否抓住调解的问题症结和双方的利益需求、能否提出令双方满意的可行方案。当事人应

---

[1] The UK Intellectual Property Office. Mediation of Intellectual Property Disputes and IPO Mediation Service [EB/OL]. [2023 - 08 - 04]. www. ipo. gov. uk/mediation. pdf.

[2] The UK Intellectual Property. Mediation of Intellectual Property Disputes and IPO Mediation Service [EB/OL]. [2023 - 08 - 04]. www. ipo. gov. uk/mediation. pdf.

当充分考量自身的情况，选择"适合"其案件的调解员。● 调解员的最终确认需要经双方同意。在调解员选任后，调解程序正式进行，双方在约定的时间和地点进行调解，调解员根据双方的利益诉求开展调解工作。如调解未成功，可要求调解委员会出具不具有约束力的调解条款建议书供法官参考；如调解达成合意，则依民事合同执行或向法院申请制作"同意令"，使其具有强制执行力。此外，英国虽然注重调解的非强制性，但法院仍可对无理拒绝调解或不理会法庭调解建议的一方采用诉讼费用罚则，以激励双方在某些适宜调解的案件中尽量选择调解方式。

按照英国知识产权局的建议，当出现下列积极因素的时候，调解可能具有优势：（1）进行诉讼所耗费的金钱可能会大于基于诉讼所获得的补偿；（2）纠纷涉及的法律、事实或者关系比较复杂，当事人很可能会上诉，从而导致长期的诉讼程序；（3）问题高度复杂或者涉及多方当事人；（4）当事人涉及多个诉讼；（5）双方当事人在现有的谈判中已面临僵局；（6）双方当事人在纠纷解决后仍希望继续维持其原有的合作关系；（7）纠纷涉及敏感信息的披露；（8）双方当事人不希望在诉讼过程中公开隐私与争议。

在考虑上述因素的基础上，下列知识产权纠纷可能适合调解：（1）知识产权许可合同纠纷；（2）知识产权侵权纠纷；（3）商标异议和无效程序中涉及相对条件审查的商标争议；（4）共同发明涉及的专利权权属纠纷；（5）职务发明涉及的专利权归属纠纷；（6）版权集体管理组织许可协议中涉及许可期限和许可条件的纠纷。

当出现下列消极因素时，可能不适合进行调解：（1）纠纷通过诉讼程序可以迅速得以判决；（2）当事人迫切需要禁止令或者其他保护性救济；（3）有必要使该案例成为判例；（4）进行调解对于双方当事人皆无益处；（5）双方当事人希望获得社会公众的关注。针对专利纠纷的调解，英国知识产权局更是明确地指出：关于授权许可纠纷、侵权纠纷、专利权归属纠纷等，都可通过调解程序来解决，但是涉及专利有效性的争议，则不允许通过调解来解决。

● LANG J. A Practical Guide to Mediation in Intellectual Property, Technology And Related Disputes [M]. London: Sweet & Maxwell, 2006: 61.

关于调解费用，若选任英国知识产权局提供的调解员并在其伦敦办公室进行调解时，英国知识产权局将协助安排调解程序，其费用半天为 750 英镑；全天为 1000 英镑。如果在新港办公室进行调解，费用半天为 500 英镑，全天为 750 英镑。以上费用包含使用上述场地的费用、启动行政程序所需的费用以及差旅费用。所有费用将由双方当事人均摊，除非当事人另有协议。

英国推出的知识产权行政调解服务，从调解日程和地点的安排、调解员的选任、调解程序的进行到最后调解协议的成立，处处可见强调双方当事人主导性的用意。❶ 英国的知识产权调解服务紧扣调解核心理念，体现出充分尊重双方当事人主导地位的制度设计，符合知识产权纠纷高度专业性的特点，充分考虑当事人商业竞争层面的需求，有利于专利等知识产权纠纷的快捷和低成本解决。

二、美国国际贸易委员会专利纠纷调解

根据美国法律规定，美国国际贸易委员会具有对境外进口到美国的涉嫌知识产权侵权产品的行政处理权。2008 年 10 月 29 日，美国国际贸易委员会对"337 案件"启用了一项调解试行程序（pilot mediation program）。美国国际贸易委员会方面表示：引进该调解试行程序的目的在于提供当事人"一个保密、无风险的机会"来解决他们之间的争端，促成"337 案件"当事人的和解。根据美国国际贸易委员会调解试行程序，案件的当事人一方，比如某一应诉人，就可以单方提请进行调解，同时案件投诉人和应诉人也可以共同提请进行调解。此外，审理案件的行政法官或者美国国际贸易委员会案卷管理律师，在美国国际贸易委员会主席办公室的授意下，也可以提请进行调解。因为参加美国国际贸易委员会调解试行程序很大程度上需各方自愿，所以如果一方当事人不愿意参加调解，其应该向美国国际贸易委员会案卷管理律师提交书面文件，列明其不参加调解的理由。一般而言，如果没有任何一方反对进行调解，美国国际贸易委员会案卷管理律师将会在确认无利益冲突的条件下，选定调解人。

---

❶ 何炼红. 英国知识产权纠纷行政调解服务的发展与启示 [J]. 知识产权，2011（7）：77.

美国国际贸易委员会调解程序要求当事人各方必须派出一名有权解决争端的代表，而非只是有权在赔偿数额上下限之间提出或接受和解条件的人。也就是说，谈判代表应该是"了解公司情况，能够独立作出决定，能够提出并考量和解方案的人物，比如说公司的总经理"。❶ 在美国国际贸易委员会调解程序中，调解人和美国国际贸易委员会案卷管理律师不会向行政法官、不公平进口调查处、美国国际贸易委员会法律总顾问办公室甚至美国国际贸易委员会委员们透露调解进程或者任何保密的书面材料。美国国际贸易委员会专门制定了调解人、当事人、授权代表不透露保密信息的协议，要求"调解人在调解结束后销毁所有在调解中获取的商业机密，包括当事人提交的意见书、说明文件、所有笔录及其他机密商业信息"。美国国际贸易委员会还申明：所有提交给调解人的机密商业信息及与调解人的全部交流受美国法典第 5 篇第 574 条保密规定和美国国际贸易委员会诉讼指南以及调解人、当事人、授权代表不透露保密信息协议的保护令的保护。

美国国际贸易委员会调解程序中，调解人有权查阅投诉书、答辩书、相关的许可协议以及相关争议引起的任何其他案件的诉讼文书及裁定书。另外，当事人可能被要求提交简要的秘密书面陈述，以帮助调解人确定调解事项的范围。该陈述只有调解人有权看到。调解人可能还会要求当事人在陈述中简要说明案件的关键事项和各自立场、当事人之间任何曾有过的和解谈判或者当事人之前的商业关系；对各方而言特别重要的和解条件。调解过程中通常要求各方代表亲自到场面谈，但如果一方当事人在美国境外，调解人可以考虑（至少在最初的程序中）通过电话会议进行商谈。在费用方面，调解人的服务是免费的。

值得注意的是，美国国际贸易委员会的"337 案件"调解试行程序是基于美国联邦巡回上诉法院的调解程序制定的。联邦巡回上诉法院调解程序最初也是一个自愿参与的程序，但开始的时候愿意参与该程序的当事人很少，因为当事人们通常不想首先表现出希望调解的意愿。2006 年经联邦巡回上诉法院全体法官会议（en banc session）授权，强制性的上诉调解程

---

❶ 顾萍，LIAO J，PEZZANO T，等. 解决 337 专利案件的新途径：ITC337 条款专利调查中的调解程序 [J]. 中国对外贸易，2011 (7)：71.

序正式进入联邦巡回上诉法院并得以持续实施。美国联邦巡回上诉法院设立的强制性调解程序不属于法律明定的某种案件必须采用的强制调解，其属于法院被授权可以自由裁量在适宜的案件中适用的强制调解方式，一旦总法律顾问办公室决定上诉案件应当进行调解，则调解程序强制启动。❶

虽然"337 案件"调解程序也是自愿参与的程序，尽管当事人也不太愿意表现出调解意愿，但美国国际贸易委员会首席行政法官勒肯在 2010 年 1 月 26 日对其"基本规则"进行了修订，要求其受理的"337 案件"当事人在美国国际贸易委员会案卷管理律师认为应当进行调解的情况下，必须先行参与调解程序。这使得美国国际贸易委员会的"337 案件"调解也具有了强制性因素。不过需要指出的是：这种强制因素仅仅体现在调解程序的启动上，至于是否达成调解协议，仍然完全取决于当事人的意愿。

三、韩国专利纠纷行政调解

韩国知识产权行政机关主要由知识产权局（专利、商标及新型知识产权）、信息通信部（计算机软件）、文化观光部（版权）以及其下设的著作权调解委员会、计算机软件审议调解委员会等组成。2002 年，韩国又在该国互联网信息中心的基础之上专门成立了域名纠纷调解委员会，专门负责调解发生在互联网域名等知识产权领域的争议。如果纠纷当事人选择运用调解来解决纠纷，除了调解程序简便，在韩国还可以享受调解费用的免交等优惠政策。

根据韩国发明促进法，韩国知识产权局于 1995 年设立知识产权争议调解委员会（IPRDMC），调解范围包括工业产权、职务发明、与技术相关商业秘密，调解过程保密，调解结果具有约束力，外效力等同于法院和解裁定；政府为该委员会业务的开支提供补贴。韩国发明促进法对 IPRDMC 人员选任、调解申请、调解方式等作出规定，知识产权争议调解委员会的组织运作、调解方法程序由总统令规定。发明促进法还明确韩国知识产权局设立公共专利律师专利咨询中心，为弱势群体提供公益性专利法律服务，

包括审查知识产权争端和解申请，并支持拟定暂行解决建议，提供专利纠纷管理咨询和法律服务。为增强知识产权争议调解活力，韩国法院在推进专利纠纷调解中，将受理适合调解的案件移交至 IPRDMC、韩国商事仲裁委员会等外部争议机构进行诉前调解。❶

韩国知识产权纠纷行政调解的范围也比较广泛，除涉及专利效力争议的情形外，都可以申请采用行政调解机制来解决。行政调解最终一旦达成合意，调解协议就与诉讼达成的调解协议一样具有同等的法律效力。如调解协议未能履行，知识产权争议调解委员会将在其所在地法院申请强制执行函，不经过裁判就可取得强制执行调解协议的权力。❷

四、总　　结

通过以上对一些发达国家和地区知识产权纠纷行政调解相关制度的考察和分析，不难看出：域外在专利等知识产权纠纷行政调解机制中，政府或者知识产权行政管理部门只是扮演一个服务主体角色和提供一个纠纷解决的平台，行政管理机关都尽最大可能地去尊重纠纷当事人的意志以及在自主意愿下达成的协议，并将公共服务的理念贯穿于纠纷解决的每一环节。这种寓调解于行政服务的理念值得借鉴。

第四节　专利纠纷行政调解与司法对接机制之完善

一、明确专利纠纷行政调解的基本原则

（一）自愿原则

调解作为一种非诉讼纠纷解决方式，要求当事人在第三方的协助下达

---

❶ 孙娟，阳屹琴. 浅议我国专利纠纷调解机制的完善 [J]. 中国发明与专利，2019 (7)：113.

❷ 邓文武. 知识产权纠纷行政调解的服务转向和制度供给 [J]. 重庆大学学报（社会科学版），2017 (4)：89.

成协议、解决争议。通常情况下，当事人是否采用调解方式以及是否达成调解协议，取决于当事人双方的意思自治，公权力机关无权强迫当事人选择调解。即使所谓强制性调解，也仅是表现在调解程序的启动上，其实质也仅是将调解程序作为前置程序看待，本质上并不违反调解的自愿原则。

（二）中立公正原则

调解的成功与否在很大程度上取决于当事人对调解员品质和能力的信任。只有调解员中立公正、不偏袒任何一方当事人，当事人才能对调解员给予充分的信任，才能向调解员吐露自己的真实想法，促进纠纷的解决。调解员必须确保独立、公正与中立。调解员必须向当事人披露所有与案件存在利害关系的事实、利害关系，包括私人或商业关系、金融或者其他与调解结果相关的利益关系。据此，调解员有义务披露如下信息：（1）是一方当事人或一方当事人代理人的配偶或近亲属；（2）与纠纷的一方当事人存在利害关系；（3）曾担任一方当事人的代理人；（4）其他可能对调解员公正性产生合理怀疑的事由。

（三）保密原则

保密性基于当事人自治的要求，对调解的促进具有重要作用，应当成为调解的基本准则之一。在调解活动中，双方当事人在调解员的协助下解决纠纷的过程以及与调解有关的信息是不对外公布的。这有利于消除双方当事人顾虑，使双方当事人能够真实地表达自己的诉求，在协商沟通的情形下达成双方都可接受的纠纷解决方案并确保调解协议能够得到自觉履行。在美国，在美国联邦巡回上诉法院的调解程序中，当事人应该在调解会议开始前一周向首席调解员呈送保密调解申请书。这些申请书并不是公开记录的一部分，也不与对方当事人共享。该申请书通常包括身份证明、与案件有关的问题、与政府有关的问题、管辖权问题、事先为达成和解曾作出的努力、每一方当事人最具优势和最劣势的问题、不能妥协的立场，以及任何可能妨碍或进一步解决纠纷的其他因素等。调解的保密性保护了当事人的商业秘密和其它专有信息，调解员和当事人都将受到保密协议的约束。调解过程可以没有笔录或意见记载，最终的和解条款也可能保持秘密状态，甚至连法院也不知道调解涉及的相关事项和信息。任何当事人、代理律师或法院调解员如果未能严格遵守上诉调解协议的任何条款，巡回执行官就可以向美国联邦巡回上诉法院提出法律制裁建议，美国联邦巡回上诉法院将对违反上诉调解协议的人员作出一定的法律制裁。❶ 美国许多州也通过法令的形式要求调解过程坚持保密原则，要求调解等非讼程序不得损害当事人利益。正如在 Haworth，Inc. v. Steelcase，Inc. 案中，美国联邦哥伦比亚特区巡回上诉法院指出的："当保密性不能再被坚持时，苦心经营的调解非讼程序将不是可欲的选择。"❷

二、设立专业化的调解机构和调解员

为保障专利等知识产权纠纷调解工作的规范运行，有必要设立专门的知识产权纠纷行政调解中心。知识产权纠纷行政调解中心应制定科学的纠纷调解规则，聘请具有知识产权专业知识并有相当实践经验的、公道正派的人士担任调解员，组建多元化的调解专家库。专家库成员应该有来自管理部门、中介服务机构、教学或研究机构、社会团体的专家学者，专业范围应覆盖知识产权法律、信息检索、价值评估、企业管理以及相关的技术领域，以确保所提供的调解服务具有权威性、独立性，推进调解活动向专门化方向发展。另外，应重视调解中心的公职律师的作用，发挥其熟悉专利纠纷处理流程、提供的是公益法律服务、能更加客观和专业地考虑问题、调解达成的协议也更容易得到当事人的认可的优势，促进专利纠纷的高效合理解决。❸

目前，各地知识产权局普遍设立了知识产权维权援助中心或知识产权保护中心，这些机构作为政府设立的公益性维权援助组织，承担着咨询、投诉受理及维权援助等职责，为了充分整合资源，避免资源重复投入，可以依托知识产权维权援助中心和知识产权保护中心，通过拓展上述机构的职能范围，在其内部设立知识产权纠纷行政调解中心，将其打造成具有较

---

❶ 何炼红，邓欣欣. 论我国专利等技术类上诉案件强制调解制度的构建：美国联邦巡回上诉法院相关经验借鉴［J］. 政治与法律，2019（5）：10.

❷ 刘友华，陈骞. 知识产权纠纷非诉解决：调解及其运用［J］. 湘潭大学学报（哲学社会科学版），2013（5）：24.

❸ 傅启国，罗震宇. 专利纠纷调解制度的现状及完善［G］//国家知识产权局条法司. 专利法研究：2018. 北京：知识产权出版社，2020：130.

高社会公信力的知识产权纠纷调解公共服务平台。在调解员的选任上，可以参考英国知识产权局的调解员选任制度，无需预先设定调解委员会及其组成人员，而是由当事人自由选任知识产权局提供的调解员，或者是选择其他"适合的"调解员来协助其解决纠纷。通过赋予当事人自由选任调解员的权利，增强当事人对调解员的信任感、使得调解过程更容易获得当事人配合，调解方案更容易获得当事人认可。

三、行政调解与人民调解的融合发展

如前所述，专利纠纷行政调解本身并非行政权力的运用和行使行为，本质是行政机关提供的社会公共服务。如此一来，是否有必要固守行政调解和人民调解的界限就很有必要重新予以审视。笔者认为，专利纠纷行政调解与人民调解并无实质性差异，两者应该在实践中融合发展，整合制度和资源，以形成解决专利纠纷的合力。首先，从行政机关的实际做法看，由于调解行为与公权力行使无关，专利行政机关虽然主持调解，但在调解成功后，大部分情况是以当事人签署和解协议后撤回处理请求的方式结案，行政机关不直接出具行政调解协议书，一般也不在调解协议上签字盖章。❶ 或者将行政机关调解达成的协议转换成人民调解协议，由人民调解组织加盖印章。❷ 可见，行政机关在实践中并不将调解行为当做职权行为，更愿意将其看作与民间调解无异的服务行为。其次，从人民调解的发展趋势看，已不局限于普通的民事纠纷，知识产权纠纷等专业性纠纷已逐渐被纳入民间调解组织的业务范围。早在 2007 年 12 月，上海浦东新区就成立了知识产权人民调解委员会。此后江苏省无锡市、丹阳市，上海市虹口区，浙江省宁波市，广东省中山市等多地也开展了知识产权纠纷人民调解工作。此外，2017 年 6 月，中国专利保护协会成立了知识产权纠纷人民调解委员会，负责调解企事业单位之间的知识产权纠纷，并接受知识产权局和法院委托承担知识产权纠纷调解工作。

行政调解与人民调解组织应开展积极的协调和合作，交流和分享调解

---

❶ 何炼红. 论中国知识产权纠纷行政调解［J］. 法律科学，2014（1）：158.

❷ 章志远，刘利鹏. 我国行政调解制度的运作现状与发展课题［J］. 求是学刊，2013（5）：81.

业务经验，联合开展调解员培训，共享调解人名册。在已经设立知识产权纠纷行政调解或人民调解组织的地区，为避免重复建设和资源浪费，可以开展委托调解工作。即由行政机关委托人民调解组织，或由人民调解组织委托行政调解组织，负责对专利纠纷案件进行调解。

为实现行政调解与人民调解的融合发展，应改变"判断型调解"的主导模式，引入"交涉型调解"和"治疗型调解"等调解模式，实现多种调解模式的综合运用。"交涉型调解"是把交涉作为获得合意以解决纠纷的基本框架，以促进及保证这样的交涉更有效率地进行为目标的调解类型。❶这里的"交涉"是指，当事人以纠纷由审判处理时可能得到的结果以及所需成本为下限，以有可能获得的最有利结果为上限，与对方进行谈判及讨价还价的过程。这一模式要求当事人对自己想达到的解决结果和愿意付出的成本进行衡量、计算，并在解决结果与付出成本间作出必要妥协。就专利纠纷而言，由于当事人大多是企业等经济上能够进行合理和现实打算的主体，因此这种交涉型调解应是主导模式。"治疗型调解"则把纠纷视为人际关系的一种病理现象，试图通过人际关系的调整和改善来治疗病变，使其恢复正常。❷当事人有时由于误解或意思疏通的不够而使本来可以协商解决的纠纷发展成深刻的感情对立。这时应把人际关系的调整或治疗作为调解的主要目的。对于职务发明奖励报酬纠纷、专利实施许可纠纷来说，由于当事人在纠纷发生前已存在一定的劳动或合同关系，修复破裂的关系能够产生双赢的结果，这时"治疗型调解"就大有用武之地。当然，对于法律关系简单，事实清楚的专利，"判断型调解"也有其适用余地。总之，调解人应根据纠纷的具体情形，选择适宜的调解模式，以获得满意的调解效果。

四、优化行政调解程序，明确调解协议效力

专利纠纷行政调解本质上属于政府提供的公共服务。"行政法之任务

---

❶ 棚濑孝雄. 纠纷的解决与审判制度 [M]. 修订版. 王亚新，译. 北京：中国政法大学出版社，2004：60.

❷ 棚濑孝雄. 纠纷的解决与审判制度 [M]. 修订版. 王亚新，译. 北京：中国政法大学出版社，2004：66.

不再限于消极保障人民不受国家过度侵害之自由，而在于要求国家必须以公平、均富、和谐、克服困境为新的行政理念，积极提供各阶层人民生活工作上之照顾，国家从而不再是'夜警'，而是各项给付之主体"。❶ 因此，应以公共服务的理念重构专利纠纷行政调解程序。

在调解程序的启动上，不应严格坚持书面原则，但书面申请所要提交的申请材料也应当精简，这既符合行政服务理念，也是调解制度灵活性的优势体现。因此，对于调解程序的启动程序，不应当仅限于书面申请，也应当允许口头申请，同时也可以由相关的行政调解主体依职权提出。采取书面申请的，书面申请书的内容应当尽量简洁，不应要求与民事诉讼的起诉书雷同；采取口头申请的，相关的行政调解主体应当记录申请人的姓名、住址、身份证号等基本信息，以及提出申请的时间、调解的请求、案件的主要事实；行政主体依职权提出调解的，只有在双方当事人都同意调解的情况下才可进行，同时行政主体不得强迫任何一方当事人进行调解，保证当事人在自愿的前提下参与行政调解。

在调解的时间和地点上，应当由请求人和被请求人协商确定进行调解的时间和地点。当出现无法达成一致的情况，为保证程序的推进，可以规定自行政机关立案之日起 3 日内无法确定调解时间地点的，由行政机关指定时间和地点。

在调解员的选择上，由行政主体指派调解人员有悖自愿原则，应当使当事人能够自由选择调解员。自由选择调解员不但是对当事人意思自治的尊重，也有利于当事人之间纠纷的解决，当事人对其选择的调解员的专业水准、个人威信、公正程度都有较高的认可程度，在这种前提之下，调解人员能够更好地发挥斡旋、调解的作用，进行有效的调解，双方当事人就更容易达成一致，进而有利于纠纷的解决。需要指出的是，调解员的角色不同于法院法官，重点不在于对争议作出一个公平公正的判断，而是应当协助双方当事人解决争议。调解员应当知悉双方当事人在该争议中所面临的利益需求，能为当事人所信赖，能提供可行的意见供当事人参考，这些

---

❶ 黄锦堂. 行政法的发生与发展 [M] //翁岳生. 行政法：上. 台北：元照出版股份有限公司，2006：43.

特质比起仅具有法律专业知识背景更为重要。●

在调解期限上，为了快速解决专利纠纷，专利纠纷行政调解的期限不宜太长。与此同时，每个专利纠纷案件的情况各异，也不宜划定统一的固定期限。因此，应当赋予调解员裁量权，如果其认为已经无调解的可能，可以自主决定终止调解。在保证行政调解能够高效地解决纠纷的同时不至于造成调解程序的不当迟延。另一方面，当事人一方或双方明确表示不愿再进行调解时，调解员也应及时终止调解，避免造成纠纷解决的不必要拖延。

在保密责任上，应当要求在调解开始时各方签订保密协议，不等泄露在调解过程解中获得的商业秘密和国家秘密，调解员、双方当事人在签订保密条款后方可参与调解。如调解员、当事人未遵守保密协议而造成损失的，则应当承担相应的法律责任。

由于行政调解协议效力不明，不具有法律强制执行力，调解协议的履行只能依靠双方当事人自觉行为和社会舆论等道德力来维护。一方当事人在达成调解协议后反悔的，另一方当事人也无权请求法院或行政机关强制履行，只能向人民法院提起诉讼。对此，有学者认为，行政机关在行政调解过程不具备行政单方意志、不能违背当事人自身意愿，因此行政调解不是行政行为，且因当事人对行政机关的敬畏心理容易导致违心接受调解，故不能赋予行政调解协议强制执行力。● 也有学者认为，事业单位身份尚存争议的公证机构和仲裁委员会，其主持达成的公证债权文书及仲裁调解书，已有法律赋予强制执行力。行政机关在其主管范围内，主持双方当事人自愿达成的行政调解协议，效力位阶理应高于公证债权文书及仲裁调解书。应当赋予行政调解协议以强制执行的效力。●

在国家版权局 2012 年 7 月提交的《中华人民共和国著作权法（修改草案第二稿)》中，首次就著作权行政调解作出了规定，并明确"调解协议具有法律拘束力，一方当事人不履行调解协议的，另一方当事人可以申

●　LANG J. A Practical Guide To Mediation In Intellectual Property, Technology And Related Disputes [M]. London: Sweet & Maxwell, 2006: 64.

●　许兵. "大调解"体系中的行政调解制度 [J]. 新东方, 2008 (3).

●　周健宇. 行政调解协议之强制执行力探析：基于效力位阶、政治传统、文化传统的视角 [J]. 中国行政管理, 2012 (10): 102.

请人民法院司法确认和强制执行"。但草案的规定并未成为正式的法律条文。《专利法》第四次修改过程中提出的修改草案送审稿第61条也规定："调解协议达成后，一方当事人拒绝履行或者未全部履行的，对方当事人可以申请人民法院确认并强制执行。"不过最终该内容被删除，未能出现在2020年修改的《专利法》条文中。

行政调解协议作为一种官方调解协议，虽然有司法政策规定了其合同约束力，但是并没有立法或者司法解释对其加以规定，因此严格说来，其法律效力事实上处于不确定的状态。行政调解仅是行政机关在调解过程中提供的行政服务，所达成的行政调解协议本质上是民事合同，这是专利纠纷行政调解协议司法确认制度得以确立和实现的基础，应当在《专利法》中对此予明确规定。

五、专利纠纷调解协议司法确认机制的优化

2010年10月发布的《国务院关于加强法治政府建设的意见》第23条指出，要把行政调解作为地方各级人民政府和有关部门的重要职责，完善行政调解制度，科学界定调解范围，规范调解程序，对行政调解的法制化提出了明确要求。2011年4月中央社会治安综合治理委员会、最高人民法院等16部委联合印发的《关于深入推进矛盾纠纷大调解工作的指导意见》第3条规定："经人民调解组织、行政调解组织或者其他具有调解职能的组织调解达成的调解协议，双方当事人认为有必要的，可以依法向人民法院申请司法确认。"2012年修订的《民事诉讼法》将"确认调解协议案件"置于特别程序一章，为专利纠纷行政调解司法确认的适用提供了程序法上的依据。上述规定为人民调解协议司法确认提供了法律依据，也为专利纠纷行政调解协协议的司法确认提供了基础。

2011年11月，湖南省人大常委会审议通过了《湖南省专利条例》，在我国首次以地方立法的形式明确规定了专利纠纷行政调解协议的司法确认机制。根据湖南省高级人民法院《关于在长沙市岳麓区人民法院开展专利纠纷行政调解协议司法确认试点工作的通知》，2013年4月，湖南省法院系统在全国率先开展了专利纠纷行政调解协议司法确认试点工作，长沙市岳麓区人民法院成为全国首家开展专利纠纷行政调解协议司法确认试点工

作的基层人民法院。

值得注意的是，《专利法》第四次修改过程中，相关的修改草案增加了专利纠纷行政调解协议司法确认的内容。学界一直存在在《专利法》中明确专利纠纷行政调解协议确认制度的呼声。❶ 但最终通过生效的《专利法》中删除了草案中的规定。究其原因，一方面，应该是考虑到《民事诉讼法》已对"确认调解协议案件"作出了规定，在《专利法》再作简单重复的规定意义不大。另一方面，对于行政调解协议的司法确认，司法机关居于主导地位，由最高人民法院通过司法解释的方式指导法院对于此类案件的处理，显然是更为合适的做法。

（一）专利纠纷调解协议司法确认的必要性

如前所述，专利纠纷行政调解协议的效力较为模糊，即使参照《人民调解法》的规定，将专利纠纷行政调解协议视为"人民调解协议"的一种类型，专利纠纷行政调解协议也仅具有合同性质。虽然对双方当事人具有法律约束力，但尚不具备强制执行的效力。有鉴于此，将专利纠纷行政调解协议予以司法确认，使其具有强制执行的法律效力，就成为强化专利纠纷行政调解协议法律效力的重要手段。一般而言，专利纠纷行政调解协议的司法确认是指人民法院根据当事人的申请，对双方在专利行政管理部门调解下达成的专利纠纷调解协议进行审查并确认其效力的过程。

从实际效果看，专利纠纷行政调解协议的司法确认具有以下功能。

首先，通过专利纠纷行政调解协议司法确认程序可以有效防范未来的纠纷发生。民事司法程序存在民事诉讼程序与非诉程序的二元对立。民事诉讼程序采取当事人两造对立之基本结构，以言词辩论为中心，循处分权主义与辩论主义之运作方式，目的在于谋求争执权利的确定实现。与之相反，非诉程序乃法院干预性地介入当事人之间的关系并谋求目的性调整之程序。非诉程序不采用当事人两造对立之基本结构，也不以言词辩论为中心，循职权探知主义之运作方式，目的是谋求无争议权利的保全。❷ 专利纠纷行政调解协议的司法确认作为一种非诉程序，其目的并不是解决纠

❶　姜芳蕊. 专利纠纷行政调解之困境与完善［J］. 求索，2018（6）：136.
❷　小岛武司，小林学. 基本讲义民事诉讼法［M］. 东京：信山社，2005：5.

纷，而是为了防止当事人未来发生争议。法院通过事前介入当事人之间的法律关系，代表国家确认民事主体的法律行为，从而达到定分止争的目的。

其次，通过专利纠纷行政调解协议司法确认可以赋予调解协议强制执行的效力。我国现行《专利法》第 60 条、《专利法实施细则》第 80 条、第 81 条、第 85 条虽对专利纠纷行政调解的范围、管辖等内容进行了规定，但对于行政调解的效力并没有明确的规定。理论界和实务界一般认为专利纠纷行政调解协议仅具有合同的性质。这意味着，一旦一方当事人不履行调解协议，对方当事人只能通过诉讼途径追究违约责任。因此，通过法院对专利纠纷行政调解协议的司法确认，使调解协议的约束力得到强有力的法律保障，从而克服调解协议的效力障碍，激发专利纠纷行政调解制度的活力。

最后，通过专利纠纷行政调解协议司法确认有助于提升专利纠纷行政与司法解决机制的整体合力，是实现社会管理制度创新的一种有益尝试。[1]通过司法确认，赋予专利纠纷行政调解协议以强制执行力，法院可以充分发挥支持和监督行政调解的作用：一方面，支持专利纠纷行政调解工作，巩固行政调解成果，促进纠纷及时高效解决；另一方面，监督专利纠纷行政调解工作，保证调解协议的合法性和有效性。通过司法确认，强化行政调解协议的效力，专利行政管理部门可以进一步发挥行政机关在专利纠纷调解中的专业、效率和协调优势，将矛盾纠纷化解在基层。可见，专利纠纷行政调解协议的司法确认可以充分发挥人民法院与专利行政机关的各自优势，充分发挥专利纠纷行政与司法解决机制的合力。

（二）专利纠纷行政调解协议司法确认的性质

专利纠纷行政调解协议司法确认机制创设的初衷，是以非诉特别程序的方式，简化整个确认程序，高效简便地赋予调解协议强制执行力。以《民事诉讼法》的相关规定为基础，可以概括出专利纠纷行政调解协议司法确认程序的非诉性主要包括两个方面。首先，专利纠纷行政调解协议是

---

[1] 陈雅忱，何炼红，陈仲伯. 专利纠纷行政调解协议司法确认问题探讨 [J]. 知识产权，2013（9）：39.

由双方当事人向司法机关共同提出申请的，不同于诉讼程序中，由一方当事人便可以启动诉讼程序；其次，司法机关对专利纠纷行政调解协议进行确认时，通常只会由一位审判员对调解协议进行审查，案情复杂存在疑问时，如有必要时可以征求调解机关的意见，或者询问纠纷双方当事人，不同于诉讼程序中，双方当事人处于两造对立的地位。

从具体程序看，专利纠纷行政调解协议司法确认程序与民事诉讼程序主要存在的差异体现在：第一，程序的发起不同。一般的民事诉讼程序由当事人一方向人民法院提出，而调解协议的司法确认则需要由双方当事人向人民法院申请。第二，管辖不同。《民事诉讼法》规定了各级法院均有一审民事案件的管辖权，但调解协议的司法确认则由基层人民法院或者它派出的人民法庭管辖。第三，立案案号不同。一般的民事诉讼案件的案号编立"民初字"或"民终字"，调解协议的司法确认案号是"调确字"，且采用"裁定书"的形式作出确认。第四，审判组织不同。一般的民事诉讼案件除简易程序外，均要组成合议庭进行审理。而人民法院受理司法确认申请后，只指定一名审判人员对调解协议进行审查。❶

从法律性质上看，调解协议的司法确认是一种特殊的非诉程序。❷ 专利纠纷行政调解协议作为一种特殊的调解协议，其司法确认程序无疑具有同样的性质。

（三）专利纠纷行政调解协议司法确认的程序构建

从法律依据上看，2010 年 8 月颁布的《人民调解法》，首次在立法上规定了人民调解协议的司法确认。该法第 33 条规定："经人民调解委员会调解达成调解协议后，双方当事人认为必要的，可以向人民法院申请司法确认，人民法院依法审查后确认调解协议的效力。"此后，最高人民法院先后出台的司法解释则对人民调解协议的司法确认程序作出了具体规范。❸

---

❶ 陈雅忱，何炼红，陈仲伯. 专利纠纷行政调解协议司法确认问题探讨 [J]. 知识产权，2013（9）：27.

❷ 向国慧. 调解协议司法确认程序的完善与发展：结合《民事诉讼法》修改的思考 [J]. 法律适用，2011（7）：14.

❸ 《最高人民法院关于建立健全诉讼与非诉讼相衔接的矛盾纠纷解决机制的若干意见》（法发〔2009〕45 号），规定了"非诉"性质的司法确认程序。《最高人民法院关于人民调解协议司法确认程序的若干规定》（法释〔2011〕5 号），就人民调解协议的司法确认程序进行了具体规范。

2012 年修订的《民事诉讼法》在"特别程序"一章中设专节规定了"确认调解协议案件",为民事诉讼与调解的衔接提供了程序法上的基本依据。

尽管如此,由于专利纠纷行政调解协议的特殊性,上述人民调解协议司法确认的相关制度和程序设置并不能当然地适用于专利纠纷行政调解领域。因此,在构建专利纠纷行政调解协议司法确认程序时,需要考虑专利纠纷行政调解的特殊性,同时兼顾相关法律政策的衔接性和可操作性。

1. 管辖法院的确定

现行《民事诉讼法》和最高人民法院关于人民调解协议司法确认的司法解释,对调解协议司法确认的管辖作了明确规定。即由调解组织所在的基层人民法院或其派出法庭受理。而根据《最高人民法院关于审理专利纠纷案件适用法律问题的若干规定》第 2 条,各省、自治区、直辖市人民政府所在地的中级人民法院和最高人民法院指定的中级人民法院可以受理专利纠纷第一审案件。有观点提出,专利纠纷行政调解协议司法确认也是人民法院处理专利纠纷的一种程序,其管辖也应按最高人民法院关于专利纠纷管辖的规定,由中级人民法院受理。也有研究者认为,专利纠纷行政调解协议的司法确认既不同于一般的人民调解协议司法确认,也不同于一般专利纠纷案件的审理,此类案件宜由特别指定的、具有知识产权案件管辖权的基层人民法院受理。❶ 还有观点认为,应由知识产权专门法院、专门法庭管辖。在尚未设立专门法院、法庭的行政区域,由最高人民法院指定由省、自治区、直辖市所在地中级人民法院集中管辖。❷

笔者认为,上述观点均失之偏颇,值得商榷。第一,就法律性质而言,专利纠纷行政调解协议的司法确认显然有别于专利纠纷的诉讼,专利纠纷案件适用民事诉讼程序,专利纠纷行政调解协议的司法确认适用民事非诉程序,两者在诉讼的构成要素与运作方式上大相径庭,将专利纠纷案件与调解协议的司法确认案件等量齐观,将其划入中级人民法院管辖,显然并非妥当。第二,就案件处理的要求而言,专利纠纷案件往往涉及复杂的技术问题,适用专业性强的专利法律规范和裁判规则,这对审理案件法

❶ 陈雅忱,何炼红,陈仲伯. 专利纠纷行政调解协议司法确认问题探讨 [J]. 知识产权,2013 (9):41.

❷ 刘友华,朱蕾. 专利纠纷行政调解协议司法确认制度的困境与出路 [J]. 湘潭大学学报(哲学社会科学版),2020 (6):90.

官的素质提出了更高的要求，因此，将其由中级人民法院管辖更为妥当。而专利纠纷行政调解协议的司法确认案件并不要求法官对案件的实体争议作出裁判，而仅是对调解协议内容的合法性进行审查，这并非基层人民法院法官力所不能及之事。第三，就专利案件的基层管辖法院看，根据最高人民法院的相关规定，基层人民法院经最高人民法院指定的基层人民法院仅能管辖外观设计专利的权属、侵权纠纷一审案件。[1] 如果将调解协议的司法确认权限制在数量有限的基层人民法院，显然不切实际。

综上所述，专利纠纷行政调解协议的司法确认案件不必要求由中级人民法院管辖，亦不应将其限制在最高人民法院特别指定的基层人民法院管辖。此类案件由调解组织所在地的基层人民法院管辖更为妥当。

2. 确认程序的启动

专利纠纷行政调解协议司法确认程序的启动必须有双方当事人的合意。这种合意包含两方面的含义，一是调解协议必须是以解决纠纷为目的，由双方当事人自愿达成的协议；二是必须由双方当事人均同意向人民法院提出确认申请。调解的核心就是充分尊重当事人的自主性和意思自治，这是调解协议能获得司法确认的正当性来源，也是司法确认制度最根本的动因。[2] 因此，为了确保行政调解协议的非争议性，司法确认程序的启动必须以当事人的合意为前提。

一般而言，当事人的合意表现为双方共同向人民法院申请司法确认。然而，如果当事人分处两地，要求当事人共同向法院提出申请也会给当事人增加成本和不便。因此，在实际操作中，从便利当事人和提高申请效率的角度出发，应当允许当事人可以单独提出司法确认申请，只要对方当事人在一方申请后明确表示同意的，也应视作是双方共同申请。

3. 司法确认的范围

对于司法确认的范围，有学者认为，专利纠纷行政调解协议司法确认的范围只应包括行政机关处理专利侵权案件时就赔偿部分达成的调解协议。鉴于行政机关已对专利侵权行为进行了认定和处理，法院对赔偿部分

---

[1] 《最高人民法院关于第一审知识产权民事、行政案件管辖的若干规定》（法释〔2022〕13号）第2条。

[2] 洪冬英. 论调解协议效力的司法审查［J］. 法学家，2012（2）：115.

调解协议的确认风险会大大降低，可以保证司法确认的准确性。❶ 其实，从法律规定看，行政机关有权调解的专利纠纷非常广泛，❷ 除了专利权效力纠纷，其他专利纠纷均可进行调解。不过需要指出的是，专利权权属纠纷适用行政调解与《最高人民法院关于适用〈中华人民共和国民事诉讼法〉的解释》（以下简称《民诉法解释》）的规定相悖，其第355条第1款规定："当事人申请司法确认调解协议，有下列情形之一的，人民法院裁定不予受理：……（五）调解协议内容涉及物权、知识产权确权的。"该款明确排除权属纠纷的确认。由于专利权属于对世权，义务主体为不特定多数人。涉及确认专利权权属的行政调解协议司法审查时，一方面，是否侵犯案外第三人的利益难以通过书面的形式审查予以查明。另一方面，专利权权属的变动实行公示公信原则，需要在国家知识产权局登记公告后方能生效，此类调解协议在司法确认中无可供执行的内容，对其进行司法确认无实际意义。

因此，专利纠纷行政调解协议司法确认的范围应是除专利权权属和效力纠纷之外的专利纠纷调解协议。

4. 司法审查的内容

专利纠纷行政调解协议司法确认的审查方式和审查内容应当区别于一般案件的审理，应侧重于对调解程序的合法性审查，而不应过多地对纠纷本身进行审查，否则司法审查会演变成司法审判，脱离了司法确认制度的设立初衷。因此，司法审查只应对调解协议的真实性、合法性进行审查，审查对象应该是调解协议而非案件本身。当然，审查过程中也可能会涉及一些实体内容审查，但应仅限于是否有悖于社会公共利益、是否违反法律法规的强制性规定等方面。

法院在具体审查时，可通过列明"负面清单"的方式，合理划定司法确认中的审查边界。所谓负面清单（Negative List），是私法自治的集中体现，指仅列举法律法规禁止的事项，对于法律没有明确禁止的事项，都属

---

❶ 姜芳蕊，陈晓珍，曹道成. 专利纠纷行政调解协议司法确认程序之构建［J］. 知识产权，2014（9）：29.

❷ 国家知识产权局发布的《专利纠纷行政调解指引（试行）》中列举的适用行政调解的专利纠纷包括专利申请权和专利权权属纠纷、发明人或设计人资格纠纷、职务发明创造人的奖励或报酬纠纷、发明专利临时保护期使用费纠纷、侵犯专利权的赔偿数额纠纷等。

于法律允许的事项。❶ 专利纠纷行政调解协议司法确认审查中的负面清单主要包括以下几类：（1）受理环节的负面清单。对当事人的申请内容应当进行司法审查，发现有《民诉法解释》第355条规定的不予受理情形的，应当裁定驳回当事人的申请，终结司法确认程序。（2）证据认证的负面清单。参照《民诉法解释》第356、357条等的规定，双方当事人向法院申请确认行政调解协议，应当共同到场接受法院询问，并提交必要的证据材料；在证据不全、案情不明的情况下，法院可以按当事人撤回申请处理，终结司法确认程序。（3）确认与否的负面清单。行政调解协议具备《民诉法解释》第358条规定的情形的，人民法院应当裁定驳回当事人的司法确认申请。❷

需要指出的是，负面清单并非一成不变，而是随社会的变迁和法律的修订而需要适时修改。专利纠纷行政调解协议司法确认中哪些内容应当列入司法审查的负面清单，或者应从负面清单去除，需要参照当前法律，结合司法实践，对其进行评估与检验。

当行政调解协议中存在不影响纠纷实体处理的瑕疵时，法院可引导双方当事人协商弥补，对协议中的瑕疵予以校正和完善，以提升行政调解的公信力和协议质量；行政调解协议中措辞不准确、不规范的，可引导当事人补正后再予确认；对行政调解协议内容重点不突出，缺乏可执行内容或遗漏了调解事项的，可引导当事人完善调解协议的相关内容后再予以确认。

（四）专利纠纷行政调解协议司法确认后的撤销及救济

正如司法判决可能会发生错误，这种情况对于调解协议的司法确认也同样难以避免。因此，有必要建立错误司法确认决定的纠错与补救机制。错误的司法确认决定产生的原因是多方面的，主要原因包括：行政调解程序的错误；因当事人恶意串通进行虚假调解的错误；调解协议违背真实意思表示的错误；司法确认后专利权被宣告无效导致的错误等。

根据《最高人民法院关于人民调解协议司法确认程序的若干规定》第10条："案外人认为经人民法院确认的调解协议侵害其合法权益的，可以

---

❶ 王利明. 负面清单管理模式与私法自治［J］. 中国法学，2014（5）：26.
❷ 何炼红，舒秋膂. 论专利纠纷行政调解协议司法确认的审查边界与救济路径［J］. 知识产权，2017（1）：66.

自知道或者应当知道权益被侵害之日起一年内，向作出确认决定的人民法院申请撤销确认决定。"另外，按照《最高人民法院关于审理涉及人民调解协议的民事案件的若干规定》第6条第1款的规定，下列调解协议，受损害方有权请求人民法院变更或者撤销：（1）因重大误解订立的；（2）在订立调解协议时显失公平的；（3）一方以欺诈、胁迫的手段或者乘人之危，使对方在违背真实意思的情况下订立的调解协议。结合这两个司法解释的规定，无论是当事人还是第三人，在符合法定情形的条件下，均可以申请撤销错误的司法确认决定。

除了当事人和第三人可以申请撤销外，还可以增加法院依职权撤销的情形，即司法确认程序中的法院依职权探知原理，在其作出调解协议司法确认裁定后一年内，发现原裁定违反了法律禁止性规定，或者侵犯他人合法权益，情节严重的，可以主动依职权作出新裁定，撤销原裁定。❶

在专利纠纷行政调解协议司法确认裁定生效后，还未执行之前，所涉专利权被宣告无效的，法院应当及时中止该司法确认裁定的执行。当事人可通过异议程序申请法院依法撤销原裁定，并终结执行程序。在专利纠纷行政调解协议司法确认裁定已经生效并且已经执行完毕后，专利权被宣告无效的，可参照《专利法》的相关规定，❷明确该专利的无效宣告对人民法院已经执行的司法确认裁定不具有追溯力。但是专利权人存在恶意给他人造成损失的，应当给予赔偿；如果不执行回转，明显违反公平原则的，专利权人应当全部或者部分返还因执行获得的财产。专利权人如果不予返还，则权益受损的当事人可向法院提起不当之利之诉。

六、司调对接机制的完善

法院与专利行政机关应建立完善的信息联络和沟通机制，这样可以畅

---

❶ 陈雅忱，何炼红，陈仲伯. 专利纠纷行政调解协议司法确认问题探讨［J］. 知识产权，2013（9）：43.

❷ 《专利法》第47条："宣告无效的专利权视为自始即不存在。宣告专利权无效的决定，对在宣告专利权无效前人民法院作出并已执行的专利侵权的判决、调解书，已经履行或者强制执行的专利侵权纠纷处理决定，以及已经履行的专利实施许可合同和专利权转让合同，不具有追溯力。但是因专利权人的恶意给他人造成的损失，应当给予赔偿。依照前款规定不返还专利侵权赔偿金、专利使用费、专利权转让费，明显违反公平原则的，应当全部或者部分返还。"

通信息渠道，保持信息链的完整性，避免因为信息不对等、不完整而产生相矛盾的诉调结果。可以大大减轻法院的办案压力，提高专利行政机关的调解效率。

在法院委托行政调解的机制完善方面，针对诉前委托调解与立案登记制的内在冲突，可以采取的解决方案是法院在立案后再开展委托调解。即将诉前委托调解该为诉后委托调解。这样，一方面，符合立案登记制改革的主旨，使得案件在调解不成后及时进入诉讼程序，实现调解与诉讼的顺利衔接；另一方面，可以避免当事人对法院推诿立案、妨碍当事人行使诉权的指责，打消当事人对诉讼时效届满的担忧。

对于法院对委托调解协议出具民事调解书可能存在的风险，避免当事人利用调解协议恶意串通损害第三人利益，在委托调解成功后，当事人要求赋予强制执行效力的，可以对具有金钱给付内容的调解协议发出支付令，或者对具有可执行内容的调解协议作出许可执行裁定书，由于这两种结案方式可以赋予调解协议执行力而不赋予其既判力，不但可以较好地兼顾对当事人、利害关系人的权利保护，而且有利于维护司法裁判的权威性。

传统的专利纠纷行政调解一般是线下方式，由专利主管机关在办公场所对当事人的相应纠纷进行调解，递交申请材料等程序性流程一般都要通过线下进行。与线下模式相比，线上模式具有便捷高效、成本低廉的优势，这对争议标的不大、案件事实较为明确、法律关系简单的专利纠纷案件的处理可以发挥积极作用。浙江省建立了"浙江（杭州）知识产权诉调中心"线上平台，通过该平台实现了"线上提交申请材料，线上约定调解事宜，线上调解相关纠纷"。若有调解需求，当事人可登录"杭州知识产权运营公共服务平台"申请调解，根据当事人递交材料的类型以及调解需求的不同，平台将不同类型的案件分别匹配给负责相关领域的调解员。调解员将会在提交材料后的3个工作日内与当事人取得联系并约定调解时间。调解可以选择通过视频或电话的形式进行，调解成功，其结果具有法律效力，可以向法院申请司法确认；若调解不成，还可以及时连通互联网法院进入诉讼程序。

第六章　专利行政机关与司法机关的协作机制

第一节　专利跨区域行政执法的建立与发展

一、专利跨区域行政执法协作机制的建立

随着经济活动范围的扩展，专利纠纷和违法行为往往具有跨地域的特点，而专利行政机关受管辖地域的限制，对于跨地域的专利纠纷和违法行为的处理往往有心无力。为了遏制跨地域专利违法行为，在国家知识产权局的指导和主持下，北京、上海、江苏、浙江、福建、广东等16个省区市于2003年4月签订了《省际间专利行政执法协作协议》。● 该协议的签署标志着省际专利行政执法协作机制的正式建立。此后，我国各地知识产权局之间签署了一系列跨地域专利行政执法合作协议，包括《中南地区专利行政执法协作郑州宣言》（2004年4月）、《长沙市株洲市湘潭市专利行政执法协作协议》（2005年7月）、《泛珠三角区域知识产权合作协议》（2005年7月）、《长三角地区知识产权局系统专利行政执法协作协议》（2005年9月）、《甘肃青海西藏跨区域专利联合执法协议》（2005年12月）、《闽浙赣皖九市专利行政执法协作协议》（2006年5月）、《川南片区专利行政执法协作协议》（2006年7月）、《东北地区知识产权行政执法合

● 这16个省区市还包括天津、安徽、江西、山东、黑龙江、湖北、四川、云南、宁夏和深圳。

作协议》（2008 年 8 月）、《西部十二省市区专利行政执法协作协议》（2008 年 10 月）、《九省市专利行政执法协作协议》（2012 年 10 月）等。[1] 这一系列协作协议的签署在实践中形成了上至省际、下至省内地区间的专利行政执法协作圈，前者如"长三角专利行政执法协作圈""泛珠三角区域的专利执法协作圈"等，后者如"长沙株洲湘潭专利行政执法协作圈""川南片区专利行政执法协作圈"等。在实践中，根据省际协议，湖北省知识产权局与其他省区市知识产权局协作，在保护"方酒瓶"外观设计专利的这项协作执法行动中共同处理了劲牌有限公司提出侵权处理请求的多起群体侵权案件，从而有效地遏制了"方酒瓶"外观设计专利在全国范围频遭侵权的势头。在四川省宜宾丝丽雅股份有限公司向四川省知识产权局提出处理山东海龙股份有限公司专利侵权纠纷案中，由于被请求人住所地和侵权行为发生地均不在四川省行政辖区内，四川省知识产权局本无管辖权，但基于协作协议的规定，四川省知识产权局受理此案后及时移送山东省知识产权局处理。可见，专利跨区域行政执法机制的形成对于加强各地知识产权局的协调合作、处理跨地域的专利纠纷、打击跨地域专利违法行为发挥了积极作用。

随着跨区域专利行政执法协作机制的不断发展，2019 年 12 月，在湖南长沙召开的全国知识产权系统执法工作会上，31 个省市区知识产权局签署跨区域专利行政执法协作协议。协议的签署标志着覆盖全国的专利行政执法协作机制已经构建完成。

从主体、内容和性质看，这一系列的专利跨区域行政执法协作协议具有以下特点。

第一，协议的主体之间无行政隶属关系。签署协议主体是各地知识产权局，彼此间是平等的行政主体，不存在上下级之间的隶属与服从关系。

第二，协议的内容体现公务性。专利行政执法协作是依据宪法、其他法律等规定而实施的行政行为，其目的是实施专利管理，加强专利行政保护，并且是在履行行政职责的过程中发生的。

第三，协议的性质是行政契约。专利行政执法协作是行政主体之间的合意行为。该执法协作机制是在各区域的行政机关自愿协商并且意思表示

---

[1] 九省市包括北京、天津、河北、上海、江苏、山东、广东、重庆、四川。

一致的情形下形成的。专利行政执法协作以协议为基础，协议的性质属于行政契约。❶ 各主体间通过有约束力的协议来确定各方的权利义务，通过有约束力的协议加强彼此间合作，共同履行协议确定的协作内容。

第四，专利行政执法协作的内容广泛。大部分跨区域专利执法协作协议都规定了网上信息交流、跨区域案件移送、协助调查取证和协作办理重大案件等方面的协作事项。

概括而言，专利跨区域行政执法协作机制的建立具有以下四个方面的重要意义。

首先，跨区域行政执法协作有利于各专利执法部门降低执法成本，提高执法效率。从某种意义上讲，各地区的专利行政执法协作机制实际上就是将各个区域内专利行政执法系统的执法资源最大限度地加以整合，从而达到降低执法成本、提高执法效率的目的。

其次，这一机制有利于区域内专利权人维权成本的降低。例如，各地区所签订的专利行政执法协作协议一般都规定：在专利侵权纠纷案件中，请求人可以就近向其所在地知识产权局提出行政处理请求。在假冒专利案件中，权利人可以就近向发现地知识产权局举报，再由该知识产权局作出案件移送处理。这可以大大降低专利权人的维权成本和往返于异地专利行政执法部门的讼累，从而使专利权人的合法权益获得更及时有效的保护。

再次，这一机制有利于遏制狭隘的地方保护主义。根据各地协作协议的规定，有管辖权的知识产权局接受移送案件后是否立案、立案后处理的结果等都要及时反馈给移送机关或国家知识产权局——这本身就是一种有效的行政监督机制。正是这种行政监督使得相关行政部门必须严格依法办事，从而起到遏制地方保护主义的效果。2020 年《专利法》第四次修改后，国家知识产权局有权直接处理在全国有重大影响的专利侵权纠纷，这无疑提高了对跨区域专利侵权行为的处理效率。

最后，跨区域行政执法协作有利于各地区专利执法水平的同步提高。如前所述，由于专利纠纷的发生数量与各地的科技、经济发展水平联系密切，因此全国各地的专利管理和执法水平会参差不齐，而专利跨区域行政

---

❶ 按照《最高人民法院关于审理行政协议案件若干问题的规定》第 3 条的规定，行政机关之间因公务协助等事由而订立的协议不具有可诉性，不属于人民法院行政诉讼的受案范围。

执法协作机制在各地区间构建起的信息交流平台、协作执法机制将有利于消除或减少各地专利管理和执法水平的差异。

二、电子商务领域专利跨区域行政执法协作机制的发展

近年来，电子商务交易蓬勃发展，电子商务领域的专利违法行为也呈现多发态势。据统计，在淘宝网 C2C 交易平台上，每天接到的 2 万条左右知识产权投诉，其中 10% 至 20% 涉及专利权。阿里巴巴 B2B 交易平台上，60% 以上的知识产权投诉涉及专利权。❶ 电子商务领域专利侵权纠纷数量巨大的同时，也呈现出群体性、重复性侵权的特点。如淘宝网上某个汽车后备箱垫的实用新型专利侵权纠纷案中，涉案的网络卖家达 7000 家，涉及商品多达 36 万件。❷ 浙江省知识产权局处理的"极速拉线装置"实用新型专利侵权纠纷案中，专利权人对阿里巴巴平台上的 240 条链接发起了专利侵权投诉；经核实，所有链接对应的产品均为侵权产品。该案也成为国家知识产权局公布的 2017 年度打击专利侵权假冒十大典型案例之一。❸

面对电子商务领域专利侵权的多发态势，第三方电子商务平台自身难以审查专利侵权行为和对复杂的专利侵权纠纷作出认定。同时，由于电子商务侵权领域内侵权行为的高发性、广泛性，仅仅由行政执法部门负责电子商务领域的专利侵权纠纷处理也是不现实的，因为那样会对行政执法部门造成过重的负担，增加行政运行的成本。同时，电子商务平台内经营者分散性较强，行政执法部门难以掌握众多经营者的信息，而在第三方电子商务平台的配合下，行政执法部门能更有效地执法。此外，与行政执法部门相比，第三方电子商务平台可以极为快速和便捷地通过技术手段对销售侵权商品的店铺采取限售、禁售措施，其制止侵权的效率显著高于行政机关。因此，为有效治理平台上的专利侵权问题，发挥各自优势，平台应与行政执法部门（包括其所属的知识产权维权援助中心或知识产权保护中心

---

❶ 徐楠轩. 电子商务领域专利保护协作机制的构建：基于对阿里巴巴集团的调研 [J]. 科技管理研究，2015（2）：123.

❷ 冀瑜，邢雁发，洪积庆，等. 电子商务市场知识产权保护的制度缺失及其对策 [J]. 知识产权，2014（6）：59.

❸ 2017 年度打击专利侵权假冒十大典型案例 [EB/OL]. [2023 - 06 - 25]. http：//www. cnipa. gov. cn/transfer/pub/gziqy/docs/20180720105506641329. pdf.

合作，建立电子商务领域的专利纠纷行政执法协作机制。❶

有鉴于此，浙江省知识产权局与阿里巴巴于 2011 年 10 月 17 日签订知识产权保护合作备忘录，联手建立网络专利侵权处理联动机制。根据该备忘录的规定，双方合作的主要范围和内容包括：浙江省知识产权局指导阿里巴巴制定和完善网络专利纠纷投诉处理相关程序和制度；对阿里巴巴在解决网络专利纠纷投诉案件中提出的"业务指导意见"的请求提供业务指导；在阿里巴巴和浙江省知识产权局之间建立重大、群体性专利侵权案件通报机制等事项。在专利纠纷处理程序上，平台商根据权利人的投诉对专利侵权纠纷先进行初步筛选，因网络投诉案件量巨大且很多属于非正常申请的专利权投诉，一些明显构成或不构成侵权的纠纷由平台商直接处理即可，而将一些案情复杂的纠纷案件通过系统移送到浙江省知识产权局；浙江省知识产权局收到案件材料后，应视情况决定是否受理，决定受理的案件根据区域管辖原则指定所属地市及时处理，并将处理信息反馈给平台商；在处理专利侵权纠纷过程中，如专利行政机关认定被控产品构成侵权的，则通知卖家停止侵权行为并对相关侵权产品进行处理，同时通知平台商删除相关产品链接；如发现被控产品存在不视为侵权的情形，浙江省知识产权局可通知平台商予以确认后作出处理决定，或直接作出不侵权决定并告知平台商。❷

2016 年 2 月，国家知识产权局印发《关于深化电子商务领域专利执法维权协作机制的通知》。该通知明确国家知识产权局将进一步深化电子商务领域专利执法维权协作调度机制，建立电子商务领域专利执法维权协作调度（浙江）中心，由该中心负责有关执法主体与浙江省内电子商务平台间专利保护举报投诉案件的衔接和协作调度。该通知提出以下几方面工作要求：一是提高线上案件侵权判定的效率。该中心可将接收的浙江省内电子商务平台上的专利侵权举报投诉案件分送至全国各有关知识产权维权援助中心协助办理，相应知识产权维权援助中心应尽快作出咨询意见书。二是提升线上案件移送与执行中的协作水平。各地方知识产权局对于电子商

---

❶ 姚志伟，沈一萍. 电子商务领域专利侵权联动执法机制中的错误处理责任研究 [J]. 知识产权，2017（7）：70.

❷ 徐楠轩. 电子商务领域专利保护协作机制的构建：基于对阿里巴巴集团的调研 [J]. 科技管理研究，2015（2）：123.

务领域的案件，应在接到协助执行书后快速提供协助。具有重大社会影响或群体性的专利侵权案件由国家知识产权局协调处理。三是做好线上转线下案件的衔接工作。对于线上查实的专利侵权假冒案件，可由该中心通过电子商务平台商确认被请求人详细信息，及时将案件线索移送有管辖权的地方知识产权局进行线下办理，从源头打击专利侵权假冒行为。2016 年 4 月，国家知识产权局组织 15 个省（自治区、直辖市）知识产权局和 5 个市级知识产权局共同签署了《知识产权系统电子商务领域专利执法维权协作调度机制运行协调会议备忘录》，以阿里巴巴集团为中心，以该中心为中枢，开展电子商务领域专利侵权纠纷的处理工作。这一模式也是目前全国电子商务领域专利行政执法保护机制的主要模式。

三、专利跨区域行政执法机制的内容

从有关的专利行政执法协作协议看，专利跨区域行政执法协作机制一般包括以下几方面的内容。

（一）信息交流机制

例如，《长三角地区知识产权局系统专利行政执法协作协议》突出强调在网络上开辟长三角知识产权局系统行政执法协作信息专栏，对行政执法政策法规、区域内案件移送情况、大案要案和办案经验等信息实现资源充分共享。《九省市专利行政执法协作协议》规定：九省市将确定专门信息员，及时通报共同关心的执法信息。

（二）案件移送机制

《长三角地区知识产权局系统专利行政执法协作协议》对侵权纠纷和违法行为两种情况作出了规定：异地专利侵权纠纷权利请求人可以就近向其所在地知识产权局提出行政处理请求，再由该局将材料移送给有管辖权的知识产权局处理。对于发现地与发生地不一致的假冒专利等违法行为，发现地知识产权局可以将材料移送给违法行为发生地的知识产权局处理。在实践中，专利侵权案件移送的具体工作流程如下。

（1）受理。专利权人向侵权行为地之一的专利行政机关提出申请后，

经审查符合受理条件的，应当予受理。在案件受理后，权利人可以向其他地区发生的侵权行为提出跨区域侵权纠纷处理请求。请求符合有关条件的，管理专利工作的部门应当在收到请求书之日起 5 个工作日内向请求人出具《跨区域专利侵权纠纷处理材料接收单》；请求不符合规定条件的，管理专利工作的部门应当在收到请求书之日起 5 个工作日内通知请求人并说明理由。

（2）移送。管理专利工作的部门自出具《跨区域专利侵权纠纷处理材料接收单》之日起 3 日内，填写《跨区域专利侵权纠纷处理材料移送单》一式两份，并将其中一份与请求人提交的请求书和证据等材料一并移送给请求人确定的有管辖权的管理专利工作的部门，并告知被移送方管理专利工作的部门。

（3）立案和处理。有管辖权的管理专利工作的部门自收到移送材料之日起 5 个工作日内决定是否立案。予以立案的，填写《跨区域专利侵权纠纷处理材料移送回执》一式两份，将其中的一份发送给移送方管理专利工作的部门；不予立案的，填写《跨区域专利侵权纠纷处理不予立案通知书》，说明理由，发送给移送方管理专利工作的部门，并将相关材料一并退回。有管辖权的管理专利工作的部门立案后，按照有关法律、行政法规、部门规章处理专利侵权纠纷。必要时，受理案件的管理专利工作的部门可以请移送方管理专利工作的部门派员，或者移送方管理专利工作的部门主动派员协助调查和处理。移送和受移送的专利行政机关应相互通报案件的处理情况，及时将侵权行为是否成立的初步意见通报对方。如果出现双方对侵权判断不一致的情况，应当提请共同的上级主管部门作出决定；没有共同上级主管部门的，应当提请国家知识产权局作出决定。

（4）结案。专利侵权纠纷处理结案后，有管辖权的管理专利工作的部门填写《跨区域专利侵权纠纷处理结案通知书》一式三份，将其中两份分别发送给移送方管理专利工作的部门和国家知识产权局原专利管理司备案。

对专利跨地域行政调解和假冒专利处理也遵循与此大致相同的程序。

（三）协助调查取证机制

《长三角地区知识产权局系统专利行政执法协作协议》规定：根据有管辖权的知识产权局提出的要求，相关知识产权局应积极配合、协助开展对有关案件的调查取证工作。如果比较《长三角地区知识产权局系统专利行政执法协作协议》和省际协议关于这一机制的规定，可以发现《长三角地区知识产权局系统专利行政执法协作协议》扩大了协助调查取证的范围，即将省际协议"协助开展重大、复杂案件的调查取证工作"扩展到了所有专利侵权和专利违法案件。这一扩展使得长三角地区的专利行政执法协作更加紧密和深入。《九省市专利行政执法协作协议》中要求在专利行政执法中做好案件移送，协助调查取证，加强信息沟通，杜绝地方保护主义，切实维护权利人的合法权益。《环渤海区域知识产权局行政执法协作协议》中对协助调查取证也有相应的规定，例如，针对发生在协作成员管辖区域内的专利侵权纠纷，权利人或利害关系人欲寻求行政保护的，可以选择向当地知识产权局提起保护请求，符合条件的，由当地市知识产权局向有管辖权的协作成员区域知识产权局移送，必要时，双方协作成员之间可以开展协同调查取证。

（四）协作办理重大案件机制

重大案件主要是指跨区域的故意侵权、群体侵权、共同侵权、重复侵权等重大案件。对于这些重大案件，区域内的相关知识产权局根据实际情况可以协作办理。根据《九省市专利行政执法协作协议》规定，对于国家知识产权局督办案件、群体性侵权案件、各地有重大影响的案件等重大案件，所述九省市应当开展联合执法检查并互相通报案件查处进程和结果，确保行政处理的一致性、公平性和权威性；对于涉外案件，九省市应及时相互通报，协调配合，在案件的处理过程中采取统一行动，确保案件得到公正的处理；各省市对于属地内的重点企业发生在协议内的其他省市的侵权案件，可以向该省市知识产权局说明情况，该省市知识产权局应当确保案件得到及时公正的处理。该协议内容还包括开展集中执法，即可由某一省市针对重点区域、重点领域和重点产品发起集中开展专利执法行动。就专利行政执法中遇到的实务问题，该协议要求共同研究解决，编印执法实务问题指引作为办案的统一规范。《环渤海区域知识产权局行政执法协作协议》也规定了协作办理重大案件等内容。

（五）执法协作的保障机制

在工作机构方面，《长三角地区知识产权局系统专利行政执法协作协议》各方一致同意建立"长三角地区专利行政执法协作联席会议制度"，联席会议下设办公室负责处理各项日常工作；在建立年会与专题会议制度方面，通过年会与专题会议总结交流长三角地区专利行政保护和行政执法协作方面的经验，研究解决其它具体工作问题。《九省市专利行政执法协作协议》建立了年度例会和季度交流会制度，成立了主席团、执行主席团和秘书处等组织机构，建立了执法协作网络平台等。❶《泛珠三角区域知识产权合作协议》规定各协作成员确定一名联络员负责联络、协调和沟通工作，确保各成员单位信息交流畅通、顺利完成合作项目；根据在联席会议上确立的合作项目成立专题工作小组，开展专项合作工作，落实合作事项。《环渤海地区知识产权保护合作协议》规定每年召开一次省际联席会议，在合作研究知识产权保护政策体系，建立知识产权保护行政执法协作机制和知识产权保护战略机制，开展知识产权联合执法行动。

四、专利行政执法协作机制的完善

（一）专利行政执法协作机制的法定化

目前专利行政执法协作机制主要依托专利行政执法协作协议建立，而此类协议在性质上属于合同，因此，这一协作机制本质上是一种契约性的机制，也就是说，专利行政执法协作机制的效力只能及于各签约方，即在协议上签字的各个知识产权局之间产生约束力。这导致如果作为签约方的知识产权局对专利权人提出的合理请求不予接收或者移送，那么该专利权人并不能依据专利行政执法协作协议向有关知识产权局主张相应的救济权利。而且，尽管各个专利行政执法协作协议大多包括了指导思想、基本原则、执法协作内容、执法协作程序和执法协作保障措施等方面的内容，但纵观协议内容，并不存在协议方如果违约应该承担何种责任的条款，这势必会使专利行政执法协作机制在某些情况下的实施大打折扣，甚至可能出现无法实施的情况。事实上，在实践调查中，有些知识产权局对专利权人

---

❶ 李立. 北京等九省市展开专利行政执法大协作［EB/OL］. （2012－10－25）［2023－09－21］. https：//news. sina. com. cn/o/2012－10－25/173025439327. shtml.

的合理请求迟迟不予接收和移送的情况确有发生。

因此，应尽快建立法定的全国知识产权行政执法协作机制。建议国家知识产权局在全面总结包括长三角地区在内的全国各地跨区域专利行政执法协作机制实践经验的基础上，将这些内容进一步升格为"全国跨区域专利行政执法协作办法"这一部门规章，从而实现将这一协作机制的性质由契约性向法定性转变。该部门规章应对专利权人和相关知识产权执法部门的权利、义务、职责等内容作出明确规定；同时，在其中增加责任条款，可以主要围绕相关专利执法部门不履行协议时应承担何种责任来进行规定，例如可追究相关领导或执法人员的责任、建议主管机关给予行政处分等。

（二）充分发挥国家知识产权的指导监督作用

在 2020 年《专利法》第四次修改前，国家知识产权局并不直接处理专利侵权案件和专利违法案件，但它在案件的处理中具有一定的监督指导作用。例如《专利法实施细则》第 80 条规定："国务院专利行政部门应当对管理专利作的部门处理专利侵权纠纷、查处假冒专利行为、调解专利纠纷进行业务指导。"《专利行政执法办法》第 5 条规定，对有重大影响的专利侵权纠纷案件、假冒专利案件，国家知识产权局在必要时可以组织有关管理专利作的部门处理、查处；管理专利工作的部门开展专利行政执法遇到疑难问题的，国家知识产权局应当给予必要的指导和支持。在《专利法》第四次修改后，其第 70 条第 1 款规定："国务院专利行政部门可以应专利权人或者利害关系人的请求处理在全国有重大影响的专利侵权纠纷。"该规定赋予了国家知识产权局对专利侵权纠纷的行政处理权。这对杜绝地方保护主义、统一全国专利行政执法标准、充分发挥跨区域专利行政执法协作的优势具有积极意义。

（三）完善行政相对人的权利和救济规定

目前的各个协作协议忽略了行政相对人在专利执法协作法律关系中的主体地位。从目前的各个跨区域专利执法协作圈来看，其协作内容及过程都是专利行政执法机关之间的协作关系，而行政相对人则都未能成为此协议法律关系的主体之一。但从执法的实际情况来看，专利行政执法必然有明确的相对人，必然会发生外部行政法律关系，在这样的外部行政法律关

系中，相对人的利益必然会受到相应的影响。❶ 因此，有必要完善行政相
对人的权利和救济机制：一方面，可以规定作为请求人的行政相对人有向
联席会议办公室进行请求处理和申诉的权利，使其可以参与到协作机制
中；另一方面，也应规定作为被请求人的行政相对人有因行政处理错误而
获得赔偿的权利。

（四）加强信息化平台建设

从实践看，目前信息共享平台存在的以下问题：一是不同执法机关均
有各自的业务信息系统，各系统运作处于"孤岛型"状态，未能实现信息
数据的共享互通，导致业务人员需在不同系统中重复录入执法数据，降低
了信息采集和共享效率；二是一些执法机关的相关硬件设备不能满足信息
化基础建设要求，行政执法机关一般通过内网进行执法工作，而登录该平
台只能用外网登陆，内外网连接不畅大大影响了该平台的利用率。❷ 当前
相关区域间的专利行政执法信息沟不畅，一定程度上制约了打击专利行政
违法行为的力度。例如，一些违法行为已经在某地有所抬头，但其他地方
还不清楚相关的情况，缺乏相应的预警机制。为避免此类情形，可运用大
数据、云计算、物联网等信息技术，加强专利行政执法信息共享互通的基
础设施建设，共同设立行政执法协作平台，同时定期开展信息分析，发布
预警信息，遏制专利违法行为的扩散与蔓延。

第二节　司法机关的专利案件协作机制

一、现行法律框架下的专利司法协作

对司法协作可以有广义和狭义的理解。广义的司法协作既包括法院与
公安机关、检察机关间的司法合作和互助，也包括我国法院与外国法院在

---

❶　严丹. 论跨区域专利行政执法协作机制的完善 [J]. 新余高专学报，2009（5）：32.
❷　王宇红，宋晓洁，冶刚，等. 自贸区知识产权行政执法协作机制的完善：以陕西自贸区
为例 [J]. 西安电子科技大学学报（社会科学版），2019（1）：84.

证据认定、文书送达、判决的承认和执行等方面的合作。本书所指的司法协作是狭义的司法协作，即法院之间的司法协作。我国的司法协作在一段时间内集中于执行中的协作。例如，山东、江苏、浙江、福建、上海四省一市法院于 2003 年制定了《关于加强苏浙沪闽鲁法院执行工作中司法协作的若干意见》，推动委托执行、协助执行、执行协调活动的开展，共同推进执行协作网络建设，并加强在执行队伍建设、执行工作管理、执行改革等方面的沟通。2010 年，来自江苏、山东、河南、安徽四省的 10 家中级人民法院在江苏省徐州市倡议推进淮海经济区司法协作机制，组建司法协作交流联席会议制度，讨论研究经济区内法院执行协作交流的有关问题。2016 年，北京、天津、河北、山西、吉林高级人民法院执行局局长讨论通过了《京、津、冀、晋、吉法院关于首先查封法院与优先债权执行法院处分查封财产的协作意见》，明确了五省市针对有关具体执行事项上的协作关系，提出了建立五地法院之间执行协调视频会商系统的举措。近年来，我国的司法协作进入了一个新的阶段，传统的以执行为主的司法协作格局开始向多个领域扩展，涵盖了立案、诉讼服务、调解、取证以及鉴定等各个方面，法院制度、法院文化以及法官之间的交流与协作也被提上了日程。这种协作本身带有一定的自发组织和协商讨论议事的特征，协作相关方成员以及协作的事项、协作的运作等由协作方讨论、商议确定。❶

按照《民事诉讼法》的规定，专利侵权纠纷由被告住所地或侵权行为地法院管辖。依据最高人民法院的相关司法解释，侵权行为地包括：被诉侵犯发明、实用新型专利权的产品的制造、使用、许诺销售、销售、进口等行为的实施地；专利方法使用行为的实施地，依照该专利方法直接获得的产品的使用、许诺销售、销售、进口等行为的实施地；外观设计专利产品的制造、许诺销售、销售、进口等行为的实施地；假冒他人专利的行为实施地；上述侵权行为的侵权结果发生地。❷ 可见，在专利侵权纠纷中，可能同一案件多个法院均有管辖权。专利权人如果向数个有管辖权的法院提起专利侵权诉讼，那么就有可能出现裁判结果不一致的状况。另外，根据《民事诉讼法》第 22 条规定，同一诉讼的几个被告住所地、经常居住

---

❶ 刘旭. 我国建设协作型司法体系的发展现状与推进思路［J］. 广西社会主义学院学报，2018（3）：108 - 109.

❷ 《最高人民法院关于审理专利纠纷案件适用法律问题的若干规定》第 5 条。

地在两个以上人民法院辖区的，各该人民法院都有管辖权。因此，在专利侵权纠纷中存在数个被告的情况下，同样有可能出现裁判结果的矛盾和冲突。

为避免上述状况的出现，《民事诉讼法》第36条规定："两个以上人民法院都有管辖权的诉讼，原告可以向其中一个人民法院起诉；原告向两个以上有管辖权的人民法院起诉的，由最先立案的人民法院管辖。"尽管如此，如果当事人不予告知而各受诉人民法院之间又缺乏信息沟通的话，不同法院对同一案件作出不同裁判的状况仍然难以避免。

近年来，我国陆续在北京、上海、广州设立了知识产权法院，实现了三地省（市）域内专利纠纷案件的域内集中管辖，但对于跨地域的专利纠纷案件仍然存在多个管辖权并存的情况。而对于尚未成立知识产权法院的地区，往往有两个以上的中级人民法院对专利案件有管辖权；对这些地区而言，不但存在域外专利案件管辖权的冲突，域内案件也存在多重管辖的问题。近年来，最高人民法院又批准设立了多个知识产权法庭，这些知识产权法庭可以在省内跨地域管辖专利等知识产权纠纷案件。但需要指出的是，新的知识产权法庭的成立并未剥夺省内原有各地中级人民法院对专利纠纷案件的管辖权。因此，专利纠纷案件的多重管辖问题并未因新的知识产权法庭的成立而缓解。相反，由于新的知识产权法庭管辖权范围的扩大，这一问题可能变得更为复杂。

针对上述状况，可以采取以下措施予以改进：一方面，在法院受理专利侵权纠纷案件时，如果发现案件存在多个管辖法院的情况，立案法官应当询问原告是否已在其他法院提起诉讼。如果案件已在其他法院受理，则应当裁定不予受理。另一方面，各地法院应充分利用互联网技术，加强法院内部信息网络系统的互联互通，实现立案信息的共享，及时监测和发现案件的受理情况，保证案件由最先立案的法院优先审理，避免裁判结果的冲突。

二、专利司法协作的实践发展与挑战

我国知识产权民事审判起初分别由民事审判庭和经济审判庭负责。后来为了确保和提高案件质量并考虑到审判人员的业务培训和上级法院的对口指导，各地法院相继进行了内设机构改革，将知识产权民事审判集中由民事审判第三庭（知识产权庭）负责。这些改革措施虽然在一定程度上解决了我国知识产权民事审判内设机构分立、裁判标准不统一的问题，但是知识产权民事、行政和刑事审判内设机构分立、裁判标准不统一的矛盾依然存在。为解决这一矛盾，北京等地法院经过试点，将知识产权民事和行政审判归口知识产权庭负责；上海市浦东新区法院、广东省的三个基层人民法院（广州市天河区人民法院、深圳市南山区人民法院、佛山市南海区人民法院）则更加大胆地尝试对知识产权民事、行政和刑事实行"三审合一"的审判模式改革。

近年来进行的司法体制改革对专利等知识产权领域的审判工作和司法协作也将产生深刻的影响。2016 年，中央全面深化改革领导小组决定设立杭州互联网法院，2017 年中央全面深化改革委员会又决定在北京和广州分设两家互联网法院。随后，上海市在长宁区人民法院设立互联网审判庭。2018 年 9 月初，最高人民法院发布了《最高人民法院关于互联网法院审理案件若干问题的规定》（以下简称《互联网法院规定》），对互联网法院案件审理工作提供了程序性规则。《互联网法院规定》以司法解释的方式解决了互联网法院面临的几大问题：一是互联网法院审理方式的确定问题；二是在线远程身份认证问题；三是远程诉讼行为的证据效力；四是法院诉讼程序行为的在线化的确定问题。此外，该规定还明确了互联网法院的受案范围，并对人民法院运用技术能力在线取证的权力进行的规定。互联网司法在形式上表现为通过网络受理案件、提交证据及质证、开庭审理案件等环节，其实质是司法活动的流程再造和优化。

传统的民事诉讼中，当事人当面向法院递交诉状或者邮寄诉状，人民法院审查符合受理条件的，诉讼即可发起。但是在互联网司法活动中，当事人在以电子化方式提交诉状前，通常需要在人民法院的互联网诉讼平台上进行实名注册和验证——这一流程的本意是便利诉讼，并且确实可以大大降低诉讼成本，对于年轻群体来说，注册流程并不会对其造成障碍，但是对于部分年龄较大的诉讼当事人群体来说，则在一定程度上影响了诉讼的便利性，从而影响其选择互联网司法程序。尽管司法程序具有强制性，但当事人参与程序的便利性却会成为民众司法满意度的一个重要评价指标。如何提升当事人参与互联网司法活动的便利性，也是协作机制需要考虑的问题。有研究者认为：如果将律师事务所作为人民法院互联网平台常态化的 B 端用户，则由于律师事务所参与案件代理的频率很高，无论从接口对接的安全性和身份验证的成本来看，都可以做到最低、最优。此时，当事人可以选择直接在人民法院诉讼平台注册，也可以在律师事务所的平台上通过律师的互联网账户提交诉状、委托书、证据材料，以及参与远程开庭。如果用户选择后者，则不仅符合常规的案件委托习惯，也可以增加诉讼当事人参与诉讼的便利程度。对于提供互联网公证的公证机关、电子数据存证机构、CA 认证服务机构等在互联网司法中高频参与诉讼的主体，也可以将其视为互联网司法活动中的 B 端用户，通过为其注册常态化的账户，方便其参与诉讼。❶

我国法院在诉讼制度方面的另一重要改革方向是跨域立案。2015 年 1 月，泉州市中级人民法院首先推出"跨域·连锁·直通"式诉讼服务，打造"家门口"法院，打通司法服务"最后一公里"。当事人在全市范围内可以就近选择人民法院或人民法庭办理立案等诉讼事务，方便当事人立案。在泉州市中级人民法院试点的基础上，福建省高级人民法院决定从 2015 年 10 月起在全省法院全面推行跨域立案服务，制定下发《关于全省法院"跨域"立案服务的若干规定（试行）》，在全省范围内实现当事人可在"家门口"立案。最高人民法院于 2017 年 3 月底在泉州召开会议，推广福建经验做法，确定在全国 14 个高级人民法院和中级人民法院开展跨域立案诉讼服务试点工作。❷ 2019 年 12 月 25 日上午，最高人民法院举行人民法院跨域立案服务新闻发布会，宣布跨域立案服务已经在全国中基层人民法院全面实现。❸

跨域立案的具体程序如下：第一，当事人及其诉讼代理人就近向任一实行跨域立案服务的人民法院提起诉讼、提交材料，该法院被称为收件法院；第二，收件法院收到申请立案的材料后，负责材料的形式审查、立案

---

❶ 盛雷鸣，吴卫明. 互联网司法参与主体的协作机制研究［J］. 上海法学研究集刊，2019（13）：33.

❷ 根据最高人民法院要求，北京、上海、浙江、江苏、山东、福建、四川的 7 个高级人民法院和黑龙江大庆、广东佛山、陕西安康、宁夏银川、湖南常德、江西南昌、湖北恩施的 7 个中级人民法院，作为跨域立案诉讼服务试点法院。

❸ 李宁. 跨域立案服务已在全国中基层法院全面实现［EB/OL］.（2019 - 12 - 25）［2023 - 08 - 25］. https：//www. chinacourt. org/article/detail/2019/12/id/4744323. shtml.

指导、风险提示、法律释明等工作，并将起诉资料进行扫描或拍照，通过网络系统传送至受诉法院（需要明确的是，收件法院并不行使立案审查权，但是对明显属于立案登记范围之内的，收件法院应当依法向当事人释明，不予以提供"跨域"立案服务。第三，受诉法院负责立案审查决定是否立案，并将收件通知书、受理通知书或不予受理裁定书等相关诉讼文书通过网络系统推送至收件法院送达当事人。❶

学界对于跨域立案的合理性仍然存在争议，其主要理由是：第一，浪费司法资源。就某一具体案件而言，案件受理本来是由同一个法院完成的，现在改由两个法院来完成，非管辖法院接受当事人的起诉材料后，还必须请示管辖法院是否立案，正式立案后又不得不将立案材料移交给审判案件的管辖法院，这就明显多出了几道程序。尽管有关网络费、纸质材料费、人力移交费等费用均由法院（国家）"埋单"，但法院的经费、人力、物力均是国家的司法资源，以全体纳税人缴纳的国家税收做支撑，不应被无端耗费。第二，跨域立案的目的是便利当事人诉讼，是"法院多受累，当事人少跑腿"。但我们看到的多数情况不是当事人在"家门口诉讼"，而是律师在"所门口诉讼"，实际上受益最大的是律师，律师"少跑了路"，但却没有因此少收当事人的律师费。就此而言，本来应由代理律师承担的费用，法院却以国家的名义拿全体纳税人的钱埋单，使当事人重复支付服务费。❷

在实践中，跨域立案也存在不可忽视的问题。一是伴随着 2016 年刚完成的法官员额制改革，跨域立案加剧了法院案多人少的矛盾，增加了法院的工作量。非管辖法院向管辖法院移交立案材料有一个衔接问题：非管辖法院不可能收到一份立案材料就移交一份，一般都是整批次地移交，这样，立案和审判就会出现时间间隔问题，就会影响诉讼效率。不少案件材料的推送、法律文书的制作和传送耗费了大量时间，严重影响了跨域立案的效率，是造成跨域立案当场立案率不高的原因之一。二是实践中出现不少法院只提供跨法院之间的跨域立案，而本院院部与法庭、法庭与法庭之

---

❶ 邵亚如. 论我国民事跨域立案制度［J］. 湖北经济学院学报（人文社会科学版），2018（1）：78.

❷ 许少波. 论民事案件受理权与管辖权的统一与分开［J］. 法律科学（西北政法大学学报），2019（3）：177.

间则不执行跨域立案；个别法院每天只提供数例跨域立案服务，一旦超过"限额"就"闭门谢客"；有些管辖法院对收件法院推送过来的案件信息材料怠于审查，本是十来分钟就可以办完的手续，结果当事人要跑几趟、等几天才能办完，浪费当事人大量的时间和精力。对上述问题需要在实践中进一步研究解决，以发挥跨域立案提高诉讼效率的作用，减少和克服其在实际运作中产生的弊端。

第三节　专利行政机关与司法机关协作机制的构建

一、两机关信息交流与共享机制的建设

专利纠纷解决的行政与司法协作机制的建立与完善以两个机关的相关信息与共享为基础，如果缺乏信息的沟通与交流，合作与协调也就成了无源之水、无本之木，不但无法形成专利纠纷行政与司法解决机制的合力，还会造成宝贵资源的浪费。概括而言，专利行政机关与司法机关的信息交流与共享具有以下重要作用。

首先，避免行政和司法资源的浪费，节约社会成本。专利纠纷行政与司法解决双轨制的并存，在为当事人提供了更多维权途径的同时，也可能产生当事人寻求重复救济的问题。例如，专利权人在请求专利行政机关处理侵权纠纷后，又向法院提起侵权之诉，在此情形下，按照相关规定，专利行政机关本应终止行政处理程序，而由法院负责案件的审理和裁判；然而，倘若行政机关与法院缺乏信息沟通，行政机关就会在毫不知情的情况下继续行政程序的处理，造成行政资源的浪费。又如，专利行政机关在处理专利纠纷时，已经调查和收集了相关证据并在这些证据的基础上作出行政决定；同样，如果两机关缺乏信息联络和沟通，在诉讼程序中法院可能会重复收集相同的证据，从而导致司法资源的浪费。

其次，减少裁判冲突，维护法律权威与统一。专利纠纷行政与司法解决双轨制的并存，除了可能产生资源的重复投入和浪费，值得注意的另一问题是可能在专利行政机关之间、专利行政机关与法院之间、法院之间产

生裁判标准和结果的矛盾和冲突。例如，同一个专利侵权纠纷案件，受理案件的甲地行政机关认为侵权不成立，驳回权利人的请求；而受理案件的乙地行政机关却得出相反的结论，支持了权利人的请求。与此类此，同一个专利侵权纠纷案件，受理案件的专利行政机关认为构成侵权行为，作出停止侵权的处理决定，而受理同一案件的法院可能会作出截然相反的判决，从而造成行政处理决定与司法裁判的矛盾和冲突。类似的情况也同样存在与不同法院对同一案件的裁判中。

为避免和缓解专利纠纷裁判的冲突，我国专利法和民事诉讼法确立了司法终审原则，即专利行政机关与司法机关对同一专利纠纷案件作出不同的裁判时，司法裁判具有最终的法律效力。然而，由于专利纠纷案件的特殊性，司法终审原则并不能完全消除裁判之间的冲突现象。以专利侵权纠纷为例，按照相关法律规定，以侵权行为地或被告住所地确定管辖。对产品专利而言，侵权行为地包括产品制造地、使用地和销售地、许诺销售地和进口地；对于方法专利而言，侵权行为地包括方法使用地和依照该方法直接获得的产品的使用地、销售地、许诺销售地、进口地。据此，多个行政机关和法院可以对专利侵权案件行使管辖权，容易出现同案不同判的现象，大大增加了协调的难度。

有鉴于此，建立健全专利行政机关和司法机关的信息交流和共享机制，就成为避免行政和司法资源浪费，缓解裁判之间冲突的重要途径。要建立专利行政机关与司法机关之间的沟通交流机制，一建立是行政与司法部门间的信息共享平台。借助互联网信息传播高效快捷的特点，在已有的各部门内部网络的基础上，推动部门间信息的互联互通，尤其是法律文书、案件的线索等方面的共享问题，打破信息孤岛和信息壁垒，实现部门间信息资源共享。二是建立起信息共享的统一标准和范围。各机关掌握和收集的信息种类繁多，内容庞杂，同时需要注意的是并不是所有的信息均需要共享。因此，有必要明确两机关间信息共享的标准，划定信息共享的范围，实现有效信息的资源整合。三是建立两机关间的联络会议机制。通过两机关负责人和工作人员的定期或不定期会晤，交换相关信息，建立情况通报制度，商讨和解决两机关协调工作中的疑难问题，实现部门间的协调顺畅。

二、行政执法与刑事司法的衔接机制

2008 年，公安部会同国家知识产权局、原国家工商行政管理总局、海关总署、国家版权局等部门下发了《关于建立协作配合机制共同加强知识产权保护工作的通知》，按照通知要求，国家知识产权局和公安部将建立知识产权保护协调会商机制，每年召开 1 至 2 次联席会议，邀请有关行政执法部门、司法机关分析研判全国侵犯知识产权违法犯罪形势，拟定年度知识产权保护工作目标和工作重点，研究制定工作方案，推动知识产权保护工作的深入开展。如遇重大紧急情况或需联合部署重要工作，可临时召开联席会议。各地知识产权部门与公安机关要根据当地实际情况，建立相应的协调会商机制，指定专人负责，研究落实相关工作。各地知识产权部门与公安机关在知识产权保护工作方面的协作配合，由国家知识产权局协调管理司和公安部经济犯罪侦查局归口管理。通知还要求建立健全行政执法、刑事司法顺畅衔接的工作机制，完善行政执法部门与公安机关、司法机关协调配合的工作格局，促进执法资源的合理利用，形成执法合力，提高打击效能。通知要求各地知识产权部门和公安机关要主动会同相关行政执法部门、司法机关建立情况信息通报制度，逐步实现各部门立法、执法信息和业务工作数据的共享，推动建立相互间违法犯罪信息的共享平台和"绿色通道"；开展多种形式的业务交流。要通过共同开展调研、举办座谈会、交流会和互派人员进行工作观摩等多种形式，加强知识产权部门与公安机关之间的业务交流，掌握业务知识，提高业务技能，培养出一批业务骨干，提高执法办案的质量和效率；要按照"依照法律、符合实际、贴近实战、服务基层"的原则，细化行政执法部门与公安机关进行案件移送、信息通报和业务咨询的程序，明确各自的职责要求，完善监督制约机制。❶

2021 年 5 月，国家知识产权局、公安部联合印发了《关于加强协作配合强化知识产权保护的意见》（国知发保字〔2021〕12 号）。按照该文件规定，公安机关在办理案件过程中，需要核实涉案专利法律状态的，可以

---

❶ 国家知识产权局、公安部关于建立协作配合机制共同加强知识产权保护工作的通知［EB/OL］.（2008 – 06 – 16）［2023 – 08 – 25］. http：//www. cnipa. gov. cn/art/2008/6/16/art _ 527 _ 146122. html.

向国家知识产权局或其在各地设立的专利代办处申请出具专利登记簿副本，实现知识产权管理部门对公安机关的业务支撑；对于刑事案件中涉及的商标的使用、相同商标、同一种商品、假冒专利行为等认定问题，公安机关可以依据相关司法解释和国家知识产权局制定的相关标准等直接进行认定。国家知识产权局出台的《商标侵权判断标准》《查处假冒专利行为和办理专利标识标注不规范案件指南》等规范性文件在制定时充分吸收了最高人民法院、最高人民检察院、公安部等部门的意见，《最高人民法院、最高人民检察院关于办理侵犯知识产权刑事案件具体应用法律若干问题的解释（三）》等司法解释也已充分吸收国家知识产权局的意见，确保商标、专利行政执法标准和司法裁判标准统一。

2011 年 11 月，国务院印发《关于进一步做好打击侵犯知识产权和制售假冒伪劣商品工作的意见》（国发〔2011〕37 号），将打击侵犯知识产权和制售假冒伪劣商品的"双打"专项行动常态化。2018 年，全国"两法衔接"信息共享系统中央平台正式上线运行，全国 30 个省区市已建成"两法衔接"信息共享平台，实现中央、省、市、县四级行政执法与刑事司法案件信息互联共享。通过近年我国知识产权"两法衔接"工作的有序开展，知识产权刑事犯罪案件的移送在量上总体有所增长。仅在 2008—2016 年间，各级行政执法部门就向公安机关移送涉嫌犯罪案件 36810 件。❶

需要指出的是，按照法律规定，在专利领域只有情节严重的假冒专利行为涉及刑事责任，包括专利侵权在内的其他专利违法行为不涉及追究刑事责任的问题。因此，行政与司法机关在处理专利侵权行为时尚难以利用"两法衔接"信息共享平台。此外，目前该平台主要是在公安机关与知识产权行政机关之间进行信息共享，为知识产权行政机关向公安机关移送涉嫌犯罪案件服务。因此，建议该平台今后适当扩大信息共享范围，不局限于构成刑事案件的专利假冒行为信息，将行政机关处理专利侵权行为和法院的立案和审理专利纠纷案件信息也纳入其中，以避免信息平台建设的重复投入，提高信息共享的水平和质量，为各机关的充分协作打好基础。

在实践中，行政执法与刑事司法衔接机制的运行更多是依靠行政执法

---

❶ 李春晖. 我国知识产权行政执法体制机制建设及其改革［J］. 西北大学学报（哲学社会科学版），2018（5）：70.

机关的主动作为。在案件移送之前，判断案件是否移送、决定如何移送的环节，行政执法机关具有主导性。司法机关往往是被动地接受，尤其在前期几乎没有主导案件衔接的能力和条件。在案件移送之后，决定是否立案、审查行政执法机关提交的证据材料是否符合定罪量刑标准则是司法机关起主导作用。对此，有学者建议基于现有执法全过程记录机制以及执法案件录入平台，加强执法机关与司法机关的信息共享，共同判断案件是否达到移交标准。❶

值得注意的是，2018 年国务院机构改革后商标、专利执法职责交由市场监管综合执法队伍承担。这一变化使得专利行政执法力量得到较大的强化。与此同时，知识产权综合管理体制改革的推进也专利保护协作机制得以加强。独立建制的上海自由贸易试验区管委会知识产权局负责自贸区除海关知识产权边境保护外的专利、商标、版权管理和执法工作，建立了全国首个集专利、商标、版权于一体的综合管理和执法体制。在知识产权执法协作方面，知识产权局与公安部门在公共领域实现知识产权行政执法与刑事侦查的无缝对接，形成"线索共享、手段互补、执法联动"的行刑协作机制；建立信息互通机制和执法联动机制；与法院、检察院建立知识产权行政保护与司法保护衔接机制，签署加强自贸区知识产权保护战略合作协议，健全知识产权快速协同保护机制。福建省知识产权局牵头与工商、版权及海关等部门联合制定《关于建立福建省自贸试验区知识产权行政执法与海关保护协作机制的意见》，积极促进知识产权行政执法与司法保护更加便捷有效衔接。在该意见指导下，福州、厦门、平潭片区与海关、公安、法院、检察院、仲裁机构等部门共同建立自贸区知识产权行政执法与保护协作机制，加强自贸区知识产权行政、司法和海关保护衔接，提高自贸区知识产权保护效率。广东省出台《关于加强广东自贸试验区知识产权工作的指导意见》，提出探索建立统一的知识产权行政管理和执法体系，在自贸区建立统一的知识产权行政管理体制，将知识产权综合执法纳入广东自贸区综合行政执法体系。同时强化知识产权保护协作机制，推进知识产权综合执法和联合执法，加强行政执法与刑事司法的有效衔接，建立跨

---

❶ 李睿贤，杨文春，李小花. 行政执法与刑事司法衔接机制反思与完善［J］. 淮南职业技术学院学报，2019（5）：148.

部门、跨区域的知识产权案件移送、信息通报、配合调查等机制。2017 年 4 月中国（广东）自由贸易试验区广州南沙新区片区综合行政执法局在市场监管局挂牌成立，承担自贸区南沙片区范围内知识产权、文化（含新闻出版广播影视、版权）工商等 14 个领域法律、法规、规章规定的行政处罚权以及相关的监督检查、行政强制职权。

三、诉调对接机制的建立和发展

根据《最高人民法院关于建立健全诉讼与非诉讼相衔接的矛盾纠纷解决机制的若干意见》（法发〔2009〕45 号）的相关精神，人民法院认为有必要的，可以依职权或者经当事人申请后，在诉前委托行政机关对纠纷进行调解，实质上实行了委托调解先置机制。在专利纠纷案件中，尝试部分案件行政调解先置机制，包括以下几方面的内容。（1）诉前行政调解先置适用范围。对属于人民法院受理专利纠纷诉讼的范围和受诉人民法院管辖的案件，人民法院在收到起诉状后、正式立案之前，可以依职权或者经当事人申请后，委派管理专利工作的行政部门先行进行调解。诉前行政调解先置的案件一般应为法律关系简单、侵权判断容易、诉争标的较小的侵犯专利权纠纷案件、专利权转让纠纷案件、专利实施许可合同纠纷案件。（2）委托程序。由人民法院向管理专利工作的行政机关出具委托函，委托函中明确委托事项、委托调解的时间；行政机关接受委托后，应及时确定调解人，按照委托事项及时开展调解工作。受委托的行政机关在委托调解期间内未调解成功的，应及时函告人民法院，由人民法院及时立案；受委托单位认为有必要延长委托调解期间的，应函告人民法院，由人民法院根据具体情况和当事人的意见综合确定。（3）建立绿色立案通道。调解结束后，受委托的行政机关应当将调解结果告知人民法院。在委托期间内当事人未达成调解协议的，人民法院可根据实际情况，建立绿色立案通道，优先、快速立案。（4）调解结果确认。达成调解协议的，由当事人撤回立案申请，当事人可以申请司法确认。

在专利纠纷案件进入司法程序后，司法机关可以委托管理专利工作的行政部门进行调解，这种司法委托调解机制包括以下几方面的内容：（1）委托调解范围。经双方当事人同意，或者人民法院认为确有必要的，人民法院可以在立案后将侵犯专利权纠纷、专利权权属纠纷、专利权转让纠纷、专利实施许可合同纠纷等案件委托管理专利工作的行政机关进行调解。（2）委托程序。由人民法院向管理专利工作的行政机关出具委托函，委托函中明确委托事项、委托调解的时间，并复制相关案件材料；行政机关接受委托后，应及时确定调解人，按照委托事项及时开展调解工作。受委托的行政机关在委托调解期间内未调解成功的，应及时函告人民法院，由人民法院及时恢复案件审理程序；受委托单位认为有必要延长委托调解期间的，应函告人民法院，由人民法院根据案件的具体情况和当事人的意见综合确定。（3）调解结果确认。调解结束后，受委托的行政机关应当将调解结果告知人民法院。达成调解协议的，当事人可以申请撤诉、申请司法确认，或者由人民法院经过审查后制作调解书。调解不成的，人民法院应当及时审判。

2011 年，江苏省常州市知识产权局与常州市中级人民法院发布了《关于建立知识产权纠纷诉调对接机制的工作意见》，成立了"常州市知识产权纠纷人民调解委员会"，建立了以法院主导的"委托调解、诉调对接、巡回审理"模式。此后，各地纷纷开始了知识产权纠纷诉调对接机制的探索。2012 年 2 月浙江省温州市中级人民法院与温州市科学技术局签署《关于建立知识产权民事纠纷诉调对接机制的意见书》，以中国（温州）知识产权援助中心为平台，联合司法机关与行政部门各自优势，建立"诉调对接"机制。根据"意见书"的规定，法院在征得当事人同意后，可以委托温州市科学技术局下属的知识产权维权援助中心就知识产权民事纠纷进行调解；委托调解可以在当事人起诉后、法院立案前，也可以在立案后、开庭审理前进行，还可以在庭审后进行；调解达成书面协议，当事人要求法院确认调解协议效力，法院经审查认为调解协议符合法律规定的，应当根据情况制作民事调解书或确认调解协议效力的决定。❶ 浙江省高级人民法院和浙江省知识产权局于 2012 年 12 月共同研究起草了《关于建立专利民事纠纷诉调对接机制的指导意见》，在全省重点推广专利纠纷案件处理的诉调对接机制。2012 年，江苏省高级人民法院与江苏省知识产权局联合签

---

❶ 鲁文革. 从温州"诉调对接"模式析专利纠纷行政调解的司法确认 [J]. 浙江师范大学学报（社会科学版），2014（1）：122.

订《关于人民法院委托或者邀请知识产权维权援助中心调解知识产权民事
纠纷案件的意见》，规定人民法院能够邀请或委托知识产权维权援助中心
调解知识产权纠纷，同时规定了诉调对接的原则和程序以及调解员的选
聘、保密义务等。福建省高级人民法院和福建省知识产权局于 2013 年 9 月
联合印发《关于建立知识产权纠纷诉调对接机制的若干意见》，按照意见
要求，福建省高级人民法院民三庭与福建省知识产权局建立定期联席会议
制度，研究解决诉调对接机制存在的问题、委托调解案件中的事实和法律
问题、维权援助中心调解员的选聘、管理及回避等事项。同时，在省内各
级法院、知识产权局、知识产权维权援助中心间建立诉前调解、诉中委
托、邀请调解的诉调对接机制。

从知识产权纠纷诉调对接的地方实践来看，诉调对接在具体运作中可
分为三种模式：一是立案后法院委托有关组织进行调解，达成调解协议
的，法院依据调解协议内容制作民事调解书结案；二是立案后法院委托有
关组织进行调解，达成调解协议的，当事人申请司法确认要求法院制作确
认书；三是立案前或起诉前当事人主动在诉外调解组织达成调解的，当事
人申请法院司法确认赋予非诉调解协议强制执行力。❶

从知识产权纠纷诉调对接的法律性质看，一般将知识产权纠纷调解分
为司法调解、人民调解和行政调解。实践中由于知识产权局属于政府部
门，由其主导的调解属于行政调解。知识产权维权援助中心或知识产权保
护中心属于知识产权局下属的事业单位，由其主导的调解性质应属于人民
调解范畴。法律对此性质尚未明确，导致法律适用的模糊，对此应予以明
确，以更好地明确其法律效力。

专利等知识产权纠纷诉调对接的地方实践正处在试验阶段，还存在以
下问题。第一，缺乏高位阶的法律规范。现行知识产权纠纷诉调对接的法
律依据主要有《最高人民法院关于进一步贯彻"调解优先、调判结合"工
作原则的若干意见》（法发〔2010〕16 号）、《最高人民法院关于人民法院
进一步深化多元化纠纷解决机制改革的意见》（法发〔2016〕14 号）等司
法政策文件，不同于司法解释，效力层级不高。第二，缺乏案件的甄选标
准。并非所有的知识产权纠纷案件都适合调解。有观点认为，知识产权纠

---

❶ 张妮. 知识产权纠纷诉调对接评析：基于地方实践［J］. 知识产权，2013（5）：41.

纷出现下列情形之一时，应该排除在诉调对接机制之外：（1）一方当事人在法律知识、经济等方面具有明显优势地位，双方当事人力量特别悬殊，弱势一方没有律师代理，法官在尽到释明义务后，当事人仍无法做到理性判断与选择；（2）调解可能导致出现重大法律错误的情形，如侵犯第三人利益、公共利益，可能恶意串通等；（3）义务人难以自觉履行或缺乏履行能力的知识产权纠纷；（4）案件基本事实不清、真伪不明，尤其是那些引起社会公众较大关注，需要通过判决确立社会价值标准和行为准则的知识产权纠纷；（5）涉及群体性的知识产权纠纷。❶ 就专利纠纷而言，涉及专利权的授予和专利权有效性的争议显然也应排除在诉调对接机制之外。第三，运行模式不统一。例如，关于诉调对接中的调解平台，既有原有的基层人民调解、法院内设的调解室，也有法院和司法行政机构联合成立的联调室，还有知识产权管理部门的专业化人民调解组织；对调解协议的审查，江苏省规定既可以审查制作民事调解书也可以审查制作决定书，而浙江省规定要求出具调解书。

知识产权诉调对接机制有助于高效和低成本地解决纠纷，但在诉调对接机制的运行中，也不应忽视对当事人诉权和实体权利的保障：首先，在当事人起诉后法院委托、移送调解的启动，必须强调尊重当事人的意志，毕竟起诉行为已经表达了当事人的起诉意愿，移送调解的条件必须限定为双方当事人明确同意的情况下；其次，对于调解的期限应作明确规定，避免久拖不决妨碍当事人行使诉权。一些地方性关于知识产权诉调机制的规范性文件也注意到此问题，例如浙江省规定不超过 14 天，福建省对诉中调解的期限规定为 30 天，特殊情形延长的不超过 7 天。最后，对调解协议的确认方面，确保合法性和自愿性，兼顾效率价值和公正价值，建立当事人救济途径和司法对调解程序的约束制度。

在完善专利等知识产权纠纷诉调对接相关的配套制度的建设中，有学者提出与一般民事纠纷相比而言，知识产权更具有专业性、法律关系复杂性，而且相关法律法规庞杂、模糊，当事人对知识产权纠纷案件很难全面理解、把握，对知识产权纠纷不能形成理性的认识，缺乏客观的判断能力

---

❶ 张怡歌. 知识产权纠纷诉调对接机制的理论逻辑与实践路径［J］. 江苏大学学报（社会科学版），2020，22（22）：76－86.

以及对成本效益的分析能力，此时就需要律师代理强制原则。❶ 不过这一观点与当事人意思自治与处分原则不符。一方面，无论选择诉讼还是调解，无论自行诉讼还是委托代理，都是当事人自由意志的体现，法律设定强制代理的出发点是为不能充分表达自己意志的当事人提供保障，而非剥夺当事人表达自己意志的机会。另一方面，专利等知识产权纠纷类型多种多样，案件复杂难易程度不一，一刀切式的强制代理有时反而增加当事人的诉讼成本，损害权利人的利益。因此，法律不宜越俎代庖规定知识产权纠纷的强制代理。仍然应由当事人根据纠纷的实际情况，作出符合自身利益的选择。

四、两机关对专利纠纷事实与结果的相互确认

专利行政机关在处理专利纠纷时，享有根据当事人提供的证据认定案件事实、作出行政处理决定、在必要时收集相关证据的职权。当专利纠纷案件进入司法程序时，法院对于行政机关所确认的事实、证据和结果应如何处理，也将影响两机关协作机制的运行效果。

（一）相互确认的基本原则

按照法律规定，专利行政机关与司法机关均是有权处理专利纠纷的主体，专利纠纷行政处理程序与司法程序相互独立又相互关联，这种关联性使得两个机关在处理同一专利纠纷或关联专利纠纷时，需要协调案件事实和结果的相互确认。在进行上述协调时，按照相关立法精神，应当遵循以下原则：第一，专利纠纷行政处理程序与司法程序相互独立、互不干预。这是由专利纠纷行政与司法解决的"双轨制"并存决定的，它决定了专利纠纷行政处理程序与司法程序各自独立，不能相互替代。第二，行政权行使应接受司法权的合法性审查。此由司法最终审查原则决定，它要求专利行政程序中确认的事实和结果必须接受司法审查。第三，相互尊重对方的处理程序和结果，避免对同一纠纷作出相悖的认定。该原则要求行政机关与司法机关应相互尊重对方在各自程序中确认的事实和结果，除非有充分

---

❶ 高美艳. 知识产权纠纷诉调对接机制探析［J］. 知识产权，2015（2）：33.

的理由，否则不应作出相互矛盾和冲突的认定，以维护国家权力机关的公信力。第四，节约社会资源，避免对同一问题重复进行认定。该原则要求在相互确认的过程中注重成本和效率，避免宝贵社会资源的无谓浪费。

（二）司法程序对行政处理决定的确认

司法机关对管理专利工作的行政机关在行政处理程序中认定的事实、确认的证据和处理决定的确认，主要体现在以下几个方面。

其一，人民法院在处理专利侵权纠纷时，不将行政执法处理程序中的侵权认定结果作为依据，而是根据具体情况，结合双方当事人的证据独立认定。❶

其二，对于当事人提供的专利行政机关对其他侵权主体进行查处的决定；或者对侵权人侵犯他人专利权行为进行查处的决定；用以证明侵权人的主观故意及违法所得等情况的，法院在司法程序不再对该决定涉及的侵权认定事实重新审查，在对方当事人无充分反驳证据的情况下，可直接作为事实予以确认。

其三，对于行政机关的检查记录、查阅记录、询问笔录、调查记录、查封扣押记录，以及复制的与涉嫌违法行为有关的合同、发票、账簿以及其他有关资料，作为效力较高的证据予以直接确认。当事人能够提供充分反证足以推翻的情况除外。

其四，对于行政机关查封扣押的被控假冒专利产品，作为效力较高的证据直接予以确认。当事人能够提供证明查封扣押行为严重违反程序规定的情况除外。

其五，在对方当事人无充分反驳证据的情况下，对于行政处理程序中所确认的事实，直接作为案件事实予以确认，不需当事人再次举证证明。特别是当生效的行政处理决定记载了被控侵权产品的技术特征，而在司法程序中被控侵权产品已经灭失或改变的情况下，人民法院在进行独立侵权判断时，可直接将行政查处决定中记载的被控侵权产品的技术特征作为事实予以确认。

---

❶ 《最高人民法院关于审理专利纠纷案件适用法律问题的若干规定》第 25 条规定："人民法院受理的侵犯专利权纠纷案件，已经过管理专利工作的部门作出侵权或者不侵权认定的，人民法院仍应当就当事人的诉讼请求进行全面审查。"

（三）司法机关对专利行政机关调解结果的确认

专利纠纷经专利行政机关调解达成的调解协议，当事人可以申请有管辖权的人民法院确认其效力。人民法院依法审查后，决定是否确认调解协议的效力。确认调解协议效力的裁定送达双方当事人后发生法律效力，一方当事人拒绝履行的，另一方当事人可以依法申请人民法院强制执行。

当事人请求履行专利行政机关主持的调解协议，请求变更、撤销调解协议或者请求确认调解协议无效的，可以向人民法院提起诉讼，由人民法院依法作出裁判。

（四）专利行政机关对司法程序结果的参照执行

鉴于司法权的终局性特征，行政机关在处理行政案件时对以下事实和结果应予以直接援引或参照执行：一是经司法程序确认的证据效力；二是经司法程序确认的事实；三是生效的司法裁判文书；四是对于某一特定侵权行为的认定结果。行政机关对于上述内容，无须再次进行判断，可以在专利纠纷行政处理时直接援引或参照执行，不宜作出与上述内容相矛盾和冲突的认定。

对于已经通过司法程序处理的专利纠纷，当事人再次请求专利行政机关进行处理的，根据"一事不再理"原则，专利行政执法机关应不予受理。但申请人依据已经生效的司法裁判文书，申请专利行政机关责令侵权人承担行政责任的，专利行政机关应予受理。

一般而言，当出现以下情形时，专利行政机关在处理专利纠纷时可对经在先司法程序处理的事实和结果重新进行认定：一是在先生效司法裁判所依赖的权利基础和主要证据发生变化的。例如，据以认定侵权成立的专利权被宣告无效或部分宣告无效；二是发生新的情况和发现新的证据，足以改变在先司法裁判认定的事实，或影响在先司法判决认定的结果的。

（五）专利行政机关和司法机关对案件证据保全措施的协作

《专利法》在2008年修改后，赋予专利行政机关在查处假冒专利案件更大的行政职权，包括：行政机关可以询问有关当事人，调查与涉嫌违法行为有关的情况；对当事人涉嫌违法行为的场所实施现场检查；查阅、复制与涉嫌违法行为有关的合同、发票、账簿以及其他有关资料；检查与涉嫌违法行为有关的产品，对有证据证明是假冒专利的产品，可以查封或者扣押。对于专利侵权纠纷案件，专利行政机关应申请人的请求，也可以进行调查取证工作。司法机关在审理专利侵权案件的过程中，虽然可以依据职权进行调查，收集相应的证据，但是却受到诸多程序和规则的限制，呈批手续也相对繁杂，往往延误了获取和固定侵权证据的最佳时机。因此，专利行政机关在对专利假冒行为查处和处理专利侵权纠纷时，认为该案件可能进入司法程序的，应尽可能地固定侵权证据，为司法程序处理提供便利条件。司法机关审理专利侵权案件时，也可以根据案件实际情况，请求专利行政机关协助调查、勘验现场，及时固定侵权证据。特别是在展会专利侵权纠纷案件中，由于展会时间一般较短，短则一两天，长则十天半月，错过时间则难以取证。因此，有必要建立司法机关请求行政机关协助进行证据保全工作的机制。

主要参考文献

一、图书

（一）中文图书

[1] 毕可志. 论行政救济 [M]. 北京：北京大学出版社，2005.

[2] 北京市第一中级人民法院知识产权庭. 知识产权审判分类案件综述 [M]. 北京：知识产权出版社，2008.

[3] 陈新民. 公法学札记 [M]. 台北：三民书局，1993.

[4] 程永顺. 专利行政诉讼实务 [M]. 北京：法律出版社，2003.

[5] 程永顺. 专利纠纷与处理 [M]. 北京：知识产权出版社，2011.

[6] 邓建志. WTO 框架下中国知识产权行政保护 [M]. 北京：知识产权出版社，2009.

[7] 古祖雪. 国际知识产权法 [M]. 北京：法律出版社，2002.

[8] 丁丽瑛，汪兴裕. 知识产权纠纷仲裁解决机制研究 [M]. 厦门：厦门大学出版社，2013.

[9] 冯晓青，刘友华. 专利法 [M]. 北京：法律出版社，2010.

[10] 方世荣. 行政法与行政诉讼法学 [M]. 北京：人民法院出版社，2003.

[11] 范长军. 德国专利法研究 [M]. 北京：科学出版社，2010.

[12] 范愉. 多元化纠纷解决机制 [M]. 厦门：厦门大学出版社，2005.

[13] 范愉. 非诉讼纠纷解决机制研究 [M]. 北京：中国人民大学出版社，2000.

[14] 国家知识产权局条法司.《专利法》及《专利法实施细则》第三次修改专题研究报告 [M]. 北京：知识产权出版社，2006.

[15] 国家知识产权局条法司. 新专利法详解 [M]. 北京：知识产权出版社，2001.

[16] 国家知识产权局专利复审委员会. 机械领域专利行政诉讼案例精解 [M]. 北京：知识产权出版社，2013.

［17］国家知识产权局专利复审委员会. 专利行政诉讼概论与案例精解［M］. 北京：知识产权出版社，2011.

［18］何兵. 和谐社会与纠纷解决机制［M］. 北京：北京大学出版社，2007.

［19］胡建淼. 行政法学［M］. 北京：法律出版社，2003.

［20］胡佐超. 专利管理［M］. 北京：知识产权出版社，2002.

［21］姜明安. 行政法与行政诉讼法［M］. 北京：北京大学出版社，2005.

［22］刘春田. 知识产权法［M］. 北京：高等教育出版社，2010.

［23］刘旺洪. 行政法学［M］. 南京：南京师范大学出版社，2005.

［24］刘友华. 知识产权纠纷非讼解决机制研究：以调解为考察中心［M］. 北京：中国政法大学出版社，2011.

［25］李明德. "特别301条款"与中美知识产权争端［M］. 北京：社会科学文献出版社，2000.

［26］李明德. 美国知识产权法［M］. 北京：法律出版社，2003.

［27］李祖军. 调解制度论：冲突解决的和谐之路［M］. 北京：法律出版社，2010.

［28］李德恩. 民事调解理论系统化研究：基于当事人自治原理［M］. 北京：中国法制出版社，2012.

［29］孟鸿志. 知识产权行政保护新态势研究［M］. 北京：知识产权出版社，2011.

［30］倪静. 知识产权争议多元化解决机制研究［M］. 北京：法律出版社，2015.

［31］齐树洁. 民事程序法研究［M］. 北京：科学出版社，2007.

［32］强世功. 调解、法制与现代性：中国调解制度研究［M］. 北京：中国法制出版社，2001.

［33］任晓兰. 专利行政诉讼案件法律重述与评论［M］. 北京：知识产权出版社，2016.

［34］汤宗舜. 专利法教程［M］. 北京：法律出版社，2003.

［35］孙笑侠. 法律对行政的控制：现代行政法的法律解释［M］. 济南：山东人民出版社，1999.

［36］徐昕. 纠纷解决与社会和谐［M］. 北京：法律出版社，2006.

［37］王家福，夏叔华. 中国专利法［M］. 北京：群众出版社，1987.

［38］王名扬. 英国行政法［M］. 北京：中国政法大学出版社，1996.

［39］王小红. 行政裁决制度研究［M］. 北京：知识产权出版社，2011.

［40］吴汉东. 中国知识产权制度评价与立法建议［M］. 北京：知识产权出版社，2008.

［41］吴汉东，等. 知识产权基本问题研究［M］. 北京：中国人民大学出版社，2005.

［42］熊文钊. 现代行政法原理［M］. 北京：法律出版社，2000.

［43］尹新天. 中国专利法详解［M］. 北京：知识产权出版社，2011.

［44］叶必丰. 行政法学［M］. 武汉：武汉大学出版社，2003.

［45］杨建顺. 比较行政法：方法、规制与程序［M］. 北京：中国人民大学出版社，2007.

［46］俞灵雨. 纠纷解决机制改革研究与探索［M］. 北京：人民法院出版社，2011.

［47］湛中乐. 行政调解、和解制度研究［M］. 北京：法律出版社，2009.

［48］赵银翠. 行政过程中的民事纠纷解决机制研究［M］. 北京：法律出版社，2012.

［49］张树义. 纠纷的行政解决机制研究：以行政裁决为中心［M］. 北京：中国政法大学出版社，2006.

［50］张耕. 知识产权民事诉讼研究［M］. 北京：法律出版社，2004.

［51］曾陈明汝. 两岸暨欧美专利法［M］. 北京：中国人民大学出版社，2007.

［52］郑成思. 知识产权法教程［M］. 北京：法律出版社，1993.

［53］郑胜利. 北大知识产权评论：第一卷［M］. 北京：法律出版社，2002.

［54］中国社会科学院知识产权研究中心. 中国知识产权保护体系改革研究［M］. 北京：知识产权出版社，2008.

［55］朱庆和. 知识产权司法保护理论与实务［M］. 北京：知识产权出版社，2008.

［56］周佑勇. 行政法原论［M］. 北京：中国方正出版社，2000.

（二）翻译图书

［1］吉藤幸朔. 专利法概论［M］. 宋永林，译. 北京：科学技术文献出版社，1980.

［2］狄骥. 宪法论［M］. 钱克新，译. 北京：商务印书馆，1962.

［3］棚濑孝雄. 纠纷的解决与审判制度［M］. 王亚新，译. 北京：中国政法大学出版社，2004.

［4］科塞. 社会冲突的功能［M］. 孙立平，等译. 北京：华夏出版社，1988.

［5］小岛武司，伊藤真. 诉讼外纠纷解决法［M］. 丁捷，译. 北京：中国政法大学出版社，2005.

［6］布莱克. 社会学视野中的司法［M］. 郭星华，等译. 北京：法律出版社，2002.

［7］谷口安平. 程序的正义与诉讼［M］. 王亚新，刘荣军，译. 北京：中国政法大学出版社，1996.

［8］博登海默. 法理学：法律哲学和法律方法［M］. 邓正来，译. 北京：中国政法大学出版社，1999.

［9］田村善之. 日本知识产权法［M］. 周超，李雨峰，李希同，译. 北京：知识产权出版社，2011.

［10］韦德. 行政法［M］. 楚建，译. 北京：中国大百科全书出版社，1997.

［11］考特，尤伦. 法和经济学［M］. 张军，等译. 上海：上海三联书店，1991.

［12］梅因. 古代法［M］. 沈景一，译. 北京：商务印书馆，1959.

［13］庞德. 通过法律的社会控制：法律的任务［M］. 沈宗灵，董世忠，译. 北京：商务印书馆，1984.

［14］巴拉克. 民主国家的法官［M］. 毕洪海，译. 北京：法律出版社，2011.

［15］亚历山大. 全球调解趋势［M］. 王福华，等译. 北京：中国法制出版社，2011.

［16］戈尔德堡，桑德，罗杰斯，等. 纠纷解决：谈判、调解和其他机制［M］. 蔡彦敏，曾宇，刘晶晶，译. 北京：中国政法大学出版社，2004.

［17］罗伯茨，彭文浩. 纠纷解决过程：ADR 与形成决定的主要形式［M］. 刘哲玮，李佳佳，于春露，译. 北京：北京大学出版社，2011.

［18］戈尔丁. 法律哲学［M］. 齐海滨，译. 北京：生活·读书·新知三联书店，1987.

［19］博登浩森. 保护工业产权巴黎公约指南［M］. 汤宗舜，段瑞林，译. 北京：中国人民大学出版社，2003.

（三）英文图书

［1］MILLER A，DAVIS M H. Intellectual Property：Patents，Trademark，Copyright［M］. St. Paul，MN：West Group，2000.

［2］VAVER D，BENTLY L. Intellectual Property in the New Millennium：Essoys in Honour of William R. Cornish［M］. Cambridge：Cambridge University Press，2004.

［3］SAMARAS H. ADR Advocacy，Strategies，and Practice：for Intellectual Property Cases［M］. Chicago：American Bar Association，2011.

［4］BEACH H L，HAMNER J，HEWITT J J，et al. Transboundary Freshwater Dispute Resolution：Theory，Practices and Annotated References［M］. London：United Nations University Press，2000.

［5］TORREMNAS P. Holyoak and Torremans Intellectual Property Law［M］. Oxford：Oxford University Press，2005.

［6］FOLBERG J. Resolving Disputes：Theory，Practice and Law［M］. New York：Aspen Publisher，2005.

［7］MUELLER J M. An Introduction to Patent Law［M］. Beijing：CITIC Publishing House，2003.

［8］LANG J. A Practical Guide To Mediation in Intellectual Property，Technology and Related Disputes［M］. London：Sweet & Maxwell，2006.

［9］MADER L，TODD H F，Jr. The Disputing Process：Law in Ten Societies［M］. New York：Columbia University Press，1978.

［10］DRAHOS P. A Philosophy of Intellectual Property［M］. Aldershot：Dartmouth Publishing Company Limited，1996.

［11］CORNISH W R. Intellectual Property：Patent，Copyright，Trade Marks and Allied Rights ［M］. 4th ed. London：Sweet & Maxwell，1999.

［12］SCHECHTER R E，THOMAS J. Intellectual Property：The Law of Copyrights，Patents，and Trademarks ［M］. St. Paul，MN：Thomson West，2003.

［13］CALLER R. ADR and Commercial Disputes ［M］. London：Sweet & Maxwell，2002.

［14］LADAS S P. Patent，Trademarks，and Related Rights ［M］. Boston：Harvard University Press，1975.

［15］SELL S K. Private Power，Public Law：The Globalization of Intellectual Property Rights ［M］. Cambridge：Cambridge University Press，2003.

二、论文

（一）中文论文

［1］蔡仕鹏. 法社会学视野下的行政纠纷解决机制 ［J］. 中国法学，2006（3）：59－68.

［2］曹博. 知识产权行政保护的制度逻辑与改革路径 ［J］. 知识产权，2016（5）：52－62.

［3］曾伟，戚昌文. 关于知识产权行政调处行为诉讼性质的探讨 ［J］. 郑州大学学报（哲学社会科学版），2001（3）：40－43.

［4］陈锦川. 从司法角度看专利法实施中存在的若干问题 ［J］. 知识产权，2015（4）：14－19.

［5］陈雅忱，何炼红，陈仲伯. 专利纠纷行政调解协议司法确认问题探讨 ［J］. 知识产权，2013（9）：38－43.

［6］程永顺. 专利行政案件的种类及诉讼管辖 ［J］. 电子知识产权，2003（9）：31－34.

［7］邓建志. 《TRIPS 协定》对知识产权行政保护的规定及其启示 ［J］. 知识产权，2013（1）：86－91.

［8］邓建志. 我国专利行政保护制度的发展路径 ［J］. 知识产权，2012（3）：68－74.

［9］邓建志. 专利行政保护制度存在的正当性研究 ［J］. 湖南师范大学社会科学学报，2017（4）：85－91.

［10］邓文武. 知识产权纠纷行政调解的服务转向和制度供给 ［J］. 重庆大学学报（社会科学版），2017（4）：86－94.

［11］邓仪友，韩秀成. "私法自治"与专利行政执法 ［J］. 知识产权，2016（6）：112－115.

[12] 董涛，王天星. 正确认识专利权效力认定中的"行政/司法"职权二分法 [J]. 知识产权，2019 (3)：80 – 86.

[13] 董涛. 专利权保护网之漏洞及其弥补手段研究 [J]. 现代法学，2016 (2)：43 – 60.

[14] 董玉鹏. 结构功能理论下涉外知识产权纠纷诉调对接机制研究 [J]. 知识产权，2013 (6)：58 – 62.

[15] 杜颖，王国立. 知识产权行政授权及确权行为的性质解析 [J]. 法学，2011 (8)：92 – 100.

[16] 范晓宇. 宣告专利权无效决定的本质及其效力限定：兼评我国专利复审制度的改革 [J]. 中外法学，2016 (3)：684 – 701.

[17] 范愉. 委托调解比较研究：兼论先行调解 [J]. 清华法学，2013 (3)：57 – 74.

[18] 范愉. 行政调解问题刍议 [J]. 广东社会科学，2008 (6)：174 – 184.

[19] 冯兆蕙，冯文生. 专利案件处理程序中民事审判权与行政执法权的冲突与调谐 [J]. 河北法学，1998 (5)：4 – 10.

[20] 高美艳. 知识产权纠纷诉调对接机制探析 [J]. 知识产权，2015 (2)：29 – 33.

[21] 耿博. 争议之判：法院直接宣告专利权无效案：接受司法审查后的行政权能否被司法权所取代 [J]. 知识产权，2005 (6)：46 – 50.

[22] 顾萍，LIAO J，PEZZANO T，等. 解决 337 专利案件的新途径：ITC 337 条款专利调查中的调解程序 [J]. 中国对外贸易，2011 (7)：70 – 71.

[23] 管育鹰. 专利授权确权程序优化问题探讨 [J]. 知识产权，2017 (11)：18 – 30.

[24] 管育鹰. 专利无效抗辩的引入与知识产权法院建设 [J]. 法律适用，2016 (6)：50 – 55.

[25] 郭建强. 专利确权机制研究 [J]. 科技与法律，2015 (5)：948 – 971.

[26] 何炼红，邓欣欣. 论我国专利等技术类上诉案件强制调解制度的构建：美国联邦巡回上诉法院相关经验借鉴 [J]. 政治与法律，2019 (5)：2 – 15.

[27] 何炼红，舒秋膂. 论专利纠纷行政调解协议司法确认的审查边界与救济路径 [J]. 知识产权，2017 (1)：63 – 67.

[28] 何炼红. 论中国知识产权纠纷行政调解 [J]. 法律科学（西北政法大学学报），2014 (1)：155 – 165.

[29] 何炼红. 英国知识产权纠纷行政调解服务的发展与启示 [J]. 知识产权，2011 (7)：74 – 78.

[30] 何伦健. 中外专利无效制度的比较研究 [J]. 电子知识产权，2005 (4)：32 – 35.

[31] 何伦健. 专利无效诉讼程序性质的法理分析 [J]. 知识产权，2006 (4)：

74 – 77.

[32] 何文燕，姜霞. 行政诉讼附带民事诉讼质疑 [J]. 河南省政法管理干部学院学报，2002 (2)：72 – 76.

[33] 郜中林. 知识产权授权确权程序的改革与完善 [J]. 人民司法，2010 (19)：86 – 91.

[34] 洪冬英. 论调解协议效力的司法审查 [J]. 法学家，2012 (2)：111 – 120.

[35] 胡建淼，吴恩玉. 行政主体责令承担民事责任的法律属性 [J]. 中国法学，2009 (1)：77 – 87.

[36] 黄学贤，孟强龙. 行政调解几个主要问题的学术梳理与思考：基于我国理论研究与实践发展的考察 [J]. 法治研究，2014 (2)：80 – 95.

[37] 纪格非. "争点"法律效力的西方样本与中国路径 [J]. 中国法学，2013 (3)：109 – 120.

[38] 冀瑜，邢雁发，洪积庆，等. 电子商务市场知识产权保护的制度缺失及其对策 [J]. 知识产权，2014 (6)：58 – 62.

[39] 冀瑜，李建民. 试论我国专利侵权纠纷行政处理机制及其完善 [J]. 知识产权，2011 (7)：97 – 99.

[40] 姜芳蕊，陈晓珍，曹道成. 专利纠纷行政调解协议司法确认程序之构建 [J]. 知识产权，2014 (9)：26 – 31.

[41] 金多才. 我国专利行政执法制度的完善 [J]. 河南社会科学，2014 (3)：49 – 54.

[42] 金雷. 加强知识产权领域行政执法与审判工作的关系 [J]. 青海社会科学，2000 (2)：109 – 110.

[43] 金艳. 行政调解的制度设计 [J]. 行政法学研究，2005 (2)：78 – 84.

[44] 靳澜涛. 专利侵权纠纷行政处理制度的存废之辩 [J]. 中国发明与专利，2017 (4)：78 – 83.

[45] 景辉. 《专利法》第六十条背后的行政法学困境 [J]. 电子知识产权，2013 (6)：52 – 59.

[46] 李春晖. 我国知识产权行政执法体制机制建设及其改革 [J]. 西北大学学报 (哲学社会科学版)，2018 (5)：64 – 74.

[47] 李芬莲. 中国知识产权行政执法的困境及出路 [J]. 广东社会科学，2014 (3)：232 – 239.

[48] 李红娟. 《专利法》第四次修改（征求意见稿）的理论分析 [J]. 中国政法大学学报，2013 (6)：100 – 107.

[49] 李雷，梁平. 偏离与回位：专利纠纷行政调解制度重构 [J]. 知识产权，2014

（8）：24－31.

［50］李蕊. 专利行政机关不应受理已经起诉的同一专利侵权纠纷：以加强侵权保护为视角［J］. 人民司法（案例），2012（2）：93－97.

［51］李扬. 日本专利权当然无效抗辩原则及其启示［J］. 法律科学（西北政法大学学报），2012（1）：168－177.

［52］李永明，郑淑云，洪俊杰. 论知识产权行政执法的限制：以知识产权最新修法为背景［J］. 浙江大学学报（人文社会科学版），2013（5）：160－170.

［53］李玉香. 完善专利行政执法权之再思考［J］. 知识产权，2013（4）：69－72.

［54］梁平. "大调解"衔接机制的理论建构与实证探究［J］. 法律科学（西北政法大学学报），2011（5）：154－160.

［55］梁志文. 专利授权行为的法律性质［J］. 行政法学研究，2009（2）：33－36.

［56］廖永安. 论我国民事与行政争议交叉案件的协调处理［J］. 中南大学学报（社会科学版），2005（6）：741－747.

［57］刘旭. 我国建设协作型司法体系的发展现状与推进思路［J］. 广西社会主义学院学报，2018（3）：107－112.

［58］刘洋，刘铭. 判例视野下美国专利确权程序的性质研究：兼议我国专利无效程序的改革［J］. 知识产权，2019（5）：95－108.

［59］刘银良. 论专利侵权纠纷行政处理的弊端：历史的选择与再选择［J］. 知识产权，2016（3）：33－44.

［60］刘银良. 我国知识产权法院设置问题论证［J］. 知识产权，2015（3）：3－13.

［61］刘友华，陈骞. 知识产权纠纷非诉解决调解及其运用［J］. 湘潭大学学报（哲学社会科学版），2013（5）：24－27.

［62］卢海霞，王新光. 论专利无效司法审查的原则和范围［J］. 北京工商大学学报（社会科学版），2012（4）：98－103.

［63］鲁文革. 从温州"诉调对接"模式析专利纠纷行政调解的司法确认［J］. 浙江师范大学学报（社会科学版），2014（1）：121－124.

［64］陆平辉. 行政裁决诉讼的不确定性及其解决［J］. 现代法学，2005（6）：100－108.

［65］罗东川.《专利法》第三次修改未能解决的专利无效程序简化问题［J］. 电子知识产权，2009（5）：16－19.

［66］罗东川. 国家知识产权战略背景下的知识产权司法保护［J］. 法律适用，2006（4）：2－6.

［67］马东晓，张耀. 专利法修改若干问题之管见［J］. 知识产权，2007（4）：63－67.

［68］马怀德. 行政裁决辨析［J］. 法学研究，1990（6）：14－17.

［69］强志强. 论我国专利行政执法制度的完善［G］//国家知识产权局条法司. 专利法研究：2010. 北京：知识产权出版社，2011：532 – 548.

［70］秦倩，马治国. 论我国《专利法》修改草案（征求意见稿）中专利侵权行政执法的"得"与"失"［C］//中国知识产权法学研究会. 中国知识产权法学研究会 2015 年年会论文集. 广州：中国知识产权法学研究会，2015：118 – 128.

［71］邵亚如. 论我国民事跨域立案制度［J］. 湖北经济学院学报（人文社会科学版），2018（1）：77 – 80.

［72］沈开举. WTO 与我国行政裁决制度公正性研究［J］. 中国法学，2002（5）：68 – 77.

［73］孙录见. 行政许可性质探究［J］. 西北大学学报（哲学社会科学版），2006（6）：78 – 81.

［74］谈萧. 论区域府际信息共享的法治化［J］. 学习与实践，2016（12）：20 – 30.

［75］唐素琴，姚梦. 专利权行政保护的正当性探析［J］. 知识产权，2014（1）：50 – 54.

［76］唐艳，王烈琦. 对知识产权行政授权行为性质的再探讨［J］. 知识产权，2015（1）：56 – 61.

［77］唐仪萱，聂亚平. 专利无效宣告请求中止侵权诉讼的问题与对策：基于 2946 份民事裁判文书的实证分析［J］. 四川师范大学学报（社会科学版），2018（2）：47 – 56.

［78］陶凯元. 充分发挥司法保护知识产权的主导作用［J］. 求是，2016（1）：12 – 14.

［79］万里鹏. 论我国专利行政执法权的边界［J］. 湖湘论坛，2016（4）：114 – 118.

［80］万里鹏. 我国专利行政处罚制度及其立法完善［J］. 重庆社会科学，2017（10）：67 – 72.

［81］万琦. 论我国专利纠纷解决的司法、行政路径［J］. 电子知识产权，2018（2）：89 – 101.

［82］汪旭东，刘玉，高鹏友. 专利侵权纠纷行政处理机制的发展和完善［J］. 知识产权，2017（8）：35 – 41.

［83］汪旭东，尚雅琼. 专利行政执法制度的必要性与合理性［J］. 知识产权，2016（7）：82 – 88.

［84］汪自成. 浅议行政诉讼中对民事争议的附带与并案审理［J］. 人民司法，2003（8）：48 – 51.

［85］王秉一. 完善专利行政执法制度的几点思考［J］. 电子知识产权，2018（2）：83 – 87.

［86］王春业. 论知识产权行政保护手段的非权力化转换［J］. 科技与经济，2007

（2）：43 – 46.

[87] 王活涛，刘平. 专利纠纷的行政调处和司法审查协调之重构 [J]. 科研管理，2000（1）：73 – 80.

[88] 王利民. 负面清单管理模式与私法自治 [J]. 中国法学，2014（5）：26 – 40.

[89] 王天华. 日本的"公法上的当事人诉讼"：脱离传统行政诉讼模式的一个路径 [J]. 比较法学研究，2008（3）：15 – 24.

[90] 王亚利. 专利侵权行政执法的边界：兼论《专利法》第四次修改 [J]. 知识产权，2016（5）：72 – 80.

[91] 王宇红，宋晓洁，冶刚，等. 自贸区知识产权行政执法协作机制的完善：以陕西自贸区为例 [J]. 西安电子科技大学学报（社会科学版），2019（1）：80 – 87.

[92] 魏玮. 知识产权侵权纠纷行政裁决若干问题研究 [J]. 华东政法大学学报，2007（4）：51 – 60.

[93] 夏锦文，刘志锋. 行政诉讼司法变更的理论基础 [J]. 法制与社会发展，2004（6）：72 – 80.

[94] 夏淑萍. 专利侵权纠纷行政裁决的程序协调及相关问题之解构：以苹果公司诉北京市知识产权局及其关联案件为例 [J]. 知识产权，2017（5）：52 – 60.

[95] 向国慧. 调解协议司法确认程序的完善与发展：结合《民事诉讼法》修改的思考 [J]. 法律适用，2011（7）：12 – 16.

[96] 肖建国，黄忠顺. 论司法职权配置中的分离与协作原则：以审判权和执行权相分离为中心 [J]. 吉林大学社会科学学报，2015（6）：34 – 44.

[97] 肖泽晟. 行政裁决及法律救济 [J]. 行政法学研究，1998（3）：76 – 82.

[98] 谢黎伟. 专利侵权行政裁决与司法审查的冲突与协调 [J]. 太原理工大学学报（社会科学版），2019（6）：54 – 59

[99] 徐楠轩. 电子商务领域专利保护协作机制的构建：基于对阿里巴巴集团的调研 [J]. 科技管理研究，2015（2）：122 – 126.

[100] 许少波. 论民事案件受理权与管辖权的统一与分开 [J]. 法律科学（西北政法大学学报），2019（3）：167 – 179.

[101] 严丹. 论跨区域专利行政执法协作机制的完善 [J]. 新余高专学报，2009（5）：30 – 32.

[102] 杨志祥，梅术文，龙龙. 我国知识产权司法保护体制改革的探索与完善：兼论《国家知识产权战略纲要》第 45 条的实施 [J]. 东岳论丛，2012（11）：187 – 190.

[103] 叶必丰，徐键，虞青松，等. 行政裁决研究 [J]. 政府法制研究，2010（10）：1 – 44.

［104］于馨淼. 德国专利确权制度体系化研究［J］. 德国研究，2021（4）：86 – 104.

［105］张炳生，乔宜梦. 专利行政调解：比较优势与实现路径［J］. 宁波大学学报（人文科学版），2014（3）：107 – 113.

［106］张飞虎. 专利侵权纠纷救济"双轨制"下行政裁决与司法裁判程序衔接相关问题的探讨［J］. 电子知识产权，2020（12）：79 – 86.

［107］张耕. 知识产权无效程序的反思与重构：以诉讼效益为视野［J］. 学术论坛，2005（11）：126 – 129.

［108］张怀印. 美国专利确权双轨制的分殊与协调［J］. 电子知识产权，2018（5）：31 – 37.

［109］张玲. 关于专利行政执法问题的探讨［J］. 南开学报，2000（5）：26 – 33.

［110］张妮. 知识产权纠纷诉调对接评析：基于地方实践［J］. 知识产权，2013（5）：40 – 43.

［111］张鹏. 美国专利再审查制度评析［J］. 比较法研究，2014（6）：170 – 180.

［112］张献勇，闫文峰. 专利复审委员会的诉讼地位：复审委是否该站在专利无效诉讼被告席上？［J］. 知识产权，2005（5）：49 – 52.

［113］张怡歌. 知识产权纠纷诉调对接机制的理论逻辑与实践路径［J］. 江苏大学学报（社会科学版），2020（2）：76 – 86.

［114］章志远，刘利鹏. 我国行政调解制度的运作现状与发展课题［J］. 求是学刊，2013（5）：78 – 84.

［115］浙江省高级人民法院联合课题组. 知识产权纠纷多元化解机制问题研究［J］. 中国应用法学，2019（2）：127 – 146.

［116］周继军. 关于加强人民法院非诉行政执行案件审查的思考［J］. 政府法制，2008（19）：52 – 53.

［117］周健宇. 行政调解协议之强制执行力探析［J］. 中国行政管理，2012（10）：101 – 105.

［118］周晓冰，樊晓东. 专利行政执法与司法程序的衔接［J］. 人民司法，2010（15）：44 – 49.

［119］周佑勇，尹建国. 我国行政裁决制度的改革和完善［J］. 法治论丛，2006（5）：32 – 39.

［120］朱理. 专利民事侵权程序与行政无效程序二元分立体制的修正［J］. 知识产权，2014（3）：37 – 43.

（二）英文论文

［1］ARFIN M R. The Benefits of Alternative Dispute Resolution in Intellectual Property Dis-

putes [J]. Hastings Communications and Entertainment Law Journal, 1995, 17 (4):
893 – 915.

[2] BENITEZ G. Mediation at the Court of Appeals for the Federal Circuit [J]. American U-
niversity Intellectual Property Brief, 2016, 7 (2): 113 – 131.

[3] BLUM S. Ex Parte Reexamination: A Wolf in Sheep's Clothing [J]. Ohio State Law
Journal, 2012, 73 (2): 395 – 435.

[4] CASEY K R. IP Mediation at the Federal Circuit [J]. Delaware Lawyer, 2008/2009,
26 (4): 24 – 27.

[5] CIRACO D. Forget the Mechanics and Bring in the Gardeners [J]. University of Balti-
more Intellectual Property Law Journal, 2000, 9: 47 – 77.

[6] DE WERRA J. Can Alternative Dispute Resolution Mechanisms Become the Default
Method for Solving International Intellectual Property Disputes [J]. California Western
International Law Journal, 2012, 43 (1): 39 – 75.

[7] DEAN W L. Let's Make a Deal: Negotiating Resolution of Intellectual Property Disputes
Through Mandatory Mediation at the Federal Circuit [J]. The John Marshall Review of
Intellectual Property Law, 2007, 6 (3): 365 – 372.

[8] DUFF D. The Reexamination Power of Patent Infringers and the Forgotten Inventor [J].
Capital University Law Review, 2013, 41 (2): 693 – 727.

[9] EVELETH J S. Settling Disputes Without Litigation [J]. The Maryland Bar Journal,
2007, 34 (2): 2 – 11.

[10] HOOD G E. Refuse to Play the Game: An Alternative Document Production Strategy in
Intellectual Property Litigation [J]. Intellectual Property & Technology Law Journal,
2008, 16 (5): 1 – 16.

[11] JOHNSON B. Plugging the Holes in the Ex Parte Reexamination Statute: Preventing a
Second Bite at the Apple for a Patent Infringer [J]. Catholic University Law Review,
2006, 55 (1): 305 – 342.

[12] KAPADI A. Inter Partes Review: A New Paradigm in Patent Litigation [J]. Texas In-
tellectual Property Law Journal, 2015, 23: 113 – 140.

[13] KESAN J P, BALL G G. How Are Patent Cases Resolved?: An Empirical Examination
of the Adjudication and Settlement of Patent Disputes [J]. Washington University Law
Review, 2006, 84 (2): 237 – 311.

[14] KOWALCHYK A. Resolving Intellectual Property Disputes Outside of Court: Using
ADR to Take Control of Your Case [J]. Dispute Resolution Journal, 2006, 61 (2):
28 – 37.

［15］ LANDE J. The Movement Toward Early Case Handling in Courts and Private Dispute Resolution ［J］. Ohio State Journal on Dispute Resolution, 2008, 24 (1): 81 – 129.

［16］ LEMLEY K M. I'll Make Him an Offer He Can't Refuse: A Proposed Model for Alternative Dispute Resolution in Intellectual Property Disputes ［J］. Akron Law Review, 2004, 37 (2): 287 – 337.

［17］ LEUNG A M. Legal Judo: Strategic Applications of Reexamination Versus an Aggressive Adversary: Part Ⅰ ［J］. Journal of the Patent and Trademark Office Society, 2012, 84 (6): 471 –495.

［18］ LEVINER E, TOPIC M V. Using alternative dispute resolution mechanisms to resolve patent disputes ［J］. Journal of Intellectual Property Law & Practice, 2012, 7 (2): 119 – 125.

［19］ PICOZZI B. Reimagining Finality in Parallel Patent Proceedings ［J］. The Yale Law Journal, 2016, 125 (8): 2519 – 2534.

［20］ RENK C J, MAURER E S. Setting Goals. Managing Expectations, Assessing Risks and Estimating Costs in Patent Litigation ［J］. The Computer & Internet Lawyer, 2009, 22 (6): 1 –31.

［21］ SASSANO R A. The Rise and Fall of Patent Reexamination Under the America Invents Act: The Burdens and Unconstitutional Aspects of Congress' Latest Attempt at Patent Reform ［J］. Journal of Intellectual Property Law, 2013, 21 (1): 165 –191.

［22］ SOSNOWSKI D E. Resolving Patent Disputes Via Mediation: The Federal Circuit and the ITC Find Success ［J］. The Maryland Bar Journal, 2012, 45 (2): 24 –26.

［23］ STERNE R G, WRIGHT J E, GORDON L A, et al. Reexamination Practice with Concurrent District Court Litigation or Section 337 USITC Investigations ［J］. The Sedona Conference Journal, 2010, 11: 1 –75.

［24］ TRAIN T. The Appeals of Patent Mediation: Are Incentives to Mediate Patent Disputes Reduced on Appeal? ［J］. Intelletual Property & Technology Law Journal, 2017, 21 (2): 145 –151.

［25］ TRAN S. Experienced Intellectual Property Mediators: Increasingly Attractive in Times of "Patent" Unpredictability ［J］. Harvard Negotiation Law Review, 2008, 13 (4): 313 –325.

［26］ VITORIA M. Mediation of Intellectual Property Disputes ［J］. Journal of Intellectual Property and Practice, 2006, 1 (6): 398 –405.